DHABANNAHAYS

DHABANNAHAYS

xusuusqorka dhurwaagii dhiman waayay

MAXAMMED GAANNI

GARANUUG

GARANUUG

Xuquuqda © Maxammed Gaanni 2020
Xuquuqda oo dhan way dhowran tahay. Buuggan ama
qayb ka mid ah lama daabaci karo, lamana tarjuman
karo la'aanta idan qoran oo laga helo qoraha iyo
faafiyaha.

Dhigaalka, naqshadaynta, iyo qaabeynta jaldiga:
Muxammad Yuusuf.

Cover image: The Scream by Edvard Munch. Public
Domain.

Typesetting and cover design by Mohammed Yusuf.

Printed and bound by TJ International Ltd, Padstow,
Cornwall
www.garanuug.com
info@garanuug.com

ISBN: 978-0-9957533-7-2

بسم الله الرحمن الرحيم

Waxaan ku bilaabayaa magaca Allaha turriimada iyo naxariista badan ee dunida korkeeda uumiyaha oo dhan ugu naxariista, aakhirana intooda addeecday.

وَمَا أُرِيدُ أَنْ أُخَالِفَكُمْ إِلَى مَا أَنْهَاكُمْ عَنْهُ ۚ إِنْ أُرِيدُ إِلَّا الْإِصْلَاحَ مَا اسْتَطَعْتُ

"Dooni maayo in aan idiin dabo maro waxa aan idiin ka digayo. Waayo? Ujeedkaygu waa in aan wax hagaajiyo intii karaankay ah."

HIBEYN

Waxaan u hibeeyay:

Damiir kasta oo nool;
Qorismaris dhurwaayoobiddu ay daqninayso, aadane in uu noqdana doonaya;
Waraabe walba oo isla qumman, kharribaaddiisana ku qanacsan;
Dhibbane ay dhiigmiiratadu agoon ama rajay ka dhigeen;
Waalid ku gablamay gulufka ay qooqanayaashu shidaaliyeen;
Dal gubtay, darxumaday la maageenna la silicsan;
iyo
Bulsho arradan, sidii ay tubta uga habawdayna weli uga lunsan.

MAHADNAQ

Alle ayaa mahad oo dhan iska leh, ergeygiisii Muxammadna nabadgalyo iyo naxariis xurmo u dheer tahay dushiisa ha ahaato.

Maqal waxaan ku haystaa
Muslimkiyo waraabaha
Madmadowga tuhunkiyo
Mashaqada dhex taallaa
Inay tahay ismaandhaaf,

Muudaaga xooluhu
Marka ay la kulantee
Muuqiisa aragtay
Lugaheeda maashaa
Isna wuxuu majiiraha
uga daba maleegtaa
Celi maganta baadida
Ismaqiiqiddiisiyo
Mintidkiyo dedaalkaa
Hadba muruq u siibmaa,

Dee muxuu sameeyaa
Ilkahaa u midigoo
Micidaa u gacanee,

Aniguna mudducigow
Waxaan meel la joogaa
Muran li'i dhurwaagaa!

—Hadraawi: Kalamaan

BARYO

Eebboow, ha iga dhigin kuwa aan ku dhaqmin waxa ay dadka u sheegaan; ha iga dhigin kuwa gudbiya wax aysan ogaal u lahayn ama aysan hubin; ha iga dhigin kuwa aan dartaa wanaagga u samayn ee maal ama muuqasho doonaya. Eebboow qalinkayga ka dhig mid waxa uu qoray aadan ugu caroon e, abaalmarin iyo raalli noqosho aad ku siisid.

TUSMO

GOGOLDHIG

Maxaa keeni kara in qaran dadkiisu noolnool yihiin uu dib uga soo kaban waayo burbur riiqay muddo ka badan soddon sano? Waxaa farta lagu fiiqi karaa siyaasadda, dhaqanka, danaysiga, iyo sida ay dadkan noolnooli u fikiraan, oo qalloac ka bixi la'. Sideese qalloocan loo toosin karaa? Iskudayadu ma tiro yaṟa, hadday tahay fal iyo hadday tahay faallaba. Waxaana aniga iila foolaadsan in falalka iyo faallooyinka qarandhiska ah la isku falkiyo, si looga fiirsado qallooc haddaba lagu silban karo iyo mid hadhowdii lagu simbiriiraxdo. Waxaanan ku faraxsanahay in buugga *Dhabannahays* uu sido faallooyin mug leh oo inteenna ficiloon kartaa ay ku furdaamin karaan qallooca ragaadiyay qarankeenna.

Malaha qof kasta oo innaga mid ah buuggan wuu ka helayaa haasaawe uu u hamuun qabay. Buuggan waxaa lagula hadlayaa ardayga iyo macallinka, waalidka iyo dhasha, ragga iyo haweenka, caamada iyo culimada, taliyaha iyo lootaliyaha, adiga iyo aniga. Waxaana nala wada hadlaya dhurwaa dhiman waayay, oo si dhab ah inoo taabsiinaya xanuunnada aan u wada liidanno—bulsho ahaan iyo qof qof ahaanba—garannayaa amase garanwaynnayaaba. Xanuunnadan oo badan waxaa iigula daran damiirlaawannimada, waayo, sida buugga ku qoran: "Mar haddii uu damiirku dhinto caddaalad bulsheed lama heli karo, cid dadka u kala xaqsoortana la arki maayo."

Siduu yiri Ibnu Taymiya, "Alle wuu jirsiiyaa dawlad gaal ah oo soornaan leh, balse ma jirsiiyo dawlad Muslin ah oo soornaan la'. Duniduna way ku sii jiri kartaa gaalnimo soornaan leh, balse kuma sii jiri doonto [oo way ku dumi] Islaamnimo soornaan la'." [Hadalkani ma durayo diinta Islaamka, waayo diintan asalkeedu waa caddaalad; ee dadka diintan haysta ayaa loogu gooddinayaa inaysan seegin u tooghaynta caddaaladda.] Markay dawladdu hanaqaaddo ayuuna qaranku jirayaa; sidaas darteed caddaaladdu waa udubdhexaadka jiritaanka qarannimada. Markaad *Dhabannahays* akhrisidna, waxaad u guuxaysaa aragtida ah in ay caddaaladdu ka askumanto damiirka qofka, oo hortaba ay tahay inuu qofkani xakameeyo damaciisa, una dedaalo toosinta qallooca u muuqda, haba ahaaado qashin uu si xilkasnimo leh uga qaado jidka uu marayo e!

Dhabannahays waa buug ay tahay in loo casharo ubadkeenna kacaamaya iyo kuwa ka dambeeya, si ay ula jaanqaadaan tilmaamaha toolmoon ee uu u gudbinayo, islamarkaasna isaga dhowraan astaamaha dhurwaagan iyaga u digaya! Sidoo kale waa buug aynu inteenna kortay isku dabaqaban karno si aan qarannimada innaga sirirtay u soo noolaynno. Qoruhu wuxuu laabtiisa ku soo culay dhibaatooyin u muuqday, isaga oo xalal wax ku ool ahna inoo soo raaciyay. Inkasta oo sida uu inoogu kala qalay dhibahan lagu kala aragti duwanaan karo, haddana mar walba xalalka uu sida miisaaman inoogu soo taxay ayaan lahayn wax la tuuro. Sababtoo ah, sida uu u rabo in xalal loogu helo dhibahan qarannimada innaga qafaashay ayaan u rabnaa. Haddii aan rabitaannadeennana dabo dhigno wax uun oo fal ah, jiilkan iyo kuwa dambaba dheeftu waa ay u dararaysaa.

Buugga *Dhabannahays* kuma arkaysid tax dhibaatooyin ah iyo xalalkooda oo ku hor qoran, oo dantu ma aha in khudbad raaxada lagaaga qaado! Waase buug falsafadaysan oo kula faqaya, oo ay tahay inaad si xeeldheer ula sheekaysatid. Keliya marka aad sheekadan idin dhex marta weelayso ayaadna dareemaysaa mugga iyo baaxadda ay le'eg tahay baahida qarandhiska Soomaaliyeed. Markaas ka dib, laga yaabaa inaad kaalin ka qaadato daboolidda baahidan. Lagana yaabaa inaad sidaas taariikhda ku gasho. Maxaad sugaysaa: akhri oo la baarran, sidaad ku heshaba, *Dhabannahays* immika!

Idiris M. Cali.

DHABANNAHAYS XXII

HORDHAC

Dhabannahays waa dhigane loo qoray in uu la hadlo
garaadka iyo damiirka Soomaalida. Wuxuu si qotadheer
u sharraxayaa qaybo ka mid ah cudurrada bulshada iyo
xubnaha ugu badan ee ay saameeyaan, bukto la bixin
waayayna ay ku noqdeen. Buuggu ma soo xiganayo ilo
cilmiyeed toos ah marka laga reebo aayado Qur'aan ah oo
uu ka hanuunqaadanayo, xubin kastana ibofur u ah. Balse
wuxuu ku qotomaa raacasho cilmi, dhugasho xaaladeed, iyo
fahan uu qoraagu ka qaatay dhacdooyinka nololeed ee uu
goobjoogga u ahaa, ama uu taariikhda dhow ee Soomaalida
ka ogaaday.

Bilowga buuggu waxa uu iftiiminayaa in dhibaatada
dunida ka jirta ay tahay mid ka timid gudaha nafta aadanaha,
sharkeeduna uu ka xoog batay wanaaggeeda, xalkuna uu
yahay in isbeddel ay aadanuhu sameeyaan. Buuggu waxa
uu tilmaamayaa in cudurka ugu halista badan ee ay tahay in

nafta laga dabiibo, cudurrada kale oo dhanna ay soo hoos galaan uu yahay *Damaca*. Si loo daweeyo, sharkiisana looga gaashaanto, waa in la soo nooleeyo damiirkii aadanaha ee la suuxiyay, ama dhintay, ee aan nolosha dadka muddo dheer waxba ku darsan. Wuxuu tilmaamayaa halista ka soo aaddan habqanka iyo isbarbaryaaca bulshada, iyo sida aanay qolo walba kaalinteedii ugu hawlanayn, wax kale oo aanay wax ka tari karinna ay faraha ugu la jiraan. Wuxuu diiradda saarayaa sida ay caadifaddu u dabooshay garaadkooda—miyirkii ay waxqabadka, taageerada, iyo toosinta isugu dheellitiri lahaayeenna uu u lumay, guulwadayaal jahawareersan in ay noqdaanna ay shaqo uga dhigteen.

Wuxuu buuggu soo qaadanayaa qaybo ka mid ah hantida maguuraanka ah ee bulshada, oo qaabdhismeedkeedu joogo, haddana aan la jihaynin. Wuxuu ka warramayaa aafooyinka ka yimid: macallimiinta, qoraayada, culimada, duqayda dhaqanka, aqoonyahanka maaddiga, iyo ganacsatada, oo dhammaantood ah indhihii bulshada u horseedi lahaa isbeddel dhab ah, talooyin wax ku ool ah in uu u soojeediyana ma uusan halmaamin.

Halkaa marka la joogo ayuu tilmaamayaa dhibaatooyin ay ahayd in ay maarayntooda isugu tagaan, ayna ku guuldarraysteen in ay wax ka qabtaan. Wuxuu soo qaadanayaa saddex mid oo uu u arkay kuwa ugu muhiimsan, wax ka qabashadooduna ay u baahan tahay maarayn iyo nidaam keli ah. Waa baagaamuuddada dhimisteeda, dheefsasho la'aanta hantida dalka oo dadka iyo duunyaba leh, iyo heerka uu joogo wacyiga iyo garaadka bulshadu.

Ka dib wuxuu u soo daadegayaa dabarrada jiritaanka bulshada isu haya, aadanuhuna uu u samaystay xallinta dhibaatooyinkooda iyo kobcinta noloshooda. Wuxuu ka bilaabayaa mushkiladda xukunka iyo sida loo maaraynayo baahida dawladda iyo tan shacabka, asaga oo qeexaya cashuurta iyo baadda isbaarada lagu qaado waxa ay ku kala duwan yihiin, si qayaxanna u tilmaamaya in farqigu uu yahay "adeegga bulshada", ee aanay ahayn magaca lagu qaadayo, halkaana wuxuu uga sii gudbayaa waxa uu xukunku yahay, hoggaankuna uu u samaysan yahay.

Intaa ka dib ayuu u soo tallaabayaa mushkiladda tarbiyada iyo kaalinta qoyska iyo hoggaanku uu ku leeyahay. Wuxuu ka bilaabayaa dhallinyarada, gaar ahaan kurayda oo uu fasaadkoodu arlada rogay, taa oo ku tusinaysa in mustaqbalka jiilka soo socda uu mugdi badani ku gedaaman yahay, waa food-dheere iyo fongoronkiisa. Wuxuu xusayaa in bacdamaa aabbayaashu ay kaalintoodii gabeen, ay dawladdiina teedii ka seexatay, shaqo tii loo diray aan ahaynna ay faraha kula jiraan, dhib mooye e, wax dheef ahna aanay xallinta kiisaskaa u haynin. Wuxuu mar kale xusayaa waxa hoggaanka iyo maamulka dawladeedi ay u samaysan yihiin. Wuxuu wiilasha u xusay ma aha in aanay gabdhuhu u xisaabnayn e, waa in jiilka hablaha ee soo kacaya ay ku meegaaran yihiin duullaanno lid ku ah iyo halgan ilaalinta sharaftooda ah, xuquuqda iyo waajibaadka, warkeeduna uu batay, dhawr bogna aan looga bogan karin, sidaa darteed, xilligeeda iyo meel halkaan kaga habboon ayuu u dhigtay. Haseyceshee, wuxuu marna ka tagi waayay in uu xuso dhibaatooyin ay food-dheerayaasha iyo rag dhaqan xumi kula kacaan oo xubintaas ku xusan.

Waxa uu sharxayaa halganka hooyada Soomaaliyeed ay ugu jirto in ay si sharaf leh u noolaato, ilmaheedana ay u barbaariso sida ugu fiican ee ay ku riyoonayso, hayeeshee, ay la'dahay kaalintii aabbaha awlaaddeeda iyo ninkeedii ay kalgacaylka ka sugaysay, xubinta *Dulman*, waxay si qayaxan u sheegaysaa aafooyinka ay aabbayaashu ku dhigeen hooyooyinka, waxayna farta saaraysaa in aanay ilmuhu u hallaabin hooyo la'aan e, ay waayeen aabbayaashood oo nool.

Intaa ka dib buuggu wuxuu soo jeedinayaa talooyin, digniinna waa uu bixinayaa. Wuxuu ku baaqayaa in si dhab ah la isu cafiyo, afka baarkiisana aan lagu bogsoonayn e, ay tahay in boogta la turqo, maashana laga sii daayo, caddaaladdana laga adeejiyo. Wuxuu naf walba ugu baaqayaa in ay halganto, tarbiyadda bilowgeeduna uu yahay in qof walba uu xumidiisa halgan la galo, samaantiisana uu u hiiliyo. Wuxuu xusayaa kaalinta iimaanka iyo damiirku ay ku leeyihiin dabridda nafta aadanaha iyo toosinteeda. Wuxuu ka digayaa in aanay xumaantu dhiman doonin, hadal macaanna aanay ku baabi'i doonin, haddii aan si dhab ah nafta loo dabiibin, wanaaggana aan lagu tarbiyayn.

Buuggu, sida uu u tilmaamayo cudurrada ay la noqotay in ay bulshada ragaadiyeen, ayaa uu u soo bandhigayaa sida uu xalka u arko, asaga oo ku qotominaya hal aragti oo gundhig u ah, culimada aqoonta bulshaduna ay hore u caddeeyeen, balse wadiiqada xalkaa lagu gaarayo ayaa mar walba lagu kala duwanaa, buugguna sida ay la tahay kama uusan gaabsan.

Qof aan dadka u aqoonsan abaalka ay ku leeyihiin, Alle uma mahad naqee, waxaan u mahad celinayaa ustaad Axmed Ibraahim Cawaale, macallin Idiris Maxammed Cali, macallin Cali Ileeye, iyo marwo Samsam Cilmi Shabeel oo buugga akhriyay, talooyin wax ku ool ahna ku darsaday. Si gaar ah waxaan ugu mahad celinayaa Muxammad Yuusuf oo ah asaasaha Garanuug, si hagar la'aan ahna buugga sixiddiisa isugu hawlay. Erey ka weyn "Waad mahadsan tihiin", oo abaalkiinna wax ka gudi kara, garan maayo e— Guulaysta.

Maxammed Gaanni.

DHABANNAHAYS 6

DHALASHADAYDII

وَمَا أُبَرِّئُ نَفْسِى إِنَّ النَّفْسَ لَأَمَّارَةٌ بِالسُّوءِ إِلَّا مَا رَحِمَ رَبِّي

*"Naftayda kama dhigayo mid aan eed lahayn. Waayo
naftu aad ayay u amartaa sameynta xumida— In Alle uu u
naxariistay mooye e ..."*

Dhalashadu waxay ruux walba uga dhigan tahay fursaddii
ugu qiimaha badnayd ee uu abidkii helay, la'aanteedna
uusan ka baxeen caalamka waxa aan *jirin*. Aad iyo aad ayay
ugu weyn tahay, qaar ka mid ah noolayaashuna xus gaar ah
ayay u samaystaan—inkasta oo aan ujeedka iyo waxtarka
arrintaas isku si loo arkin, waxay aniga iigu muuqataa in
ay tahay xeelad la isku illawsiinayo maalmihii adkaa iyo
wixii ruuxa ka dhacay ee gef ahaa, werwerka culus ee waxa
soo aaddanna lagu suuxinayo. Yeelkadeed, uma baahnin in
aan ku mashquulno shuqullada noolaha kale e, waxa aad
sadarradaan indhaha ugu haysid waa in aad la noolaato xog
ku saabsan xeeladahayga, dhagartayda, iyo wax adiga dheef
kuu ah oo aan kuu sheegi doono.

Filka uu aadanuhu tirsado waxa uu ka bilaabmaa maalintii
uu uurka hooyadii ka soo baxay. Aniga aad xogwarrankayga
ka bogan doontid, dhimashadaydana aadan maqli doonin,

waan ka duwanahay aadanaha. Qodobka ugu horreeya ee
aan aniga iyo ayagu ku kala leexannay waa in filkaygu uu
ka bilowdo maalintii aan calool galay, tan labaadina waa
da'dayda, aniga iyo cid kale toonna aanay garanayn. Sida
aan dib kaaga sheegi doonaba, kolkii uu taranku aadanaha
u bilowday ayaa ay wixii ku duugnaa dibadda yimaaddeen,
aniguna uurkii ugu horreeyay ayaan ku wehelinayay. Tan
iyo maalintaas aan uurka ku jiray, oo aan curdin ahaa,
iyo maanta oo aan xididaystayna, wacdaro badan ayaan
dunida ka dhigay. Wax walba oo kawnkaan ka dhacaya,
uumiyuhuna ay ku lug leeyihiin, saamayn mug ballaaran
ayaan ku leeyahay—xitaa waxa aan diiddanahay aniga ayaa
u yeela xiisaha keena in lagu baratamo. Haddii aanan la
legdameen, jillaafooyinna aanan u bixiyeen, guushu macne
uma yeelateen.

Waxaan uurka kula lammaanaado, sagaal biloodna aan
ku mataansanaado, waxaan dhashay waagii aadanuhu
dareemay baahida ay u qabaan qaybsiga waxa u dhex ah iyo
isxukumidda, tan iyo xilligaasna marmar mooye e inta kale
aniga ayaa talin jiray. Waxaan geed dheer iyo geed gaabanba
u fuulay in aan keligay hanto wax loo wada hamuun qabo,
lana wadaagi karo. Wax kasta oo aan libta ku qaadan karana
waan sameeyay, xishoodkuna xilligaa ayaa uu cadow ii
noqday. Qof kasta oo doonaya in uu uumiyaha kale ka xoog
bato, ayaan ka dhigtay qalfooftii aan ku adeegan lahaa,
waxaanna u kala xushaa hadba sida ay waqtiga iyo waayuhu
ii la ekaadaan. Mar haddii dhinaca kale uusan quusanayn,
libaax ledi waayay in uu marmar iga guulaysto, waa wax aan
la dafiri karin. In ay asaga u bogaan, anigana ay iga didaan
waxay iska noqotay wax caadi ah. Asaga oo kale in ay

helaan waxay himiladooda iyo riyadooda kaga jirtaa baarka ugu sarreeya. Nacaybka uu aadanuhu ii qabo waa midka ku kallifay in ay mar walba maanka ku hayaan hadba kii naga fallaagooba ee wax hambeeya, dheregta iyo baahidana ayaga la qaybsada. Ima xusuustaan oo haddiiba ay dhacdo in ay i xusaan, waa uun mar ay i nacladayaan ama ay dhibtii dhacday ka taariikhaynayaan. Waxaa aafo ugu filan in aan xil qabtay ama aan si uun astaan ugu noqday.

Inkasta oo aan bilowgii filkayga kuu sheegay, haddana gu' la iima tiriyo, qarniyana warkooda daa. Waxaan ku mataanoobay aadanaha aan uurkiisa ka soo baxay. Laabtiisu haddii ay sifaysnaan lahayd, xumida ku uumanna uu muquunin lahaa, xitaa magacayga lama maqleen. Waxaan ahay wax kasta oo xun oo uu sameeyo iyo lidkii uu ku fahmi lahaa samaanta. Waxaan ahay wax aysan ahayn in uu noqdo. Dunida guudkeeda ma uusan imaan qof nool oo aan jeclayn in warkiisa la maqlo. Dhammaan waa xukundoon. Qoys, ganacsi, xer, arday, ummad ama duunyo, iyo wixii Alle u calfaba u talintooda kama maarmaan. Xukun jacaylkaas raadintiisa ayaan ka dhashay.

Waxaan ka unkamay laqdabada iyo dhagarta ay ku caanamaalaan dadku, waxaana cadow ii ah *Lillaahida* ka hor tagta ku dhiirrashada musuqa, fisqiga, dilka, iyo dillaalidda waxa u dhexeeya dadweynaha. Luggooyada iyo leexleexashadu waa naaskii la igu habay markii aan dunida imid. Laqwiga iyo laalaabku waa quudkii dunida la iga siinayay tan iyo maalinkaan ilkaystay. Si kasta oo ay nolol ugu qayladhaansadaan iskuma luro in aan siiyo wax yar oo layr ah.

Waxaan dunida ku soo biiray maalintii uu baayacmushtarku noqday calooshii-u-noole aan qofna u joojin. Waxaa daartaan xanuunka badan la ii soo gelbiyay maalintii uu go'aansaday in asaga mooye e, aanay dunida ku harin cid kale oo anfaco suubban calaashata. Waxaan ifka ku soo biiray maalinkii uu qalinka ku duugay, in dawo aan wax doorinayn mooye e aan mid kale la isku dabiibin. Waxaan uurka hooyaday ka soo baxay amminkii ay wadaaddadu isku dareen xaqa oo la qariyo iyo qawmiyaddooda oo aysan la falgalin, khamiiska iyo tusbaxa oo qur ahna ay ku mintideen. Waxaan dunidaan imid markii xerta maaddigu ay maaddada uun nolosha moodeen, fahamkeedana ay ka sal gaari waayeen, gorof tay iyo istiilla xiran oo qur ahna ay isugu biyo shubteen. Waxaan kawnka soo galay maalintii ay siyaasiyiintu dan iyo damac ku diimeen, dayaca iyo darxumada raciyaddana ay ka indhasaabteen. Arradnaanta bulshadu waa hubka ugu weyn ee aan ku dagaal galo, waxa halkaa dunida dhigayna waa ayada. Duubableyda iyo food-dheeruhu way ila jaanqaadeen, fankii aadanuhu ku nasan lahaa, waxna isugu sheegi lahaana waa aniga maroorshay, mooradana ka saaray.

Mar kasta oo ay aadanuhu bartaan dhaqan xun, samaan horana ay ka guuraan, waxaan helaa dhiig cusub. Kol walba waan dhallinyaroobaa, shayaadiintana waan iskaalmaysannaa. Anigu ma ahi shaydaan balse waxaan ahay cidda uu asagu u shaqeeyo. Maadaama aan ahay xumida dunidaan ka jirta, asaguna waa qurxiyaha buulkayga. Wuxuu u taagan yahay hirgalinta kacaankayga barakaysan, kama uu harsado, kamana uu hoydo. Waa heegan had walba u heellan hirgalinta hankayga. Bogaadin iyo nabdaadin uma hayo, saa ma laha badbaado kale e — balse, hiif iyo haaraan oo dhan ayuu mudan yahay. Aniga igama mudna labadaas midna e, aadanaha ayuu tan dambe ka mutaystay. Si kasta iyo goor kastaba kalama masuugaan, haseyeeshee, wax ma yeeli karto tan iyo inta ay ayagu aniga ii hoggaansan yihiin, duco aan loo dedaalin iyo habaar aan daacad laga ahaynina wax badan ma dooriyaan.

Badbaado iyo naxariis, barwaaqo iyo ladnaan maalintii aan dhashay korkayga ha ahaato.

Oon iyo alalad, hamuun iyo hanfi, rafaad iyo ragaad maalinta aan dhiman doono korkeeda ha ahaato, waa haddii ay jirto e.

Bal ku dhaygag dhiganahaan, una dhugmo lahaw in yar oo ka mid ah sida aan u noolahay ilaa iyo hadda. Xogwarrankaani waa daacad-hadal, adiga ayuuna kugu socdaa. Haddii aad dhigaal ugu gudbiso ciddii dunidaan kugula nool ama kaaga dambayn doonta, waa aad ku mahadsan tahay. In uu wax ku taro waan filanayaa, in uu ku dhibana waa suuragal. Waayo? Mooji oo ma kala garanayo dhurwaa ama aadane midka aad tahay.

2

ISBEDDEL

إِنَّ اللَّهَ لَا يُغَيِّرُ مَا بِقَوْمٍ حَتَّىٰ يُغَيِّرُوا مَا بِأَنفُسِهِمْ

"Duul aan isbeddelin Alle ma dooriyo..."

<small>Suurat ar-Racd, 11</small>

Xaalad joogto ahi ma jirto, imaanshaha aadanaha ee dunidaanina waa isbeddel xaaladeed. Abuurtiisa ayaa isbeddel ah. Intii aan la uumin ka hor lama mid aha abuurtiisii ka dib. Dunidaan uu madaxda ka yahay, in uu ku soo biiray ayaa ah sababta uu mar walba ugu oomman yahay doorsoonka xaaladeed. Haddii uu xitaa sidiisa daysan lahaa, gedgeddoonka dabiicada ee uu Alle u dhigay qawaaniinta aan isbeddelin ayaa ku qasbaysa. Haddii uu isbeddelka qorsheeyo iyo haddii uusan ku talagalinba, mar walba ujeeddada ficilladiisa iyo damiciisa ayaa qaabeeya halka uu u jihaysanayo. Samaantu waxay dhashaa wanaag, xumaantu waxay unugtaa shar, isbeddelkuna waa natiijada ka dhalata goob kasta oo ay labadoodu foodda isku daraan.

Gedgeddoonka waayuhu waxay si joogto ah u dooriyaan duruufaha nololeed ee aadanaha ku xeeran, waxayna ku riixaan halgan dhexdooda ah oo maalka iyo muuqashadu ay inta badan horseedaan, muruquna uu u noqdo adeege daacad ah. Isqabadka iyo legdanka noloshooda qaabeeyay, mar walbana jiheeya habka ay isugu talinayaan, ayaa kallifay in ay laandheere iyo laangaab isu kala saaraan. Haddii marxalad gaar ah cid laga tiro badan yahay ama laga xoog badan yahay, waxaa la duudsiiyaa xuquuq nololeed oo badan. Marka laga tago waaritaanka labada erey iyo ku larnaantooda nolosha aadanaha, haddana waxaan shaki ku jirin in aanay jirin cid weligeed laandheere ahaanaysa ama laangaab.

Waa la isbeddelaa, waana la arkaa in rafaadka dunidu uu qolo isla sarraysay hoos u soo dhigo. In ay kala xoog badan yihiin shakhsi ahaan waa wax jira, dhibteedana u leh aadanaha. Haseyeeshee, in ay reero ahaan u kala xoog badan yihiin waa wax-kama-jiraan la qabatimay, xaqiiqana ula muuqday bulshooyinka. Way dhacdaa in mar la kala guulaysto, laakiin cidina cid kale kama tirtiri karto dunida guudkeeda. Ma ahayn in loo fakaro kala adkaansho e, waxay ahayd in uu qofba xooggiisa iyo xeeladdiisa la aado jiho ka mid ah dunida iyo nolosheeda, sidaana uu ku guto masuuliyad naftiisa ka saarnayd iyo xil aadanaha oo dhan uu u hayay. Dhici wayday oo qooq wax aan ahayn lagu kari waa. Kibirka iyo santaagga ay tamar badnaantu dhashay ayaa keenay in ay isdulmiyaan, iskuna durduriyaan.

Socon wayday, wax kasta oo tankiisa dhaafaana waa sidaa. Sidee dulmi iyo nolol la isugu keenaa? Dawlad xeerar iyo qawaaniin leh waa in la helaa. Kibirka in la afjugo, miskiinkana la koriyo, lagana dhowro in miskihiisa la fuulo, waxa keli ah ee lagu hirgalin karaa waa in xayndaab adag la dhigo, awooddii fulin lahaydna loo alkumo. In taa la helo cidina ma diiddana, laakiin kibiraaniga kama ay horcadda, haddii uu yeelana, wax kale ayaa ugu hoos duugan. Qaanuun uu adeegsado ayaa jira: "Wax aan laga fursan karin, waa loo wada hawlgalaa, ayada oo uu ninba dhankiisa u jiidanayo". Middaa ayuu ku diimaa, saamigiisana waxa uu ku darsadaa geeddiga maamulka lagu samaysanayo. Haa, waa sidaa. Mar haddii awood dhexdhexaad ah meesha ay imanayso, waa in uu ka hor tagaa, isla tubtii lagu samaynayayna waa in uu ku carqaladeeyaa. Weli qooqaagu ma uusan harin, ma quusan, gardarradana kama uusan waantoobin. Murqihii uu awal dadka dheeraa asaga oo aan waayin, in uu buul noqdo waa wax aan u cuntami karin. Waa in uu sameeyaa wixii ay la tahay in uu ku heli karo libin uusan xaq u lahayn. Maskax, qalin, iyo maalba waa in uu ku muquuniyaa inta kale, dawladda imaanaysana waa in uu jiheeyaa.

"Baadida ninbaa kula deydeya, daalna kaa badane
Oon doonahayn inaad heshana, daayin abidkaaye
Dadkuna moodi duul wada dhashoon, wax u dahsoonayne,"

— Qamaan Bulxan, AHUN.

Amminkaas ay aadanuhu baahida maamul dareemeen, qooqaaguna uu shaxdiisa dhigtay—ayaan aniguna qorshahayga diyaarsaday, dibaddana aan u soo saaray. Is-hardintii aadanaha ee waagaa bilaabatay, lafo-ka-marooqsigii kan xoogga yar ee ka dhalatay diiqoodkii nafta ee sababtay ku tumashada xeerarka, ayaa aadanaha ugu wacnaa in ay dunida guudkeeda ku kala firdhaan, qawmiyado kala duwanna ay noqdaan. Ha kala baydadaan ayaga oo aan isdhibaatayn caymo ayay noqon lahayd e, waa ay collaytameen. Labadii shalay wada dhashay tafiirtoodii ayaa maanta u diriraysa in ay ka soo kala jeedaan labadaas oday ee isjeclaa waagii ay noolaayeen, oo uu midkood ka tiro batay ama ka xoolo batay kii kale. Wax alle iyo wixii xeer hore ee jiray, akhlaaqdii iyo caadooyinkii suubbanaa, waxaa ku tuntay, dunidana ololiyay, dhurwaa aadane u qolof eg, naftiisa mooye e aan wax kale u diir naxayn. Sida uu asagu doonayo ayuu wax walba ugu fasiraa inta kale ee uu ka xoog batay.

Haa, dhalashadaydii ka dib ayay noloshoodu isbeddeshay. Habdhaqankayga aan kuu sheegay ayaana ugu wacan. Haddii ay shalay ahaayeen dad xor u ah wax badan oo noloshooda khuseeya, waxaa uurka iga soo raacay xayndaabyo badan oo isku gedaamay ayaga. Xuduudo aan hore u jirin ayaa samaysmay. Inta badan xuduuduhu waa kuwo aniga ii hiilinaya, ayaguna ay u haystaan in aan dantooda darteed u keenay. Mar waa sax oo ayagu waa waraabayaal iscunaya, haddii la fasaxo, balse, waxaysan ogayn in aan ahay dhurwaaga keli ah ee xaqa u leh in uu ayaga cuno. Xeerarku halkii ay ka ahaan lahaayeen kuwo ay ku badbaadaan, kuna tanaadaan, ayaa ay noqdeen kuwo ii sahlaya nolosha, ayagana ii cabiidinaya. Haddii ay kula tahay in ay aniga i xaddidayaan, waad qaldan tahay. Aniga ayaa qoray waxaan dastuurka lagu sheego, albaabbo gadaale oo aan ka siibtana waan u samaystay.

Dastuurka aan u qoray kama jawaabayo baahidooda oo dhan, qaabka uu talisku noqonayana waxay ku xiran tahay hadba sida aan u fakarayo, loobbiyada laxaadsadayna ay iila qaabeeyaan. Haddii aan dan u arko in aan u sameeyo mid maadayska sii bila, madaxana isu sii galiya, waan yeelaa. Haddii ay dantu iila ekaato in aan u qoro mid ku maaweeliya in uu ka shaqaysiinayo damiirkii dhintay, waan u dejiyaa. Xaaladda ay markaa ku sugan yihiin ayaa ii tilmaanta, sidii aan u noolaan lahaana igu jihaysa.

Dhibaatada haysata ayaan daah ka saaraa, waxaanna farta ugu fiiqaa meel aanay waxba ka jirin, ayaguna cudurka haya si hoose uma eegaan, boogta ay la ildaran yihiinna ma helaan. Qof ilig laga hayo, haddii uu wadne xanuun ka eed sheeganayo, cidina ma dabiibi karto, cudurkiisana lama garan karo. Waxa ay la dhibban yihiin, lana daalaa-dhacayaan in ay fahmaan ayaa ay ku biskoon lahaayeen—laakiin in ay gartaan ha joogto e, diyaarba uma aha in ay u dhugmo yeeshaan.

Halkii aad shalay ku jabtay, in aad maantana ku go'did, waa aafo aanay jirin halbeeg lagu cabbiro, qalbijab iyo quusna ugu filan ummad dhan oo xaq u lahayd in ay nolol wanaagsan hanato. Waxaa taa ka sii daran in halkii ay dhagxaantii shalay taallay ee jidgooyada xannibtay ku ahayd, ay maanta iska wareejiyaan isla mar ahaantaana ay qotomiyaan kuwo hor leh oo sidii oo kale ah ama ka sii daran. Soo ayaandarro inteeda le'eg ma aha in aad kala saari waydid dhagax iyo daamur. Kan hore haddii aad dhabbada ku rogtid, jidgooyo iyo dhibaato kuugu filan, kan dambana laami dubaali ah oo aan kaa soo idlaan ayuu kuu noqdaa, haddii aad si saani ah ugu shubtid. Waxa ay tebayaan waa xeer iyo damiir nool oo dhiirran dhurwaayadaydana iska yureeya, se si sahlan lagu heli maayo, isbeddelkuna sida uu muhiim u yahay, uma fududa.

Waa guul aan ku faani karo in ay uumiyuhu noqdaan kuwo ii baahan, kala doorashadooduna ay ku kooban tahay kala xulashada muuqaalladayda kala geddisan. Isbeddel kasta oo aan lahayn mabda', ma helo hoggaan jiheeya. Nolosha isbeddelkeedu ma aha xil ka qaadista mid hore u joogay iyo keenista mid hor leh. In ruux walba uu naftiisa daryeelo, qoyskiisa hago, jaallayaashiisana uu saameeyo ayaa kow ka ah. Aniguba soo ma ahi naftii aadanaha oo xumida u janjeersatay? Fahamku wuu joogaa, se meel ficil u baahan, hadal wax kama taro. Iskala bixin maayaan, baqdinna kama qabo. Balse, hal wax ayaa werwer igu haya. Waa in ay garwaaqsadaan in sharciga aan qortay uusan ahayn mid ka jawaabaya nidaamka ugu habboon ee noloshoodu ku tanaadi lahayd. Waa igu halis in ay garwaaqsadaan in uumiyahan kii abuuray uu u dhigay xeer dhammaan wada qabanaya, gardarroolahana gacan bir ah ku xaddidaya.

Hambalyo iyo bogaadin, badbaado iyo naxariisi ha ahaato maalintii aan dhashay dusheeda. Dheeshayda aan kalago'a lahayn iyo dhoohanaantooda aanay dareensanayn ayaa iigu filan badbaado. Wax ka baro xeeladahayga.

Mar kasta oo ay doonayaan in ay beddelaan xukuumadaha aan ka talinno waxaan gashannaa hadba shaarka ay markaa xiisaynayaan. Haddii ay beri hore yaqaanneen boqortooyo, mar dhexana ay barteen salaadiin, seban aan fogayn ka horna askar, waxay imminka daneeyaan aqoonyahan. Kolka ay arrintu annaga na joogto waa isla annagii oo hadba shaar qabna, se ayagu waxay u haystaan waa cusub iyo mustaqbal qurxoon oo ay nasiib u heleen. Qarniyadii boqortooyada shilinka aan ayaga ka soo qaadno ayay marti noogu ahaayeen, intii ka dambaysayna la mid ayay ahayd.

Hadda waan beddelnay sheekada oo dadku uma gaajaysna sidii waayadaa. Cidda keli ah ee hamuuman waa annaga oo dheregtii aan naqaannay ay isu beddeshay baahi aan go'ayn. Waayadaas dahab iyo fiddo ayaa buuxin jirtay khasnadaha, oo in la faaruqiyo oo wax la bixiyo waxay ahayd arrin aan magac ku kasbanayno, maal cusubna aan ku tabcanayno. Imminka bangiyo ayaan samaysannay—bangi buuxsamayaana ma jiro. Kolka uu labaatan koonto midkaayaba furto, tirsi uu ku buuxsamayaana uusan jirin, maxaan uga baahan nahay in aan quudinno dad aan quud waayin? Maxaan uga baahan nahay in aan faaruqinno khasnad aan buuxsamayn? Maxaan uga baahan nahay tabac hor leh, ayada oo uusan dhammaystirmi doonin midkii hore?

Doorasho kasta eeg. Kolka ay isbaacsanayaan hal wax ayay ku hadaaqaan. ISBEDDEL. Dunida oo dhan meeshii aad ka tagtid ama *isbeddel* baa ka dhacay ama waa laga quuddarraynayaa. Hal wax ayaan isbeddelin. Magacyadu waa kala jaad, balse kulli waa isla *aniga*. Haddii aad maqli jirtay in dhurwaagu jinka arko, ha beenaysan. Waxaa kale oo aad aammintaa in aan jinka fir ku leeyahay. Jinku ma aha kii dabka laga uumay e, waa kan aniga oo dadka ka mid ah aan haddana ahay dhurwaa. *Ashbaax* ayaa la igu naanaysaa kolkol, se in ay magacaas ii adeegsadaan waan iska jeediyay oo dadqalatooyinka lagu riyoodu baa magacaygii qaatay. Haddii aad weydiiso waxa ay beddelayaan ama isbeddelaya, waxa keli ah ee ay kuu sheegi karaan waa cidda i matali doonta doorkaan ee qasriga kala wareegi doonta ciddii shalay i matalaysay.

Miyaan dhiman karaa ayada oo ay dadku hadba isoo noolaynayaan?!

Maxaa iga galay haddii mustaqbalka ilmahoodu uu xumaado iyo haddii kale, marba haddii aanan dhimanayn, cid i matashana aanan waayi doonin?

Maalinta keli ah ee laga yaabo in aan suuxo oo muddo dheerna aan miyir la'aado, waa maalinta ay fahmaan in koobiyaashayda oo la isku beddelaa aanay noloshooda wax ka beddelayn e, ay tahay in ay noloshooda wax ka dooriyaan oo ay tabcadaan duul aan dhurwaayo ahayn! Qof kasta in uu dabeecadaha dhurwaayada iska baaro, iskana daweeyo ayaa ay ku samatabixi karaan, inta ay heerkaa gaarayaan ka hor, ha sugin baraare iyo barwaaqo ay ku noolaadaan.

Hal mar haddii ay si miyir qabta wax isu weydiin lahaayeen, waa ay soo naaxi lahaayeen, dawada suuxdintuna waa ay ka bixi lahayd. Haddii uu shalay dhurwaa idin siray, maantaba soo mid kale oo ay *hebelka* matalaya oo keli ah ku kala duwan yihiin idin ma sirayo?! Hal shay ayaydaan weli gaarin: in aad dhurwaayada dharbaaxaysaan idinka oo dad ah, mid ka mid ah kuwa idiin ku fiicanna aad ku caano shubtaan. Waan ogahay oo garashada arrintaasi idin kama maqna, werwer intiisa le'egna way igu haysaa, haseyeeshee, waxaan ku ledaa in aydaan weli diyaar u ahayn burburinta darbiyada idin ku wareegsan ee damaca iyo sedbursiga ku dhisan. Dib ayaan idiin ku sheegi doonaa in qabyaaladda iyo qabkuba ay yihiin magacyo ay dhurwaayadu u curiyeen adeegsigiinna si boobku ugu xalaal noqdo.

Waxba tiiraanyada tagtadiinnii ha ku mashquulina, berisamaad aan marnaba wanaagsanayn, balse xaalkiinna maanta ka wacan, ayay ahayd. Waayo? Macno ma leh shallaytadu, haddii ay leedahayna waa mid aan marnaba dheef idiin sidin. Maxaad ka dheefaysaa wax kugu kordhinaya quus iyo caajis, waqti iyo tamar maskaxeedna kaa qaadaya?!

Khasaare uun.

Haddaba, miyaanay kula ahayn in aad ka shaqayso abuuridda jawi aad ku hanato maaraynta taagantaada, waraabayaashii tagtadaada halleeyayna aad kula xisaabtami kartid?!

Sidee?

Adiga oo insaan ah, xayndaab kalana aan ku jirin, fakar oo ficil ku dar. Kolka aad intaa garato, fulinteedana aad bilowdo, ayuu malakul mawdku ii imaanayaa. Ha sugin in naftu si dhib yar iiga baxdo—waxaan rejaynayaa inta aanay iga wada bixin in aad idinku dib ii soo noolaysaan. Dhib ma leh oo in aad ayaamo kooban noolaato adiga oo aadane ah ayaa ka fiican, intii aad weligaa noolaan lahayd adiga oo ibliis ka shar badan.

Isbeddelka ay tahay in lagu taamo, waqti, xoog iyo xoolana mudan in loo huro—waa kobcinta wacyiga bulshada. Haddii aad aqoon baratay, kuna asturan tahay, karti iyo dadnimana aad isku og tahay, kama dhigna in aad mudan tahay in xil laguu dhiibto, hoggaanna lagaa dhigto—ayada oo aanay dadku kula heer ahayn kuuna dhoweyn. Gar ma aha in isbeddelka nololeed ee kuu sawiran aad aamminto in uu ku imaan karo adiga oo ayaga u taliya. In aad mudato caleemasaar, shaqo culus ayaa kaa xigta.

Aqoonta iyo garaadku waxay wataan baahiyo u baahan in la daboolo, halka gaajada iyo dansanaanta garaadku ay wataan baahi in la tirtiro ama la dhimo u baahan.

Shaqada kuu taallaa waa isu dheellitirka baahiyahan iyo kala horraysiintooda. Adiga cilmiga bartay, ogaalkaaguna uu ka gudbay ka fakarka baahiyaha jahligu uu wato, xaq uma lihid in aad u soo baahatid in ay wax kaa siiyaan waxa ay juhaladu isku haystaan. Taa lidkeeda waxaa waajib kugu ah in aad ayaga tamar galiso, sidii aad u jihayn lahaydna aad isku hawsho. Waxaa kuu ekoon in aad soo gaarsiisid heer ay kula dareemaan waxa aad tebaysid. Haddiise, aad ismoogaysiisid, waa jugjug meeshaada joog, waana suuragal in aad ku doorsoontid dhexgalka dac aadan waxba ka doorin karin.

Cidina ma dafiri karto in nolosha dadka iyo wacyigoodu aanay kala soocmi karin. Hadba heerka uu ogaalkoodu joogo ayaa saameeya habkooda nololeed. Ogaalka laftiisu wuu kala sarreeyaa oo hadba xaddiga uu joogo ayay noloshu ku jaango'naataa, nolol cir-ka-soo-dhac ahna ma jirto. Bulsho qabiil iyo qaran aan weli kala sooci karin, ha ka sugin in ay kuu doorato sidii ay yihiin dad kala xulan kara fursadaha nolosha. Ha ka sugin in ay kula gartaan waxa aad garanaysid adiga oo aan garansiin, waqtina yuusan kaaga lumin. Adiga aqoonyahanka ah ayaa u baahan in aad beeshaada xaqdarradeeda ka xorowdid, wixii gar ahna aad ugu hiilisid. Hiilka ugu wacan ee aad u gali kartidna waa dhisidda asaaska nololeed si ay u nabad galaan, loogana nabad galo.

Haddii aad ku taamaysid isbeddel maankaaga ku jira, nolol kuu sawiran oo aad u riyaaqsan tahayna aad naawilaysid, waxaa kuu eg in aad ka fakartid sida lagu hirgalin karo iyo kaalinta aad kaga aadaysid. Qorshaha aad ka fakaraysid ha noqdo mid isu miisaaman, wax kasta oo raad ku yeelan karana waa in aad u toog haysid. Far keliya fool ma dhaqdee, ogsoonoow in nolosha aadanuhu ay isku tolan tahay, toosinteeduna ay tahay hawl la wada leeyahay. Haddii aad intaa yaqiinsatid, waxaa kuu muuqanaysa in uu ku saaran yahay xil naftaada kaaga aaddan iyo mid dadweynaha kaaga aaddan, gudashada labadaasina adiga ayay kuu dabran yihiin. Balse, haddii aad isu aragtid qof keligii wax beddeli kara, daad soconayana jihada ka leexin kara, wax aan khasaare ahayn dheefi maysid, lagaana dhadhamin maayo. Qaranjabka iyo kelitalisnimada unugga ugu weyn ee ay ka unkamaan waa in qof ismahdiyay jago loo caleemo saaro ama la mudo xil bulshada ka dhexeeya. Sidaa darteedna khatar kale ayaad bulshada ku noqonaysaa, halkii aad fursad u ahaan lahayd. Ka warran haddiiba ay bulshadu isugu dhuratay dad noocaas ah, hagaajin iyo hufidna aan la isku lurin?! Soo qaranjabkii inagu dhacay kama imaan marnaanta bulshada iyo qofyow islaqummanaa oo talada marooqsaday?!

Bulshada Soomaaliyeed isma aanay beddelin haddii ay dawlad noqotay. Xilkii ugu horreeyay ee ugu mudnaa wuxuu ahaa in bulshada loo diyaariyo hanashada dal ay ku dhaqan yihiin reerguuraa magaalo soo galay iyo kuwo weli miyiga ku dambeeya. Wacyiga bulshada in dawladnimadu waxa ay tahay lala qabatinsiiyo ayay ahayd, si looga gaashaanto qaranjab ummadda ku dhaca, qabyaaladdii hore ay isugu dhammeeyeenna aanay fursad ka helin. Qofka Soomaaliga ahi wuxuu u qaabaysnaa qab weyni iyo in jifi walba ay ka sarrayso cid walba oo kale, biyaha iyo baadkana aanay cidina ka hor istaagi karin. Haddii nin tolkii ah loo sheego in wax ka maqan yihiin, qolo ay col yihiinna ay waxaasi la jiraan, waxba kuma aanay ahayn in uu col abaabulo ama mid duullaan ah uu sii raaco. Waxaa naftiisa kala weynayd in jifidiisa aanay aano ka maqnaan, wax baa laga xoogay oo ay dhacsan waayeenna uusan arlada ka maqal. Waxay ahaayeen dad caadifadeed, qabyaaladduna ay ku adeegato.

Markii saancaddaaluhu uu dhulka isaga tagay, haykal dawladeedna la sameeyay, waxba caadifaddii iyo qabyaaladdii iskama aanay beddelin. Halkii la dhisi lahaa bulsho la jaanqaadda qarannimada, ayaa caadifaddeedii ay la dhex joogtay geela, daaqa, iyo duurka ay kala dul dhacday dawlado kale oo haystay qaybo ballaaran oo ka mid ah dhulka Soomaalida. Si kastaba, gar bay u lahaayeen in ay sharaftooda difaacdaan, dhulkooda dhacsadaan, iyo in ay la midoobaan walaalahoodaa kale. Haseyeeshee, in ayaga la isku hayo, si ay dalka la haysto u hantaan, ayaa ka mudnayd in lagu halaagsamo gulufkii lagu asqoobay iyo ku dhicidda dabinkii hadimada ee uu gumaystuhu si ku talaggal ah innooga tagay. Ayada oo aan haykalkii dawladnimo si wanaagsan loo qummin, dalku uusan u diyaargaroobin dagaal, shax siyaasadeed oo looga baxsan karay dhibaatooyin laga filanayay awoodihii isbahaysi ee dunida ka jirayna aan la samayn, ayaa awooddii iyo dareenkii dalkaba halkaa loo jeediyay, laguna dhammeeyay. Natiijadu waxay noqotay dhulwaa iyo qaranjab, wax soo muuqda waayadaanna ma jiraan.

⤜

Ilaa iyo hadda inta la og yahay kuraastu waa dad, dadkuna waa beelo. Dhaqanka ugu wanaagsan ee muqaddaska ah ee ay dhurwaayadu ilaashadaanna waa midkaa. Maalinta ay taasi isbeddesho waa rejo suubban iyo tallaabo horusocod ah, se mar walba sidaa ma aha—laga yaabee in ay noqoto sii dhurwaayoobid.

Haddii uu halbeeggu noqdo: yaa hanan kara oo isxisaabin kara, lalana xisaabtami karaa, waa caymo iyo cawracelin, nasiibdarraduse waa in aanay cidina isku hawlin sidii lagu gaari lahaa. Ha sugin hana eegin mid reerihiinna ah e, u toog hay mid xil qaadi kara, waajibkiisana gudan kara. Tan iyo waagii la unkay waa adigii sugayay, dariiqana u taagnaa e, maxay noloshaadii shalay, tan maanta, iyo taas berri ahba ku darsadeen xilqaadayaashii jifidiinnu?! Inta la hubo luggooyo waa ay kuu geysteen, laakiin wax wanaag ah kuuma aysan dhigin! Ku kacdoon dhiigga jifida ee karka kugu haya, dhuuxaaguna uu la dhammaaday.

❧

"Bal muxuu micneeyoo na taray, ministarkaan doortay?"

— Aadan Carab, AHUN.

3

DAMAC

لَا تَأْكُلُوٓا أَمْوَالَكُم بَيْنَكُم بِالْبَاطِلِ

"Qofna xoolihiisa ha ka baadina..."

SUURAT AN-NISAA, 29

Waagii ay hal qof ahaayeen, noloshu aad ayay u qurxoonayd. Dabeecadaha iska horjeeda ee lagu uumay, sharka iyo khayrka lagu kulmiyay lama kala sooci karin oo kibriidka ayaa la'aa garbadkii lagu xoqi lahaa. Kolkii labo laga dhigay ee kalgacaylkii ugu horreeyay ee dunida aadanaha ka dhacay uu xasillooni iyo naxariis keenay, waxaa asna ugxamihiisa dhiganayay aafada ugu weyn ee ilaa maanta aadanaha ka dhigta waraabayaal.

Ilmihii ugu horreeyay, oo ahaa taranka Aadan iyo aabbayaasha aadanaha maanta nool, ayaa ahaa mirihii uu dhalay jacaylkaasi. Shaki kuma jirin in noloshoodu ay ahayd bilowgii dagaalka wanaagga iyo xumaanta oo uurka ka soo raacay. Haddii aanay shalay jirin cid Aadan iyo Xaawo u dhiganta oo ay nolosha kula loollamaan, maanta dhashoodii ayaa isujeedda. Qof walba noloshaa cusub ee uu yimid ayuu waji wajiyadeeda ka mid ah foodda saaray, guushiisuna waxay midka kale uga dhigantay guuldarradiisa. Halganka uu ruux walba la galay kan kale ee halkaa ka bilowday ayaa soo shaacsaaray dabeecadaha isburinaya ee insaanka. Runtu waxay tahay: mar kasta oo uu qofku la xarbiyo nolosha, wuxuu kas ama kama' ula diriraa dabeecadaha naftiisa. Haddii uu samaanta u weecdo, sharkiisii ayay is-haystaan. Haddii uu xumida u weecdana samaantiisii ayay isku liqdaaran yihiin.

Kala dhib yar oo kala duwan sifooyinkaasi, waxaanse shaki ku jirin in jacaylka guushu uu yahay waxa ugu weyn ee shidaaliya cudurka aan weli laga gubin dadka ee la yiraahdo *Damaca*. Qabyaaladda, kursi u dirirka iyo maal dhicidduba waa natiijada damaca. Dhiiggii ugu horreeyay ee ilmo Aadan ay iska daadiyeen damac ayuu ka dhashay, jacaylka guusha iyo nacaybka guuldarrada ayaana shidaal u ahaa.

Isfahmiwaaga ka dhex dhasha dad wax wada leh, waxaa aalaaba dhaliya hunguriweynida uu midkood ku doonayo in uu kan kale ka qadiyo wixii uu la lahaa. Diidmada uu ruuxa kale ka muujiyo in cadkiisii laga sedbursado ayaa ayana keenta ismariwaa, noocyadiisa qaar ka mid ah loo taag waayo, xalkiisana lagu wareero. Damacu waa cudur ay tahay in laga dhex baaro dhibaato kasta oo xal loo raadinayo. Nafta aadanaha, dhergiwaaga, iyo marooqsiga saami aanay lahayni, waa mataano aan si sahlan lagu kala reebi karin. Haddii uu cudurku qaangaaro, dawana uu waayo, bulshadana aan laga tallaalin, wuxuu weligii ahaadaa halis dul hoganaysa jiritaanka iyo nolosha bulshada. Waxay dhibtiisu gaartaa in uu qof walba ku taamo sidii uu iligga u saari lahaa wax uusan lahayn, ama uu ku yeelan lahaa saami

yar oo ku soo aadi lahaa, haddii si caddaalad ah wax loo
qaybsado. Bal suurayso ummad uu wax u qaybinayo ruux
hunguri wado, diyaarna aan u ahayn in uu hal mar qado.

Noloshii hore ee bulshadaan waxa ay lahayd falsafad
nololeed oo laga dheehan karo murtidii ay ka tageen
awoowayaashood. Ma rumaysni in ay Soomaalidii hore
ahaayeen jaahiliin maran, dhiig iyo dhac mooyee aan wax
kalena aqoon. Wixii ay ka tageen ayaa tilmaan ugu filan
waxay ahaayeen. Xilliyada qaar waxaan la amakaagaa
maahmaahyadii ay ka tageen oo in badan oo ka mid ahi
ay kuu sheegayso bisaylkii jiray, sharaftii iyo milgihii qofka
lagu barbaarin jiray, iyo heerka ay waaya-aragnimadoodu
gaarsiisnayd. Waxaa jiray sees karaamo oo ay waajib ahayd
in qofkii wax isku falayaa uu dhowrto. Waxa ay dadku si
guud u wadaagaan—haba iska yaraadaan e—cidi si gaar
ah uma quudan jirin, waxayna ahayd wax laga yaxyaxo.
Haddii la magaaloobay, noloshii dadkuna ay isbeddeshay,
qaabkii barbaarinta iyo xeerarkii gobonnimaduba waa ay
isbeddeleen. Dhogortii la dhowran jiray dan looma galin,
hadalkii meesha dheer gaari jirayna wax xanuun ah oo uu
leeyahay iyo in laga gubto toonna uma aanay harin. Qofka
la mudo in uu wax qaybiyo, wax ma quudan jirin ayada
oo ay qatan yihiin dadkii masuuliyaddooda la baday. Soo
ma aadan maqal: qaybshaa wuu qadaa?! Waa falsafaddii
nololeed ee ay ka lahaayeen nafciga la wada leeyahay iyo
xilka saaran masuulka.

Waxaad maahmaahdaa ka dheehan kartaa wacyigoodu
halka uu joogay iyo sida ay ka aamminsanaayeen qaabka ay
tahay in uu u dhaqmo qofka ay xil u dhiibtaan. Waa in uu
qofku yahay ruux asagu xil isa saara, baahida dadka kalena

ka horraysiiya middiisa. Qof aan hunguri weynayn, cad quureed iyo mid buuran toonnana aan isku qaawin ayaa la beegsan jiray. Waxay xulan jireen qof ay ka suurawdo in uu qado halkii ay raciyaddiisu gaajo la rafaadi lahayd. Waxay aamminsanaayeen in xilku uu yahay daryeelka shacabka iyo in si caddaalad ah loogu qaybiyo waxa la haysto. In kasta oo xeerka ay wax ku qaybsanayeen uu ku xirnaa duruufihii nololeed ee ay ku jireen, haddana in ay si xeerkaas khilaafsan wax u kala qaataan waxay ahayd wax ay geeri ka xigaan.

Intii ay sharaftoodu dhiman lahayd, geerida ayaa kala qiime badnayd. Qiimaynta milgaha laftigeeda ayaa ka tarjumaysa wacyiga bulshada, muujinaysana sida ay dhaqanka, xeerka, iyo ilaalinta waxa la dhowranayaba u ahaayeen waajib bulsho oo ka horjeeda damaca dhaliya kelitalisnimada iyo sedbursiga. Qofka hunguriga weyn ee wax deeqaa aanay jirin wuxuu dhexdooda ka ahaa qof ceebaysan, bulshada nolol maalmeedkeedana aan saamayn ku lahayn. Dadkaa maanta xeer iyo xishood xirxira midna ma jiro. Barbaarintii shalay maanta ma jirto, isufuranka dunida iyo qalinmaaliddana laguma dheefin.

Cudurrada bulshada ku dhaca oo dhan jahliga iyo faqrigu ma keenaan, balse tarbiyad la'aanta iyo lumidda qiyamka nolosha ayaa dhaliya aafooyinka ugu badan. La arag dad aqoon iyo xoolo labadaba haysta, balse ay waxoodu deeqi waayeen, wixii dadku lahaayeenna boob aan kalago' lahayn ku haya. Haddii ay faqriga iyo jahligu yihiin waxa dhaliyay dibudhaca, musuqa iyo dulmiguna ay kalkaalaan, lama arkeen cid aqoon leh oo dambiyadaa gaysata—balse la arag, laguna quusay. Xalku wuxuu ku jiraa in dhibta si dhab ah loo daraaseeyo, dawadeeda rasmiga ahna loo qoro.

Waa wax aan la dafiri karin in mushkiladaha bulshadu ay tarmeen, tirabbeelna ay noqdeen, laakiin dhammaantood ma aha asal. Adiga oo aan kala garan asalka iyo faraca wax ma daweyn kartid. Qabiilka, musuqmaasuqa, iyo dilku waa natiijo e, ma aha jirriddii dhibaatada.

Haddii ay kula tahay in qabiilku yahay aafo, waad qaldan tahay. Aadanuhu maalinkii uu tarmay ayuu qabiilku samaysmay, daruuri ayayna ahayd. Eeg, awoowgaa maanta waa oday ay jifi ku abtirsato, adiguna kol dhow ayaad sidaa noqonaysaa. Cidna kama fakan karto oo xaqiiqo buraysa ma aha. Muhiimaddiisu waa taranka waarayaa in ay isku aqoonsadaan, hal micne oo kalena ma uu laha. Haddii uu qabiilku samaan leeyahay, waa wax ka dhashay habdhaqanka aadanaha, haddii uu xumaato leeyahayna waa wax ka dhashay dhaqanxumada aadanaha. Maalinkii ay dadku noqdeen waraabayaasha ayuu qabiilkuna noqday shamaag ay ku adeegtaan oo loogu wanqalay: "Qabyaalad".

Damucu waa halleeyaha qabiilka. Waa kan dooriyay aadanaha, shar soocanna uga dhigay astaan. Haddii ay kula tahay in dhaqammada xunxun ay sidooda u jiraan, muuqaal u gaar ahna ay leeyihiin, waxaa kaa maqan in dhaqanxumo walba uu damucu u yahay shidaal, aadanuhuna u yahay weel iyo adeege isku jira.

Tusaale ahaan, si qabku uu wax u halleeyo waa in uu helaa sabab. Sababtaas si kasta oo loo rogrogo kama baxsana damaca oo ah: quuriwaa. Qabku miyuu ka duwan yahay qof isla weyn oo uu damac ka galay in loo aqoonsado in uu ugu yaraan ka fadli badan yahay aynigii?! Tuhmada uu ka qabo in aan loo aqoonsanayn ayaana ku filan in uu dunida halakeeyo oo uu cid walba hardiyo.

Qabyaaladdu si ay u miro dhasho waa in uu samaysmaa qab ay reeruhu sheegtaan, iyo quursi ay la beegsadaan jifi kale oo aanay kala fogayn ama ay Aadan isugu yimaadaan. Aabbe labo nin dhalay oo uu midkood toban wiil dhalay, kan kalena uu labo wiil ifka uga tagay, ayaa aakhirka lagu kala magacaabaa *laandheere* iyo *laangaab*. Shalay labadooduba Ilmo Qansax ayay isla ahaayeen, maantana dhashooda ayaan isguursan karin!

Kuugu filan daliil.

Qabka iyo quursigu waxay u samaysmaan u adeegidda damaca aadanaha ee aan lahayn xuduud uu ku dhammaado. Hoggaanka, sharafta, maamuuska, iyo wax kasta oo u dhex ah ayuu waraabaha ugu tirada badani keligii isu rabaa, ama ugu yaraan cad uu ka tagay mooye e, mid kale in aanay inta kale qaadan ayuu doonayaa. Hungurigaasi waa waxa ay sidaa ugu hagaaseen, dhurwaayaduna ay la dhiman la'yihiin. Ilmo Qansax labadii kursi ee ay heleen, Ilmo Kadleeye Qansax ayaa isu raba, waxayna aamminsan yihiin in Ilmo Kadeedane Qansax aanay u qalmin, lana qaybsan karin— laga yaabee in ayaga oo aan raalli ka ahayn ay hal mid siin lahaayeen, haddii ay saddex kursi saami u heli lahaayeen. Qabkooda dhaliyay in ay quursadaan walaalahood, waa qasab in uu cadaawad dhex dhigayo, Ilmo Kadeedanana aysan dullayntaas qaadan doonin. Isriixriixaas oo qaangaaray ayaa kuugu filan unkamidda qabyaaladda iyo qaxarkeeda.

qab + quursi + sedbursi = qabyaalad.
qabyaalad = damac.

Haddii aanaysi la isu dilo ama kursi dartii, waa uun isla damicii iyo quuriwaagii aafada oo dhan asalka u ahaa oo holaciisii sidii u shidaya. Si kasta oo degaan, daaqsin, biyo ama kursi la isugu dilo, waxaa hubanti ah in ay tahay wax ay naftu shidaalinayso, xumideedana ay ku boqortay. Damacu ma aha wax ku tirtirma cashar la dhigtay oo keli ah e, waa xumi nafta isku dahaartay, qalbigana daxal ku malaastay. Dawadu kama soo harayso in ruuxdaa la dahiro, lagu xiro Allihii uumay, dunida yaraanteeda iyo dhowaanshaha geeridana lagu canqariyo. Mar haddii uu qofku ammin walba xusuusnaado geerida iyo xisaabta aakhiro ka dambaysa, werwerkeedana uu la noolaado, waa hubaal in wax badan oo danbiyadii uu samayn jiray ah uu faraha kala bixi doono.

Mar kasta oo ay qofka ku weynaato cabsida Alle, rejada uu aakhiro ka qabaano ay sii wanaagsanaato, waxay dunidu u noqotaa goob uu u yimid in uu sahay ka sii qaato, dedaalna kuma yaraado. Qofka aakhiro wax ka sugaya, adduunkana waa uu isdhowraa. Maxaad ka fili kartaa bulsho uu qof kastaa ka xisaabtamayo ciribtiisa dambe ee adduun iyo tiisa aakhiro?! Baraare iyo wanaag dheh.

Xeerarka iyo ciqaabtu waxay xakameeyaan dadka ka adkaan waayay naftooda, dambiyaduna ay la fudud yihiin, balse marnaba ma tirtiraan falalka gurracan. Haddii aan bulshada la tarbiyayn, qofkuna uusan kala garan waxa uu leeyahay iyo waxa kale, way adag tahay in ay xeerarku sidii loo baahnaa u hawlgalaan. Waa gar, lamana diidi karo, in faqriga iyo jahliga oo lala diriro ay qayb laxaad leh ka qaataan dabargoynta sedbursiga, laakiin waa in tarbiyad iyo xeer laga baqaana ay asalka noqdaan. Adiga oo aan tarbiyad ruuxi ah u dhaqaaqin, mabaadii'da noloshana aan ku dhaqankooda isku hawlin, buugga iyo qalinka iyo shaqo abuurku wax weyn ma beddelaan. Bulsho ay xumidu nafteeda ku tolan tahay, ilbaxnimadu uma toosanto. Qof aan tarbiyaysnayn, naftiisana aan meel ku ogaan, sidee ayuu aqoon dadka ugu beeri karaa? Sidee ayuu barwaaqo-sooran uga dhigi doonaa? Qof aanay waxba deeqi karin, yuu quudin karaa? Qof wax haystaa wax bixiyee, qof aan ku sifoobin samaantii loo hamuun qabay, yuu u hor kici karaa hanashadeeda?!

ૐ

Yeelkadeed e, anigu aad baan ugu faraxsanahay in ay sidooda ahaadaan, waxa aan kuugu sheegayaana waa in aysan ahayn sir ka daahan, balse garashadii iyo geesinnimadii ay igu dili lahaayeen ma laha. Werwer kama qabo dhimasho, oo xitaa haddii ay baraarugaan oo ay iga takhallusaan, waayo ka dib ayay dib ii soo noolaynayaan. Bilowgiiba waa anigii kuu sheegay in dhawrka qof ee marmar i khaarajiya ay xusaan oo anigana ay i nacladaan. Nacladdaasi cabsi iguma hayso oo Eebbe, ducada kama aqbalayo duul aan daacad (mukhlisiin) ahayn, duul aan daahir ahayn, duul aan sinnaanta isu oggolayn. Haddii uu cadligiisa marsiin lahaa, midi kama joogeen oo caddaalad-darradooda damacu dhaliyay darteed ayaa loo halligi lahaa!

4

DAMIIRLAAWE

إِنَّا هَدَيْنَاهُ السَّبِيلَ إِمَّا شَاكِرًا وَإِمَّا كَفُورًا ۝

"Aadanaha waxaan tusinnay tubta toosan, waxayna u kala
qaybsameen: mid Alle u hoggaansamay iyo mid ku gaaloobay."

SUURAT AL-INSAAN, 3

Waxaan shaki ku jirin in nafta aadanaha lagu uumay xumi
iyo samaan, halgan aan dhammaanna uu ka dhexeeyo
labadaa. Maanka qofka, oo ah rugta garashada iyo ogaalka,
waxa ugu weyn ee uu taro waa kala soocidda labadaa.
Damiirka ayaa ah gaashaanka samaanta, ruuxdana uga
hiilliya nafta xumida doonaysa. Haddii uusan damiirku
noolayn, shaqadiisana uu gabo, qofku ma waantoobayo si
kasta oo uu u og yahay waxa xun in ay belo iyo baas yihiin,
in uu iska ilaaliyana ay waajib ku tahay. Halka laga go'aan
qaato ee ficillada qofka hagta oo qalbiga ah, aadanahana
lagu addoonsaday in uu sifeeyo, waxa jiheeya waa damiirka.
Qiyamka iyo akhlaaqda wanaagsan cidda ay martida u
yihiin ee hawlgalintooda ay ka sugaan waa asaga. Dagaalka
ugu culus ee ay nafta iyo shaydaanku qaadaanna waxa uu
inta badan ku wajahan yahay waa xubintaas xilka culus la
saaray.

Kala doorashada waxa xun iyo waxa wanaagsani waa hawl adag, go'aanka uu ruuxu qaato ayaana ku duwa labadaa jid midkood. Haddii uu qofku ruuxdiisa dhiso, wanaagna uu ku cubo, qiyamka uu aamminsan yahayna uu daacad u noqdo, waa hubaal in uu ka badbaadayo dabarro badan oo ay xumidu xirxiratay. Kala xulashada waxyaabaha qofka soo wajaha ee nolol maalmeedkiisa la xiriira, ee uu bulshada kula falgalayo, ayaa jiheeya kaalinta uu qofku kaga jiro. Haddii aad meel joogtid waa laga muuqdaa ama waa laga maqnaadaaye, yaysan muuqashadu mililin, dhadhanka noloshana yaysan kaa xumayn.

Unugga ugu yar ee bulshadu waa qofka, habdhaqanka dadweynuhuna waa isutagga wadarta dhaqankooda. Haddii ruux walba is-hagaajiyo, noloshiisana uu ka ilaaliyo hagaasidda iyo hallowga, bulshaduna waa ay fayoobaanaysaa.

Falalka uu ruuxu samaynayo haddii uu mar walba ku xiro in ay noqdaan waxa uu damiirkiisu u yeerinayo, codka wanaagsan ee guntiisa hoose uu ka maqlayana uu u dhugmo yeesho, waa hubaal in aan laga eedsheegan doonin, bulshaduna ay u bogi doonto samaantiisa. Dhismaha bulshada ee ay dawladnimadu ka unkanto waxa uu ka bilowdaa isxilqaanka qofka. Ammaanka nafta, jidka, iyo goobaha dadweynaha ka dhexeeya qof walba xil ayaa ka saaran, gudashadiisuna kuma xirna garasho la'aanta dawladda ama bulshada inteeda kale. Haddii aad jeceshahay in ay naftaadu noolaato, dhib in loo geystana aadan oggolayn, waa in aad aammintaa in qayrkaana uu kula mid yahay, damiirkaaga sidaa kuu yeerinayana waa in aad u hoggaansantid. Haddii aad neceb tahay in waddada lagugu ciriiriyo, ama in laguu diido fursad aad isgoyska

kaga gudubtid, qayrkaana ha ku samayn sidaa oo kale.
Haddii aad neceb tahay in lagugu fadeexeeyo bulshada
dhexdeeda, qayrkaa sharaftiisana dhowr. Haddii ay kula
xun tahay in jidka aad maraysid xal lagu shubo ama qashin
la soo dhigo, waddada kaa horraysana ka ilaali wax kasta
oo aad waddooyinka kale ku dhibsan lahayd. Haddii aad
neceb tahay in xoolahaaga la dhaco, qofkii kaa dhacana aad
tuug ku sheegto, adiguna xoolaha dadka ama dadweynaha
ha dhicin. Sidaa ayuu damiirku kuugu sheegayaa waxa ugu
yar iyo waxa ugu weyn.

Musuqa iyo maamul xumada baahday ee dalka ragaadisay
kuma ay koobna madaxda oo qur ah—balse, bulshada
ayaa kaga badan, sal iyo baarna unugta. Wax aad adigu
falkinaysid, dhibtoodana aad iska dhegoolaysiinaysid, cidna
kuma eedayn kartid garna ma aha. Haddii aad shaqo rabtid,
tartan qandaraas aad galaysid, ama wax uun dan ah aad meel
ka fushanaysid, waxaa hubaal ah in aad adigu dhiibaysid
dhadhamo wax kuu fududaysa ama aad adeegsanaysid oday
jifiyeed. Immisa ayaa boos ama tartan dadka u dhex ahaa
gacantogaalayn lagugu siiyay? Kolka tii oo kale lagugu
qadiyo, maxaad u qaylinaysaa musuqana aad qaranjab uga
dhigaysaa?! Bilow iyo dhammaad, adiga ayaa dhibta iska
leh, inta aad ku dhiirran tahay cunidda wax aadan liqiddiisa
gar u lahayn, musuqu waa uu jirayaa!

Waxa ugu muhiimsan ee aadanaha ka badbaadiya in uu
damac-badane noqdo, dhurwaayoobiddana tallaal uga ahi
waa damiirkiisa. Waa hubaal in rumeynta Alle ay tahay
tan ugu mudan ee qofka ku hagta tubta toosan, xumidana
ka ilaalisa—waa haddii uu amarrada Alle fuliyo e—balse
waxaan shaki ku jirin in islaweynida qofku ay kala teeddo

ruuxdiisa iyo iimaanka, damiirkuna uu yahay caymadiisa. Qof ogaaday caddaymo ku filan oo muujinaya jiritaanka Alle iyo soodegidda waxyiga ayaa dafira, kibir ku jira aawadii, rumeyntana ka santaaga, wanaag middaa ka sahlanna sidaa oo kale ayuu u dhaafinayaa. Waxaa ka hor cad in uu xariglaawe ahaado, xayndaabka shareecada iyo xaddididda baahidiisana ma doonayo in uu u hoggaansamo. Haddii damiirkiisu nool yahay, wuxuu ogaalkiisa la qaadan lahaa wixii uu guddoonshay. Damiirka ayaa ah kan mar walba haga ruuxa, wanaagga laftiisana lagu sii kala doorto. Jihaadka ugu muhiimsan uguna waajibsan ee ay tahay in uu ruuxu galo waa difaacashada damiirkiisa. Si kasta iyo xaalad kasta damiirku waa ku jirayaa qofka—xitaa qofka waalan kama guuro ayaan isleeyahay!

Dhibaatooyinka asalka ah ee ummaddaan haysta waxaa ugu weyn damiirlaawennimada. Dhinac kasta oo nolosha ka mid ah waxaa ku dhacay doorsoon, waxaana sabab u ah in ay dadku lumiyeen wixii nafahooda dabri lahaa, noloshana ay ku wadaagsan lahaayeen. Isdhuldhiggii, dulqaadkii, quuriddii, nafhuriddii, iyo qiimeyntiiba waa ay lumeen, waxaana beddelay: islaweyni, cadgoosi, kelicunnimo, naf jacayl, iyo yasid. Waxaana la quuddarraynayaa in sidaa uu baraare ku yimaaddo, nolosha bulshaduna ay tanaaddo. Immisa ayaa qof ka arradan dareen iyo damiir loo igmaday in uu barwaaqasooran dadka gaarsiiyo, balse, aan caano laga dhamin?! Kolkii ruuxa laga waayo wax laga filayay, se aan awalba ka soo socon, ayaa lagu jahawareeraa, quusashana lala qamuunyoodaa?!

Waxa bulsho lagu yahay, laguna sii jiri karaa, waa in la wada noolaado, hoosna aan la isu dhugan e, la isaga warqabo. Damiirka nool ma oggola in uu dayac ku daawado ruux dhibban, ma karo in uu cid rafaadsan sii silciyo ama uu dulmi iyo gardarro kula kaco. Bulsho kasta oo aan daryeelin dadka jilicsan ee ay noloshu hardida kala daashay, waxaa ku bata dambiilayaasha aan innaba diirnaxa lahayn. Kolka aad hiifto ama aad haaraanto qof ay gaajo rafaadinayso, soo ma aha in uu raadsado xeelad iyo tab uu wax kaaga qaado? Ama soo ma noqon karo tuug mariyay oo madoobeeyay? Wiil yar oo gaarigaaga in uu dhaqo quud ka raadinaya kolka aad lacagta kala dhuumatid, ka baaddid, ama aad wax uu xaq u lahaa qayb ka mid ah ka dhacdid, soo in uu nolosha ka quusto oo uu jirriyoobo ma aha?!

Haddii deriskaaga uu dabku ka damo, dacdarrana ay ka bixi waayaan, soo kama suurowdo in ay cadow kugu soo duulay kugu daawadaan ayaga oo laabta ka qoslaya?! Halkii ay ka ahayd in qofka baahan la quudiyo, kan baalashaya kabahana la siiyo xaqiisii oo mahadcelin loogu daro, ayaa labadaba la caddibaa. Mid lama garto, haddii uu hadlana waa la afjugaa—inkasta oo madhergayaal habaarani ay baahidii magacdileen—midka kalena qiimihii waa aan dhoweyn loo gooyay ayaa weli lagu qasbaa, si kasta oo ay noloshu u qaaliyowdayna waa loo diiday qiil uu ku dalbado kordhin. Tirsi ma leh inta sarrifku uu kacay, raashinkuna sicirbararay, haddana weli baalashluhu halkii ayuu taagan yahay. Ha taagnaado e, kistiisii ayaa nin tun weyn looga taag la' yahay, marar badanna waa lagala tagaa si bareer ah ama tab iyo xeel ah.

Mar haddii uu damiirku dhinto caddaalad bulsheed lama heli karo, cid dadka u kala xaqsoortana la arki maayo. Nin kasta taagtii iyo tabartii ayay la noqonaysaa, wixii uu

ku taamo ayaana u noqonaya xaq uu ku doodo, tabtii uu
doonana uu u raadsado. Qofna qof uma joojiyo, dabar,
seeto, iyo xakame toonna ma celiyaan, in uu siriq dhigto
wax aan ka ahaynina kama hor muuqdaan. Sida xaalku
uu maanta yahay iyo dabka dunida ka shidan waxa ugu
wacan waa middaa. Ilmo Aadan oo damiirku dhintay ayaa
qooqoodii iyo kibirkoodii uu isu muuqday, sidii ay sanka
isaga marmarayeenna waa ayagaa isfarasaaray. Ummadda
halkaan ku dhaqan ee tusbaxeedu go'ayna dhibtaa oo kale
ayaa haysata. Laakiin ma oga. Waxa ay ilaa iyo hadda
baadigoobayaanna ma aha wixii ka maqnaa.

⚡

Waxay u haystaan in ay nool yihiin, balse, ma oga in
dhimashadu ay u dhaanto sida ay hadda yihiin. Maxay
noloshu qiime ku yeelanaysaa mar haddii ay duugeen
damiirkoodii. Anigu awalba damiir ma lahayn oo waxaan
ahaa natiijada damiir la'aanta. Waxay noloshu ii dhadhantaa
kolka aan dareemo in damiirkii iyo wixii aadanaha dabrayay
oo idil ay noqdeen magac keli ah, nolosha iyo dhaqankana
aanay meelna kaga jirin. Waa guul aan ku faraxsanahay,
laakiin waxaan la yaabbanahay sababta ay duulkaani u
fahmi la' yihiin! Inta masraxa taagan ee aniga i matalaysa
gartay—oo anaa ku xushay damiir la'aanta e, maxaa inta kale
la simay oo ay ula derajo noqdeen?! Ma waxay doonayaan
in ay i matalaan ayaga oo og in aan ugu baahanahay in yar

oo dhulka u fasaadisa hadba sida aan rabo iyo koox ayaga u ah adeegayaal?

Inkasta oo aanan wada fahmin dabeecadaha aadanahaan waraaboobay, haddana hal wax ayaa suuragal ah. In ay guulwadeeyaan ayay doonayaan. Quudkoodu waa waxa keli ah ee ay imminka qaddariyaan. Mar haddii qofku uu wax u baranayo, u shaqaynayo, u ordayo, wax u qorayo, u fakarayo, ... sidii uu luqmad u heli lahaa, wax kasta in uu sameeyo ka filo. Haseyeeshee, guulwadeynta intaa tirada le'eg anigu wax aan ku quudiyo uma hayo e, maxay ku rabaan oo ay damiirkooda ku beddelanayaan?! Qabyaalad, fudayd, fahmo-darro, jacayl, iyo xitaa nacayb, oo dhammaantood salka ku haya hunguri weyni iyo qaneeco la'aan.

Aafo ii adeegtaay, abidkaaba ii jir.

Bulsho kii hadlaa uu tiisa iyo tan raaskiisa uun u doodayo, xaq uu shalay dhacayna uu dhicintiisa ku jiro, quud mooyaan e aan wax kalena ka fakarayn—khayr heli maayaan, damiir danqadana yeelan mayaan.

Hal wax oo kale ayaase igu noqday halxiraale. Kuwa uu ku haray wax uun damiir ahi, maxay dunidaan weli ugu nool yihiin oo ay u shahiidi waayeen?! Shahaadadu soo derajada ay ugu jecel yihiin ma ahayn?! Way tahay balse hal kalena waan maqlay. In Ilaahay dartii loo noolaado ayaa ka horraysa in dartii loo dhinto. Haddii ayaga oo ku dedaalaya in ay dartii u noolaadaan ay sidaa ku dhintaan, kama duwana ayaga oo dartii u dhintay. Haddaba, meeye kuwii Alle dartii u noolaa oo deetana sidaa ku dhintay? Maxaan warkooda u maqli waynay, kabriid halgan oo ay shideenna aan u arki waynay? Tiro yar oo sharafkooda iyo damiirkooda gadi waayay maqlay, deetana askartaydu ay khaarajiyeen. Haddaba inta kale nolosha ay ku jiraan maxay tahay? Qaxarka dunidaan werwer intee le'eg ayuu ku hayaa? Ma iga guulaysan doonaan? Damiirkooda iyo damacayga midkee guusha qaadan doona? Goorma se?

Warmo weydiimo ah oo igu taagan, welina aan jawaabtooda loo taag helin!

In ka badan inta ay su'aalahaasi laabtayda hurinayaan ayaan hagardaamadooda ku hawlanahay, waana hubaal in aan anigu guusha uga dhowahay. Yeelkadeed e, kadeedka ay doonaan ha ku jiraan, saa jixinjix iga heli mayaan e. Halxiraalahaas in aan furana sugi maayo oo furiddiisu in ay dhimashadayda noqoto ayaa suuragal ah. Ayagu ha diriraan, anna joojin maayo weerar. Imminka waxay difaac ugu jiri doonaan sidii ay isaga celin lahaayeen weydiimaha tashuushka ah ee adeegayaashayda caqliga ku dheelaa ay soo jeediyeen, kuwaas oo aan ka xusi karo: damiirku ma wax jira baa mise waa wax la sheego oo aan xaqiiqo ahayn? Akhlaaqdu ma wax asal loo raacdo leh baa mise waa wax ay aadanuhu samaystaan oo nolosha dhurwaayada isla bedbeddesha? Kolka dagaalku halkaa soo gaaray, akhlaaqdii iyo damiirkiina aan muran ku meegaaray, ma shaki baa kaaga jira in aan guulaysan doono, ayaguna ay si kamadambays ah uga dhaqmi doonaan dadnimada?! Ha dhaqmaan aan ku dhaashto dhuxulaha qiyamkoodee!

5

HALIS & HABQAN

فَاسْأَلُوا أَهْلَ الذِّكْرِ إِن كُنتُمْ لَا تَعْلَمُونَ ۝

"Haddii aydaan aqoonteedii lahayn, weydiiya ciddii garanaysa."

SUURAT AN-NAXL, 43

Aqoontu waxay quudisaa maskaxda qofka, garashadiisana way tanaadisaa. Qofka indha-ku-garaadlaha ahi waa ruuxa aan ogayn waxa ay indhihiisu arkaan mooye e wax kale, noloshiisuna waxay ku salaysnaataa eegidda waxa u muuqda amminkaas, mustaqbalka iyo waayaha dambana dan iyo hcello kama galo. Waxa ugu horreeya, uguna muhiimsan ee ay aqoontu tarto waa in ay beddesho qaabka uu ruuxu u fakarayo iyo dhaqankiisaba. Aqoonta la looxjiito iyo tan waaya-aragnimada laga dheefaaba, waxay ruuxa ku biiriyaan wax aan hore ugu jirin, aragtidiisa nololeedna waa ay ka ballaarataa heerkii ay hore u joogtay. Isbeddelka ogaal ee ruuxa ku yimaaddana wuxuu wataa masuuliyad dheeri ah, werwerkeedana leh.

Aqoonta lafteedu kala duwan, waxtarkeeduna waa kala heer. Haddii koboca ogaalka shakhsiyadeed ama bulsheed uusan nidaamsanayn, isuna dheellitirnayn, wuxuu la imaan

karaa dhibaatooyin badan oo ruuxa seejiya in uu nafacsado
wixii uu xambaaray. Haddii aan si dhab ah u eegno nolosha
bulshadeenna, dhan walba oo aad dhugatid waxaad ku
arkaysaa qas iyo iskudhexyaac anfariir kugu ridaya. Halistu
waxay ka imaanaysaa habqanka bulshada iyo sida ay u
hareermarsan yihiin tubtii ay ku tiigsan lahaayeen horumar
lagu tanaado.

Hal meel laguma wada aadi karo, god daloola awdistiisuna
waa waajib. Qof walba waxaa u muuqda wax hallaysan oo
uu hagaajintiisa ama sii xumayntiisa wax ku biirin karo,
waana tan ku riixaysa in uu u hawlgalo waxa maankiisa ama
calooshiisa godlinaya. Ruuxdu waa meesheeda, laakiin badi
aadanaha maanta nool waxa uu seeskiisa nolosha ku cabbiraa
wixii calooshiisa gali lahaa. Way jirtaa, lamana dafiri karo,
in dadka qaarkii caqli ama mabda' ay ka duulayaan dartii ay
danta guud wax ugu darsadaan. Haseyeeshee, daadka socda
ma leexin karaan ayaga oo aan garab helin. Garabku iskama
yimaaddo e, waqti iyo tamar ayuu u baahan yahay, waxa
ugu muhiimsan ee ay ku heli karaanna waa maalgashiga
maskaxdooda, ruuxdooda, iyo bulshadooda.

Dareenka masuuliyadeed ee badi dadka ku soo biiraa waa
ifafaale wanaagsan oo muujinaya in aysan bulshadu dhiman,
balse ay qaflad ku jirto—wax toosiya, tarbiyeeya oo jiheeyana
ay u baahan tahay. Ugu horrayn qofka ayaa u baahan wax
jiheeya, cid uga wanaagsan in uu naftiisa iyo ruuxdiisa
u garsoorana ma jirto. Haddii ay naftu kugu adeegato,
shidaalna ay kugu shubato, waxaa shiiqaya awooddii ay
ruuxdu lahayd, qofkuna wuxuu u janjeersanayaa in uu
noqdo qof baahidiisa u nool, damiirkiisa si uu u cadaabana
bulshada ayuu ugu yeeraa samaan iyo isbeddel aan laftiisa

ka bilaabanayn. Maxaad ku fasiri lahayd aqoonyahan wada xildooon ah, bulshada aan wax ku biirin, dhaqankii hore wax ku doonaya, asaga oo aan nololmaalmeedkiisa ku filnaynna meel aan xuquuq shaqaale lahayn u ordaya?!

Qof walba oo ay u muuqato mushkilad bulsho haddii uu xil doonto, asaga oo ku andacoonaya in uu wax hagaaji isleeyahay, kuma ayaa wanaajin doona wax kale oo uu habayn karayn asaga oo aan jago hayn?! Miyaysan qummanayn in uu ruuxu isweydiiyo waxa ugu mudan ee uu bulshada hagaajinteeda ku biirin karo, joogtayn karo oo uu tabar u heli karo? Ka soo qaad, haddii uu jihayn u sameeyo shan arday oo dugsi hoose/dhexe dhigta, uuna ku guuleysto in ay si hagaagsan wax u bartaan, sababna uu u noqdo in ay yeeshaan takhasus ku habboon oo ay wax ku biirin karaan, bulshadana ay wax uga kordhin karaan. Ruuxaasi bulshada wax ma taray mise waa wax aan mudnayn in uu qof weyni isku hawlo?!

Haddii uu maalin walba qashinka ka qaado goob caam ah, uuna joogteeyo, soo bulsho badan ku dayan mayso? Ugu yaraan soo lalama dareemi doono in ay dawladnimadu shakhsiga ka bilaabanto?! Haddii uu afkiisa iyo addinkiisa dadka ka dhowro, dhibtiisana uu bulshada ka dhowro, soo dab uu shidi lahaa ummadda kama uusan baajin, waxtar intiisa le'egna soo ma aha?! Haddii agoon ama darbijiif noloshiisa iyo waxbariddiisa uu kafaalo qaado, soo ma uusan caymin xubin bulshada ka mid ah oo dayacmi lahayd, ama darxumo haleeshay darteed bulshada u kadeedi lahayd? Sii wad ... Waxtarka bulshada tiro laguma koobi karo, qof waxqabad ummadeed u heellanna meel uu kaga aado ma waayi doono.

In badan ayaa ay tamarta bulshadu ku kala firiqdaa meelo badan oo qaarkood laga maarmi karo, ama waxay isugu tagtaa dhawr meelood oo aan loo qabin baahi xaddiga intaa le'eg qasbaysa. Tusaale ahaan, ardayda maamulka ganacsiga barata, waa ay ka tiro badan yihiin ardayda dhigata dhaqaalaha ama xisaabaadka. Dhakhaatiirta uur-ku-jirta ku takhasusta waa ay ka badan yihiin inta lafaha, neerfaha, iyo indhaha baranaysa. Inta shaqo yar oo "liidata", se waxtar fiican leh in ay qabato diyaar u ah, waa ay ka yar yihiin inta doonaysa in ay ka shaqayso xafiis dawladeed ama hay'adeed, oo waxqabad iyo horumar bulsho aan looga jeedin. Inta xilka doonaysaa waa ay ka badan yihiin inta doonaysa isbeddel nafeed iyo mid bulsho in uu yimaaddo. Inta u heellan danguud waa ay ka yar yihiin inta calooshooda u nool. Soo aafo inteeda le'eg ma aha in aan la hayn wax isu dheellitiran oo ay bulshadu ku hanaqaaddo, ayada oo aan og nahay in aqoonta bulshadu ay si guud u kordhayso?!

Ummadi waxa ay ku wada joogi kartaa waa in ay isdhammaystiri karto, baahida ay isu qabtana ay garwaaqsan tahay. Waa halka ay tahay in caddaaladda bulshadu ay ka unkanto, in wax walba ay ku xiran yihiin habdhaqanka shakhsiyaadkana mar walba waan ku celcelinayaa. In fursadaha nolosha si guud loogu sinnaado, qofna uusan doonin ruux kale xaqii, dedaalka ruuxana tixgalinta uu mudan yahay la siiyo, ayaa ah mid ka mid ah dawooyinka lagu ciribtiri karo habqanka socda, xildoonidda bilaa xeerka ah, iyo aqoonta kala haadday ee ay bulshadu ka qaadday durdurada. Si aad u heshid caddaalad, ha ku dhiirran in aad boobtid xaq uu walaalkaa leeyahay, xil uu ku fadhiyo oo uusan gudan waayinna ha quuddarrayn in lagaaga

kiciyo adigoon waxba dhaamin. Kol haddii aad naftaada
sidaa u qummiso, qayrkaana aadan qaybtiisa xantoobsan,
soo ma aha halkii ay caddaaladdu ka bilaabanaysay in aad
ka bilowday? Ogsoonoow in aysan qasab ahayn in aad taa
abaalkeeda durba heshid, haddii aad waydidna aadan xaq
u lahayn in aad markaaga cid kale xaqoodii duudsiisid.
Adigu naftaada ayaad masuul ka tahay, mabda'a oo lagu
samrana waa guusha aynu hillaaceeda goobayno. Si taa la
mid ah, aqoontaada ka dhig mid ku habboon hibadaada oo
aad wax ku biirin kartid, xirfaddaadana wax aad si xalaal
ah ugu cayshi kartid. Habqanka oo aad noloshaada ka
samatabixisid waa hawl weyn oo aan u oollin cid aan adiga
ahayn.

Kol haddii la dhurwaayoobay, dhuuniga mooye e aan wax
kalana loo noolayn, xilku waa doonis, xaqu waa dhicid,
xishoodkuna waa duugis. In ay bulshadu noolaato, wixii la
wadaagana la wada yeesho la diid, diyaarna looma aha, qofkii
la duudsiin karo wax uu mudan yahayna dan iyo heello loo
gali maayo. Waa sidaa mabda'a nololeed ee ay dadka maanta
joogaa ka duulaan, waxa keenay oo ah damaca duumada ku
riday ruuxdii aadanahana calankiisa ayaa taagan. Cid walba
oo abdo ka leh in dayawga laga baxana waxaa qasab ku ah
in ay ila diriraan, dabeecadahayga ay fahmaan, cudurka iyo
calaamadihiisana ay kala gartaan. Habqan weeye, way isku
daydaan, wax aan dheegasho ahaynna noloshoodu kuma

dhisna, inta ay iga qishaanna wax la koobi karo ma aha. Ma xuma, dunida oo dhan ayaa wax kala dheegata, balse baahida ay qabaan ayaa ka badan wax walba. Haddii uu qof sameeyo xarun cilmibaaris, kan kale soo in uu sameeyo xarun dhaqancelin ma aha? Haddii uu midi furo jaamacad lagu dhigto cilmibulsheedka, soo ma aha in uu kan kale furo jaamacad lagu barto injineernimada ama sayniska? Baahida la qabo in uu qofba meesha uu uga hagaagi karo uu isku hawlo ayaa habqanka looga bixi karaa, halistiisana looga cayman karaa. Maxay taasi suuragal noqotaa, si kursi loo siiyo qof ay beeshiisu waddo ayaaba loo unkaa xilal aan hore u jirin e! Kii wanaag ka hadlana tiisa gaarka ah ayuu ku wataa. Khatartu ka weyn inta aad dibnahayga ka maqlaysid, xalkuna ka fog inta lagu wada dhadhabayo!

6

GUULWADE

$$وَمَا يَتَّبِعُ أَكْثَرُهُمْ إِلَّا ظَنًّا إِنَّ الظَّنَّ لَا يُغْنِي مِنَ الْحَقِّ شَيْئًا إِنَّ اللَّهَ عَلِيمٌ بِمَا يَفْعَلُونَ ۝$$

"Intooda ugu badan waxay qaataan mala-awaalka, meel hubaali taallana maluhu waxba kama taro; Alle wuu og yahay waxa ay samaynayaan."

Suuratu Yuunus, 36

Fiiro dheeraantu waa shaqada ugu muhiimsan ee uu garaadku qofka ku biiriyo, aalaana waxay liddi isku yihiin caadifadda oo isku dayda in ay manjaxaabiso. Qof walba waxaa dhexdiisa ku loollama dabeecado badan oo iska horjeeda, iskuna liqdaaran, oo ay kala doorashadoodu adag tahay haddii aanay ruuxdu noolayn. Guulwadannimadu waxay ka mid tahay waxyaabaha ay caadifadda, daacadnimada, iyo dhuuniraacnimada, midiba iskeed u keento—haddii ayada oo aan la wada ogayn ay isbiirsadaanna luggooyo ku noqda ummad dhan.

Kolkii ay lahaayeen: "Daaquudka dadkaa sameeya", ujeedku taa ayuu ahaa. Ka gudub. Sanamkii ugu horreeyay ee lagu caabuday dunida wuxuu ahaa taallo loo dhisay si loogu xusuusto rag samaanfalid badan oo awliyo Alle ahaa, laakiin muddo ka dib ayaa taallooyinkii la caabuday, dadna ay Ilaahyo ka dhigteen. Ka badbadinta dad waajibkoodii gutay iyo ku talaxtagga maamuuskooda, waxaa mar walba laga dhaxlaa cudur in la daweeyaa ay adkaato. Kan dhintay kuwo noolnool ayaa ku fidnooba, kuwa noolna ayaga ayaa ku kharribma oo isla kala taga, waana dariiqa labaad ee keligitalisku ku abuurmo.

Haddii ummaddu ay tahay tu nugul oo keeda daacadda ahi uu ku dagmayo hadallada qurxoon, dhuuniraacuna uu sacabkiisa la soo shaqo tagayo, caadifadduna[1] ay ciriqa dhigtay, in ay badideed guulwadayso wax diidayaa ma jiraan. Haddii cudur kasta oo aan tallaal laga qabini uu helo fursaddii uu ku dhalan lahaa, kuna faafi lahaa, in lagu aafoobo wax diidayaa ma jiraan. Tan iyo waagii dawladnimadu curatay, bulshadaan ma ku aragtay wax aan ka ahayn sacab iyo or?! Xiisaha doorashooyinka ay u qabaan iyo xifaaltanka murashaxiinta xaydxaydan wax aan ka ahayn labadaada indhood ma saartay? Waddaniyad maran oo markii hoos loo dego noqonaysa u diriridda degmo qabiilku leeyahay wax aan ka ahayn ma ku aragtay? Daacadnimada iyo waxqabadku soo idiin ma aysan noqon qalfoofta qofka ay qoloba markaa xiisaynayso oo qur ah?

Axadkii la kowsaday dawladdii Soomaaliyeed ee u dambaysay, wuxuu la noolaaday casri hugunka iyo habhabtu ay hawadaa marayeen, waddaniyaddii laga badbadiyay hungo uu ka qaadayna waa uu la harraaddan yahay, oo in uu maanta sidii oo kale taageero indhala'aan ah la harjado, ama dhaliil bilaa tilmaan ah uu la rafto waa la garan karaaye,

---

1 Waddaniyadda, qabyaaladda, kooxaysiga, iwm., waxay ka mid yihiin falalka ay caadifaddu shidaaliso.

aqoonyahanka waagaa ka da' yar maxaa helay, oo uu u kala garan la' yahay dawladnimada iyo durdurada?! Xaggee ayuu maanta ku arkaa nidaam dawladeed oo dartii la isugu khilaafo, kooxana loo kala noqdo?! Cudurrada bulshadu ma waxay ugu urureen qof beddelay qof, ololeeye ka adkaaday mid kale? Malaha waxaa aayad u noqotay *biyo kaa badan iyo dad kaa badanba waa ay ku hafiyaan.*

Haddii aysan bulshadu lahayn mabda', waxay u nugushahay marinhabawga, waxayna mar walba seejisaa in ay doortaan hoggaan u qalma, qaabka noloshoodana wax ka beddeli kara. Dhaadhaada siyaasigu aalaaba uu hortooda ka dhurayo, waa dhalanteed aan marna la jaanqaadi karin noloshooda dhabta ah, dhibaatooyinkoodana wax xal ah oo uu u hayo uma uu soo bandhigo. Sabab aan ka ahayn in uu yahay xildoon maran oo aan dan kale lahayn ma jirto. Haseyeeshee, waxa ku kallifaya in uu ereyo qurxoon u sheego waa in ay ummaddu tahay mid dalbanaysa wax aysan si sax ah u doonayn. Sideeda ahaanba, waxaa la doonaa wax loo baahan yahay ama loo baahan doono, in lagu guuleystana waxay ku xiran tahay tubta loo marayo. In wax walba laga naawilo "qof" ayaa ah halka ay sartu ka quruntay, sababna u ah in shakhsiyaadka loo sacab tumo, la kala xigsado, oo ay samaysmaan kooxo iyo guulwadayaal badan.

Badi ummadaha aan si dhab ah cudurkooda ugu dhugmo yeelan, ma waayaan cid luggoysa, aafo iyo ololna u kordhisa. Dhalanteedka ay rejada ku dul dhisayaan ee aan anigu dhoodhoobay ayay aalaaba ka dhursugaan. Haddii aysan doonayn in ay hadhow la kulmaan dhaawac weyn oo laabtooda soo gaara, haddeer ha dhugtaan dhurwaayada ay dhaleen ee u soo xuli doona hadba kan ugu tun weynaanaya, oo ha ka shaqeeyaan qaabkii ay u doorin lahaayeen. Haddii aysan yeelan doonis, jihada ay noloshoodu u jeeddana aanay ka dhigin mid qumman oo ay kaga baxaan dhibta, waxay weligood ku jirayaan guulwadayn. Mar haddii ay guulwadayntu ka imaanayso shakhsi lagu taageero qabiil, jacayl, ama dano kale, waa qasab in aan laga gudbi doonin, haddii aan la helin nidaam beddela habka doorashada iyo waxyaabaha saameeya.

Kolka aad baarlamaan xulataan waxaa la yiraahdaa: "Imminka waa la ansixiyay", guulna waad u mooddaan— balse, ma kala ogidin in ay yihiin dhashaydii ama kuwiinnii, ka aadane ahaan. Haddii aad ku soo xulateen idinka oo raba in aad noolaataan, waraabayaashana aad iska yuraysaan, rejo ayaad leedihiin. Waraabaha weyn waxaa boqri doona kuwa yaryar ee uu kitaabku la yahay kafee hurdada la isaga bi'iyo. Haddiise aad ku soo xulateen idinka oo waraabaha weyn u adeegaya, halkii iyo meel ka liidata ayaad u baqooli doontaan. In aad hayaan cusub gashaan iyo in aad geeddigii hore ku jirtaan, inta aydaan saxiixin, lana ansixin, ayaad doorashadeeda lahaydeen; haddii aad xilkaas gudashadiisa gabteen, waxba ha islurinninee, riwaayadda aad idinku allifteen daawada oo ha ka didina.

Waraabayaashaas madaxa madow ama madaxa cad,

durba lama kala garan karo, waase la sii qiyaasi karaa waxa
ka iman kara. Halbeeggu waa habka ay ku soo baxeen, ayna
u noqdeen kuwo idin matala. Ayaamaha u horreeya iyo
sitimaannada ku xiga ayaa la aqoonsan doonaa wejigooda
dhabta ah, bulshaduna ay wada arki kartaa—marka laga
reebo in yar oo isdiidsiisa. In aan anigu dhalay, in aad
idinku dhasheen, ama in ay inoogu kala qaybsan yihiin si
isku dhowdhow, waa la kala ogaan doonaa. Shaxdii aan
dhigtay in aan ku guulaystay iyo in la iga badiyay waqti
dhow ayaa la kala garan doonaa. Dagaal in aad ila gasheen
ma muuqato, in aad i gaaddeenna waa suuragal. Aan sugo,
aan sugo, aan sugo—kollay sugi maysaane.

Kolka la doorto guddoonka madaxyamadowda waad
sacabbisaan, shaxda idiin muuqatana waxaad iskaga
maaweelisaan in aad isugu faantaan cidda wadatay ee
soo baxaysa—illeen ahmiyaddu waa hanashada jagada
dhurwaaga ugu tunka weyn e!

Dhammaan qorismarisyadu waa isku mid, wax hore oo
ay la soo shir tagaan, wax taagan oo ay ku doodaan, iyo wax
soo socda oo ay ka sii gaashaantaan midna ma hayaan, mana
soo bandhigi karaan. Ammin walba waxay ku hadaaqaan
dhawr erey oo qurxoon, qaarkoodna aysan isqaadan karin.
Si kasta oo ay ereyadoodu u macaan yihiin, marnaba kama
jawaabayaan baahidiinna dhabta ah, sida ay idiin ku kala
horraysana ma oga. Maxay idiin sheegaan, ayaga ayaanba
fahamsanayn e?! Eeg: waxbarasho, caafimaad, biyo, iyo
koronto aan lacag ahayn ayay idiin ballan qaadayaan. Waad
og tahay in aad intaba xaq u leedahay. Laakiin in aad ammaan
hesho, hantida kaa baxdayna aad ayaga ku aammini kartid
ayaa wax walba kaaga horraysa. Qof aadan kala ogayn in

uu asagu ku adeeganayo kan ku dilaya iyo in kale, shilinka aad bixisana baqdin iyo qori caaraddii aad ku dhiibayso, wax kaaga soo noqdana aadan sugayn, maxaad ku taageeri kartaa?! Magaca dawladnimo adiga ayaa samaystay, balse qaabka ay u ekaanayso asaga ayaa kuu sameeyay. Waxba isma dhaamaan mooryaantii isbaarada iyo kan qasriga ku jiraa. Waxa keli ah ee ay ku kala duwan yihiin waa labada shaati ee aad u kala toshay. Madaxweyne iyo Mooryaan. Ma xumid mar haddaadan xaraf raacana ku kala duwin.

Baahida ugu weyn ee ku haysaa waa dhisidda nidaam haga hay'adaha dawladda, islaxisaabtanna uu ku hirgali karo. Wax ay nidaam la'aanta iyo talisyada dawladaha madax-ka-noosha ahi dileen waa iimaankii lagu qabay dawladnimada. Markaa waxaynu ku doodi karnaa in waxa ugu horreeya ee aynu u baahan nahay ay tahay in dib loo dhiso kalsoonidii lagu qabay dawladnimada. Kuma ayaa dhisi kara? Qof dareensan, diyaarna u ah in uu la gaajoodo, la dhaxamoodo, oo uu kulaylka la qaybsado inta aan haysan hu', hoy, iyo quud. Ilaa iyo hadda ma kaaga dhex muuqday mid xafladihiisa wax uun uga qoondeeyay danyarta ay baahidu dilayso—xitaa hambadooda in ay daadiyaan mooye e, ma awoodaan in ay bixiyaan!

Si kasta oo aysan u gaarsiisnayn heer dawladnimo u qalma, haddana hagaajintu waxay ahayd in ay ka bilaabato tixgalinta sharciga iyo aamminaadda kuwa haatan lebbiska qaba! Amni, waxbarasho, caafimaad, biyo, koronto, iyo cunto la waayi maayo haddii dawlad la helo, mooryaantana shaarka laga bixiyo, balse idinka ayaan doonayn, sidiinnaas in aad ahaataanna u jeellan!

Sida ay garashadu noqotay dalka waxaa iska leh beelo
tun weyni isbidaya, kuraastuna waa ay u kala qaybsan
tahay. Dalku mid isku dhan ha ahaado ama midkaan
gobol-gobolka loo kala googoostay ha noqdee, shaxda
dawladnimadu waa geel summado lagu kala dhigtay.
Layaab ma leh, saa wax lala yaababa meesha ma yaallaan
e. Bulshada arradan ee aynu ka warbixin doonno ayaa
mushkiladda haysata sii murjisa, xalna sidaa kaga doonta.
Haddii waxa la wada leeyahay loo wada dhiiban waayo cid
si midaysan loogu aammino, xisaabina dabo taal, waa gar
in la sii kala yeesho, awoodahana la sii kala marooqsado.
"Nin walba taagtii iyo tabartii" meel ay taal, waa in midiba
mar adkaado, jagooyinkuna ma sinnaan karaan, dadkuna
ma wada qaybsan karaan. Waa in ay ini ku habsato, inna
daawato.

Haddaba, waa gar in sidii aad awalba ahaydeen aad mar
walba sugtaan hal qof oo ka mid ah madaxda sare ee aad
ku aamminaysaan masiirkiinna. Waayo? Halkaa qof oo qur
ah ayaa gacmaha ku qaadanaya wixii aad yagleelateen oo
dhan. Haddii aydaan idinku doonayn in uu xaalku sidaa
noqdo, asaga uma aanay suurawdeen. Ha sugin caddayn
kale. Intii uu bilowday guuxa doorashadu, hal marna ma
isweydiiseen cidda iman doonta kuraasta hartay ee xilalka
dalka ugu sarraysa? Haddii ay wax uun ahmiyad ah agtiinna
ka leeyihiin, waad isweydiin lahaydeen. Ha oran, mid baa
ku xiran xildhibaannada soo bixi doona. Kuwa soo bixi

doona miyuusan ku jirin mid kursigaa doonayaa?!

Mushkiladaha maamul ee ugu weyn waxaa ka mid ah, in dhaqan dawladeedkiiba uu ku salaysmay qofka dalka ugu sarreeya, cid barbar taallana aysan jirin. Hal ruux oo inta kale ay ka haybaystaan ayaa taladaba marooqsanaya. In arrintaa mushkilad loo arko, xalka ayay qayb ka noqon lahayd e, ayada ayaanba loo jeedin. Ururrada bulshada, siyaasiyiinta, aqoonyahanka, culimada, iyo caammaduba dib uma eegaan dhaqan dawladeedkaan hallaabay, marka laga reebo xilli ay ciishaysan yihiin ama ay doonayaan in baarlamaanku wax kharribo. Cid u ololaysa oo soo noolaysa kaalintii hay'adaha dawladda ee hawlgabayna ma jirto. Haddaba, ruux lagu beddelay ruux ayada oo ay bulshada oo dhammi suuxsan tahay, dhaqan dawladeedka ay doonayaanna aysan aqoon, maxaa waxtar ah oo ay soo kordhinaysaa?! Hal qodob waa suuragal. In uusan ruuxaasi u tallaabin boqor qoyskiisu kala dhaxlaan ama keligiitalis geeridiisa ku suga. Keligiitaliye hadba mid cusubi yimaaddo ayaa dhaama keligiitaliye aan sahal ku dhaafayn kursiga! Wax aan intaa ka ahayn oo macne ah ilama lahan doorashooyinka waayadaan ka dhacay gayiga ummaddaan.

Xalku xaggee jiraa?

Bulshada ayuu gacanteeda ku jiraa.

Haddii ay bulshadu nolol rabto, waxay ku qasban tahay in ay isu laab furanto, cadka yar ee soo dhexmarayana ay maslaxaddeeda guud u quurto. Maslaxaddu ma aha hebel iyo hebel e, waa nidaamka ay ku heli karaan caddaalad wada deeqda. Degaanka lagu nool yahay iyo dadku in loo kala xaqsooro ayay u baahan yihiin, sida ay dadkuba ugu baahan yihiin in ayaga dhexdooda loogu xaqsooro. Dhulka iyo dadka nidaam u adeegi kara ayay dantu ku jirtaa. Haddii la helo nidaam la isku raaco, kursigu wuxuu noqonayaa takliif iyo mashaqo ay fulayga iyo munaafiquba ka cararaan. Kuwa imminka iscayrsanaya waxa keenay waa nidaam la'aanta iyo kursigii oo noqday buur dahab ah, oo in la xado ay ku xiran tahay qalin lagu saxiixdo. Cudurkaas in la dabarjaro ayuu xalku ku jiraa.

Dhallintu waa cidda ugu badan ee ay mashaqada siyaasadeed ee dalku ku dhacayso. Cidda adeegga ugu badan u fulisa, mustaqbalkuna uu kaga hallaabo waa isla ayaga. Askari mid noqda, mid xafiis u fadhiya, mid fadhi-ku-dirir ka guulwadeeya, ama mid rejo-ku-nool ah. Dadka waaweyn saamayn taban in ay u gaysanayso waa shaki li'i, balse dhallinta iyo dhallaanka tan soo gaarta cidi kulama sinna. Barbaartaa maanta ay jihadu ka dhuntay, kuna midoobi waayay in ay aayahooda badbaadsadaan, waa duqaytida berri ee aakhira-sugayaasha ah, duniduna aanay kul badan ku hayn. Xalku ayaga ayuu ka bilowdaa. Cid guulwadaysa haddii laga waayo ama ay ku yaraato, nin jeclaysigana ay danta guud ka doortaan, isbeddel waa uu samaysmi karaa.

Balse ... !

In ay dhurwaayada iska dhiciyaan waxa ay ilaa hadda ka doorbidayaan in ay u sacab tumaan. Eeg, waa kuwaas geyiga Soomaaliyeed oo dhan la kala safan waraabayaasha dhiiggooda iyo dheecaankooda ku nool. Kii wax dhaliila shakhsiga uun bay kaga dhegtay, kii wax taageerana qofka, maslaxaddii guudna sidaa ayay ku noqotay mid aan marnaba ka gudbayn qalfoofta dhurwaayada isbedbeddelaya!

Haddii ay bulshadu fahmi lahayd xilku waxa uu yahay, ama way fahansan tahay e, ay toljacaylka iyo sandareerada lagu suuxinayo iska dhigi lahayd, siyaasigu lama hor yimaaddeen hortay waxaas lama qaban jirin ... iyo ereyo badan oo faaruq ah.

"Gobanimana waa quus ninkii, gawska dhaafsadaye,"

—Hadraawi: Gudgude.

Waxa uu leeyahay waan qabtay, ma iskii ayuu u qabtay? Ma xoolo uu leeyahay ayuu ku bixinayay? Miyuusan xuquuq ku qaadanayn?! Soo uma baahna cid edbisa oo ku tiraahada: waxa aad qabatay waxay ahaayeen waajibkii laguu igmaday qayb ka mid ah oo aad fulisay—dhaliilba ha ka jirto qaabka aad u fulisay e, balse waxa ugu muhiimsan ee aan kugu dhaliilayno waa wax aadan qaban adiga oo awooday. Dhaliishaa oo qur ah ayaa noo muuqanaysa, ammaanna kuuguma hayno gudashada waajib aan kuu igmannay, xaqiisiina aan ku siinnay. Ha naga sugin in aan kulligayo kuu guulwadaynno, in aad noogu faantidna waa qayb ka mid ah garasho xumada aannu siyaasiyiinta ku barannay. Shalay haddaad ammaan ku soo doonatay xilkaan aad xaqulqalinkiisa joogtada u qaadatid, waad qaldantay ee dib isugu noqo, dhaadhaadana gurigaaga la aad.

Waxa la gadayo ee la kala dillaalayo waa noloshaada iyo waayahaaga maanta iyo berri, garna ma aha in aad sacab iyo or ku dhammaysatid cimrigaaga. Siyaasiga beeshaada ee aad u caadifoonaysid, kan xilka ama shaxaadka aad ka

doonaysid ee aad la dhacsan tahay, kan ereyada macaan
ee sunta iyo malabka isugu kaa qooshaya ee aad la
jibbaysan tahay, dhammaantood waxay u heellan yihiin
majarahabaabintaada. Wax isku fal, guulwadayntana geed
isaga xir, lana xisaabtan, xaqaagana u dood.

⁊

Anigu la hadlay, la taliyay, sirtaydana kama aanan qarin,
haseyeeshee, inta damiirkoodu suuxsan yahay karti
yeelan mayaan. Inta ay karti la'aan yihiinna dhurwaagu
wuu dhaqnaan doonaa. Inta dhurwaagu dhaqan yahayna
noloshiisaa ayuu si wacan ugu raaxaysan doonaa, ayaguna
saciirada adduun iyo saxariirteeda ayay ku dhex silicsanaan
doonaan.

Nabadgalyo korkayga ha ahaato maalintii damiirku
dhintay, hunguriguna uu dhashay.

DHABANNAHAYS 60

7

QALINDHUUG

وَالْقَلَمِ وَمَا يَسْطُرُونَ ۝

"Waxaan ku dhaaranayaa qalinka iyo waxa ay ku qorayaan."

SUURAT AL-QALAM, I

Quudinta maanku waxay halbawle u tahay nolosha aadanaha iyo bilnaanteeda, qalinkuna waa adeege lagu gudbiyo aqoonta, waana hage aan looga maarmin jihaynta shakhsiga iyo bulshada. Ruux walba oo bahda qalinka ku soo biira, waxaa fuula xil culus oo ay tahay in uu ku baraarugsanaado. Kan dhigaya iyo kan loo dhigayo, gudashada waajibkooda iyo wax ka dheeri ahba waa looga fadhiyaa. Dhigidda iyo dhigashadu ma aha in uu qofku goob waxbarasho ku jiro e, waxaa kale oo ka mid ah in uu yahay qoraa iyo akhriste. Haddii aad fasalka fadhidid, macallinna ku hor taagan yahay, kolka aad buug akhrinaysidna waxa aad ku jirtaa fasal, bare qiime badanna waa uu kula joogaa. Sadarrada qoran warqad iyo sabuurad kuma kala duwanaadaan e, qaabka oo keli ah ayaa kala geddisan. Hore waxaan u soo sheegnay in masuuliyadda keligu ay tahay tan ay ka unkanto midda guudi, gudashada qofka ama gudasho la'aantiisa ayaana uu dhaqanka bulshadu ka unkamaa. Aqoonyahanka qoyska Soomaaliyeedna waa duul ay aqoontu ka yaabtay, si kasta oo ay ugu badatayna waa ay ku duxi wayday, in ay wax uun xarriiqaan ama ay ku xarragoodaan ayayna la dhaafi wayday.

Dunida maanta la joogo waxaa si xawli ah u kobcaya xogta uu qof walba heli karo, heer la xaddidi karana waa ay ka tallawday. Aqoonta aadanuhu waxay ku jirtaa korriimo joogto ah, dhib iyo dheefna waxay u yeelataa ummadaha qoloba sida ay u maarayso kasbashada ogaalka iyo dheefsiga iyo dhaqangalinta waxa la ogaaday. Aqoon kasta oo waaqica bulshada la falgali karta, aqoonyahankuna ay u hagarbaxaan sidii nolosha bulshadooda iyo waxa ay barteen ay isu qabadsiin lahaayeen, isbeddelna ay uga dhalin lahaayeen, waa hubaal in ay isbeddel horseedi karto. Dhib taagan waa ay xallin kartaa, tub leexatay waa ay toosin kartaa, talo la waayayna waa ay keeni kartaa oo weliba waa ay taabbagalin kartaa. Haddii ogaalka kordhaya uu habqan noqdo, isku dhex yaaco, oo uu jiho la'aan noqdo, waa hubaal in luggooyo mooye e aan wax kale laga dheefi doonin—in ku filanna hore ayaan u soo qeexnay.

Si loo daweeyo aqoonta ku dhex qiime beelaysa ummad u heellan waxbarashada, hamuunna u qabta cilmi wax ka beddela noloshooda, waxaa lagama-maarmaan ah in la toosiyo habka ay wax u bartaan, lana waafajiyo tiirarka horumarka iyo baahiyaha bulshada ee sida talantaalliga ah isu beddelaya. Sidaa oo kale, waxaan la huri karin in waxbarashada laga jeediyo sida ay haatan u tahay mid culaab uun u kordhisa qofka baranaya, dameer malab sidana u ekaysiinaysa. Hagaajinta waxbarashadu ma aha xil looga fadhiyo maammullada ayaguba habawsan e, cidda laga sugayo in ay habayso, tub wanaagsanna ay u jeexdo, waa bahda qalinka. Qur'aan alif ka qalloocday, al-Baqra kama uu tooso e, aqoonleyda ayay tahay in ay dib isugu noqdaan, goobaha waxbarashadana ay habeeyaan. Laamaha aqoonta ee baahay, dunida maantana ay ummad walba ku qasban tahay in ay wax ka qaadato, waxna ku darto si ay jiritaankeeda u ilaashato, ayaa looga fadhiyaa in ay bulshada u soo waaridaan ayada oo hufan, haadsan, xafashkiina laga qubay. Qof looga fadhiyo in uu jiritaankiisa ilaashado, joogitaankiisana uu muujiyo, waa in uu noqdaa qof ilaashan oo aan la hoggaansan karin.

Is-ilaalintu ma aha in dadka la jujuubo, aqoontana qaar laga qariyo e, waa in qofka lagu hubeeyaa cilmigii caqligiisa ugu kaalmayn lahaa in uu kala garto saxda iyo qaladka. Waxa ugu horreeya ee ay tahay in uu aqoonyahanku kaga duwanaado qofka caammayga ah, waa in uusan noqon qof calooshiisa oo qur ah yaqaanna. Wadiiqada iyo halka loo socdo waa in ay u kala soocmaan, ruuxa ogaalka isku tuhmayana waa in ay guushiisu noqotaa in uu gaaro yool la taaban karo, oo ah qaaraan uu garaadka aadanaha ku darsaday.

Yoolku wuxuu qofka la jaanqaadaa bilowga sadcaalkiisa nolosha, haddii uusan meel dhexe ku istaagin oo uusan jiho kale u dhaqaaqinna, halkiisaa hore ayuu gaaraa oo uu ku ekaadaa ama waa uu ku daalaa. Marmar waa ay dhacdaa in uu gaaro halkii uu u socday, wax kalana uu bilaabo, haseyeeshee, inta badan yoolka noloshu mid uun buu ahaadaaye, waa uu wejiyo bataa. Kolkii aad waxbarashada bilowday haddii aad doonaysay aqoonta lafteeda—in ay wax kaa beddesho, adiguna aad ummad ku doorisid—weligaa waa ay kuu dhadhamaysaa, duruuf kasta oo kugu timaaddana waad ku sii dhex jiraysaa. Waxaa weligaa kuu kala soocnaanaya in aad xammaalatid oo aad cayshtid iyo in aad ogaalkaaga mar walba kobcisid. Ayaga oo aan iska kaa dhexgalin ayaad mid walba gaarkiisa u wadan kartaa, bulshadana wax uun ayaad uga kordhin kartaa—kol ay dadka qaarkii kugu daydaanna ha ahaato e. Haddiise ujeedkaagu ahaa in aad aqoonta xoolo ku tabcatid, wax badan ayaa kaa qaldamaya. Dhuuniga ayaa ku hagaya, wax aad xeerin doontidna ma jirayaan. Damucu waa uu dilaa damiirka qofka, xoolo jacaylkuna waa bakteeriyada damaca dhalisa ee kobcisa. Haddii ay lacagtu ku soo gasho iyo haddii ay kuu goysaba, raadinteeda ayaad ku dhibbanaanaysaa, weligaana indho kale ma yeelan doontid. Qalinka laftiisa ayay kula soo gali kartaa, ummad badanna in aad majarahabaabisid ayaad u sabab noqon kartaa.

Marka laga soo tago ku dayashada bilaa baraarugga ah, jacaylka muuqashada ee iskaga lammaanan nafaha aan isdhuldhigga lagu rabbayn, waxa kale ee dhaliya buugaag qorista bilaa nuxurka ah ee faraha badani waa lacag jacaylka iyo tabcashada shilimmaad aan la ogayn in ay ka soo bixi doonaan. Waa dhibta ugu yar ee adduunyo jacaylku ay u gaysato koboca ogaalka. Waxaa taa ka weyn goobaha tacliinta ee tirabbeelka ah ee ganacsato iyo qalinlay shaqaysan waayay ay meel walba ka furteen. Jadiinku haddii uu hage noqdo, qalinku meesha waxba kuma leh, indhaha dugsiyada iyo jaamacadaha maanta ayaana laga garan karaa.

Waxaad in badan arkaysaa dadyow ku xisaabtamaya lacagaha laga helo goobaha waxbarashada, qorshahoodana ku salaynaya qaababka ugu dakhli badan ee loo maamulo.

Xulashada macallimiin aqbalaysa mushaharka la siin
doono, kirada goobta, iyo kharashka agabka ayaa ah waxa
keli ah ee milkiilaha goobtaasi uu ka fakarayo. Ma jiro
qorshe uu ka leeyahay ardayda uu doonayo in uu soo saaro,
iskuma hawlo in uu siiyo manhaj isku xiran oo nuxur leh.
Macallinka waxa keli ah ee lagu qaato waa in uu wax dhigi
karo, maamulka uu u hoggaansami karo, wixii la siiyana
uu ku qanacsanaado. Waxa ugu wacan in ay aafadaasi sii
joogto oo ay tanaaddo waa in goobtuba tahay il dhaqaale ee
aysan ahayn uur hooyo. Beekhaaminta kharashku wuxuu
dan u yahay in ay meeshu sii jirto, milkiiluhu si uusan uga
caajisin, dadkuna aysan goob waxbarasho u waayin, wixii
uga soo baxana ay xarrago iyo kaydba ugu filnaato. Maxaad
ka sugaysaa goob waxbarasho oo xisaabxirkeedu yahay:
Adduun intee le'eg ayaa ka soo xarooday? Dakhliga ma
sii kordhin karnaa? Sideese u kordhin karnaa? Balse aan
marna la isweydiinayn: Ardayda baastay buundooyinka ay
keeneen ma u qalmeen aqoon ahaan? Ardayda dhacdayse,
maxaa halkaa dhigay? Manhajkii iyo qaabdhigistii maxaa
ka qaldamay? Maxaan ka beddeli karnaa waxbarashada iyo
heerka ardayda?!

Dhibtu waa halbeeggii aqoonta oo dhuuni ku uruuray.

Manhajku wuxuu aqoonta u yahay lafdhabar aanay
la'aantii hanaqaadi karin, ummad kasta oo uu ka habaabaana
waxay ka luntaa jidka waxbarashada ee ah furaha horumarka.
Maxaad ka fili kartaa arday labadii fasal ee isxigtaba looga
dhigayo labo buug oo aan islahayn, casharradooduna aanay
isdhammeystiri karin?! Maxaad ka filaysaa arday dhiganaya
manhaj aanay qorin cid aqoonteedii lihi, ama markii horaba
aan lagu salayn suurad laga fakaray oo sawiraysa ardayga la

rabo in uu ka soo baxo dugsiyada? Maxaad ka filaysaa arday
lagu canqariyay afar waddan oo kala duwan manaahijtood,
dhulkiisa iyo dalkiisana aan waxba looga sheegin? Iskuxirka
manhajka dugsiga hoose ilaa kan sare wuxuu dan u yahay
ardayga iyo iskuulka labadaba. Ardaygu wuxuu ka helayaa
waxbarasho aan isku dhex yaacsanayn, asaguna uusan ku
dawakhmin, iskudarka labadaa dheefoodna bulshada ayay
kaalin u buuxinaysaa. Korinta wacyiga qof walba halka uu
kaga jiro haddii uu dayaco, waa la wada lumayaa, halkii
risiqu kula galayna xil dheeri ah ayuu kaa rabaa. Sida wax
tayo xun looga tabcado maal, ayaa wax qiime lehna looga
tabci karaa maal, balse sabir iyo dedaal ayay tan dambe u
baahan tahay. Ina aadane waa degdeg-badane tiisa u nool.
In uu durba tanaado, keligiina uu noolaado ayaa wax walba
kala weyn. Waa sababta ay dadka maalka qaddariyaa u
noqdaan dhuug aan dhergin. Dawada cudurkaanina weli
waa dabargoynta ama hoos u dhigidda heerka damaca ee
shakhsiyaadka, si ay bulshadu ugu jeesato yool hagaagsan
oo ay ku hirato.

♋

"*Dadoow Alle ka dhowrsada oo wanaajiya kadab-raadinta,
maxaa yeelay nafina dhiman mayso ilaa ay laasato
risiqeeda, haba ka daaho e. Alle ka dhowrsada oo wanaajiya
kadab-raadinta. Wixii xalaal ah qaata, oo ka taga wixii
reebban.*"

— Xadiis saxiix ah.

"Calafkaa kuma seegee si xun ha u raadin."
MAAHMAAH SOOMAALIYEED.

༄

Haddii aad u timaaddid heerka jaamacadaha waxaa kaa
yaabinaya sida aanay isugu dheellitirnayn, jaamacad walbana
ay u tahay *sheekhul kulli* waxa yar ee la hayo kulansatay.
Marka aad ku soo dul wareegtidna waxaad ogaanaysaa
in ay tartan ku jiraan, haseyeeshee uu daarran yahay inta
maaddo ee ay bixiyaan iyo tirada ardayda ee ay hayaan.
Lama hayo, mana arkaysid jaamacad ardayda kala talisa
waxa ay baranayaan, ku foogan in ay raadiso cilmi bulshada
ka maqan oo aanay dhigiddiisa durba ka faa'iidayn, laakiin
qaaraan u noqon lahaa heerka waxbarashada bulshada
iyo jaamacadda sumcaddeedaba. Ma jirto jaamacad isku
koobtay maaddooyin ay galiso tamar badan, si ay u soo
saarto dad aqoontaas xambaara, shisheeyana looga maarmo.
Ma jirto jaamacad ku hawlan farsamooyinkii gacanta ama
warshadaha.

Ma jirto…

Ma jirto…

Ma jirto…

Tiri wax kasta oo ummaddu u baahan tahay, kana soo hel
cid u hagar baxda. In maaddooyinka la dhigayo ay noqdaan
dhawr qaybood oo xammaalashada la xiriira waxaa inoogu
wacan, aqoonta oo aynu u haysanno wax u samaysan in

lagu bariiseeyo, siyaasad waxbarasho oo aan la hawlgalin, iyo baraarug iyo doonis horumar aan laablakac ku dhisnayn oo si guud inooga maqan. Haddii kaalin dawladeed la la' yahay, ma cirka ayay inooga soo dhacaysaa? Soo ma aha in ay qalinlaydu isdabaqabtaan?

Sida uu manhajku noqdo ayaa macallinkana loo xushaa oo uu noqdaa, ardayguna wuxuu ka samaysmaa gurigooda, dugsigiisa, iyo jaamacadda oo ay midiba in ku darsato wacyigiisa nololeed. Haddii waalidku maran yahay, goobtii waxbarashaduna ay shaqo galiso macallin aan dhisnayn, una diyaarsanayn in uu dad wax ku biiriyo, arday noocee ah ayaad ka filaysaa in uu soo baxo? Fasalkiisa koowaad sidii looga soo jiheeyay qayb ka mid ah asaga oo xambaarsan ayuu tagayaa jaamacadda, ka dibna asaga oo aan wax nuxur leh ku hubaysnayn ayuu mudashada nololmaalmeedkiisa ku salalaa. Xitaa haddii waalidku fiican yahay, ilmihiisana uu wax wanaagsan ku biiriyo, laakiin ay arradan tahay goobta waxbarashada ee marxalad walba jihaynaysa waxa ay naftiisu doonayso, waxaa hubaal ah in ay dhibaato u gaysanayso, jahawareer tarbiyana uu ku dhacayo.

Sababtaas darteed ayay waxbarashadu ugu baahan tahay manhaj nolosha ardayga qaabeeya iyo macallinkii manhajkaas u qalmay. Dhabcaalnimada milkiilaha goobtu waxay dhibaato ku tahay aqoonta, quuriwaaga waalidka ayaa asna qayb ka ah in uu cudurkaasi sii weynaado. Waa gar in aanay waxbarashadu qaaliyoobin si danyarta iyo jeebabweyntuba ay u helaan fursado waxbarasho, haseyeeshee, in waalidiinta dugsi walba ay u istaagaan isu dheellitirka waxa ay bixinayaan iyo aqoonta ay helayaan ayaa lagu xallin karaa in aan qolana lagu xadgudbin. Si kasta oo ay goobta waxbarashadu u tahay meel gaar loo leeyahay, waalidku xaq uu ku xisaabtamo ayuu leeyahay. Dhaqaale ayaa ka baxa, garaadka ilmihiisa in wax lagu biiriyo ayaana looga qaataa. Qofna xaq uma laha in uu isku qaato xoolahaagii iyo maankii ilmahaaga. Xilku waa keli, waana wadar.

Dhib ma leh haddii dugsiyada Qur'aanka iyo iskuulladu ay u furan yihiin ganacsi ahaan. Aadanaha oo dhammiba xirfaddiisa ayuu quud iyo xoolo dheeri ah ku tabcadaa. Waa xeer nololeed aan isbeddelayn, laakiin wax baa tan dheeri ku ah.

Marka laga soo tago qiyamka iyo akhlaaqda ay tahay in uu ruuxu ka dheefo gurigooda, meesha koowaad ee ay tahay in uu tarbiyad qummman ka helo waa goobta waxbarashada. In sabuurad wax lagu dhigo waa wax sahlan—dhawrka sadar ee ruuxa loo xarriiqayo waxaa ka muhiimsan casharka ay tahay in uu halkaa ka helo. Tarbiyad. Korinta ay waalidku ku mashquuleen iyo baridda uu baruhu ku silcay waa in ay taasi ka horrayso, la socoto, oo ay ka dambayso. Darsiga ugu horreeya ee tarbiyadda dugsigu waa habdhaqanka macallimiinta. Haddii uu asagu yahay ruux maran oo ul, ciqaab, canaan, iyo cay mooye e aan wax kalaba hayn, maxaa looga cabanayaa ardayga fadaqa noqday ee axadkaa gacanta loo galiyay? Dulmi!

Wixii aad ruuxa siisid ayaad beddelkiisa ka filan kartaa.

Ka soo tag tarbiyada. Bariddii laftigeeda ayaa aafowday. Macallin aan maaddadaba wax ka aqoon ayaa gacanta ku haya. Mid aan Qur'aankaba si saxan u akhrin karin ayaa dhigaya. Mid aan xisaabta si wacan u fahamsanayn ayaa dhigaya. Saynis warkiisaba daa, juquraafiguna waa mid dalal

kale oo kan dhigayaba uusan waxba ka garanayn. Aabbihii
iyo hooyadiina ama wax ma ay baran, haddana baran mayaan,
ama waxay u qaybsameen nololmaalmeedka—midna biilka
dhiib oo magaalada iska joog ayay ka noqotay, kan kalena
bariiska u kari oo seexi ayuu waajibkiiba ugu koobmay—
waaba haddii aanay hooyadu biilkii iyo quudintiiba isku
hayn, ninkuna qaad iyo fadhigii. Toban iyo toddobo sano
oo wax barid ah ka dib natiijada soo baxda, maxaad ka sugi?!

Macallinku waa in uu si dhab ah u barto waxa uu
dadka barayo, waalidkuna ugu yaraan waa in uu aqoon
guud leeyahay. Si la mid ah taasna, waa in ay labaduba
dhaqankooda hagaajiyaan, xilkoodana ay garwaaqsadaan.
Milkiilaha goobta oo ah kan isu keenay ardayga, buugga,
qalinka, dugsiga, manhajka, sabuuradda, macallinka,
iyo waalidka, ayaa waajibka ugu culusi uu saaran yahay.
Waxa aad ka filanaysid in uu ilmahaagu noqdo waa sida
ay ardaynimadiisu noqoto, ardaynimadiisuna waa sida
aad u jihaysaan adiga, macallinka, manhajka, iyo goobta
waxbarashadu. Tamarta aad bixisaan ayaad biilan doontaan
e, barbaarinta ubadka dhayalsiga ka dhowra.

☙

"Qofna wax uusan hayn, ma bixiyo", bulshada kii si dhab
ah wax u bartay tarbiyaddii ayaa ka maqan ama in uu wax
tarbiyeeyo wax qiime ah uma laha—maadaama uu hay'ad
ama dawlad ka helo mushahar waafi ah. Kii wax yar bartayna
dan kama laha in uu wax sii barto ama uu intiisa tarbiyad

ku yeesho—maadaama uu shaqo fiican si uun ku helayo.
Kii wax dhigayay ee awalba xooladoonka ahaana, xitaa
xirfaddiisa darteed wax kororso oo jiil wanaagsan soo saar
ahmiyad agtiisa kama laha—maadaama uu dheef hantiyeed
ka helo meheraddiisa magaca waxbarashada sidata, tartan
kalana uusan ka baqayn.

Haddaba, ummadda sidaa ah ee damiirkeedu noqday
xoolo, xoogaa aqoon ah oo la bartana ay agtooda ka
noqotay *aqoonyahannimadu*, maxaad ka sugi in ay nolol
maalmeedkeeda ka beddesho? Maxaad ka sugi in ay aayaha
dambe noqoto? Mooryaanka qoriga wata maxaa lagu
eedayn, haddii ubadkii berri la sugayay ay ayaguna asaga la
mid noqon doonaan?!

Qofku waa unugga ugu yar ee ay bulshadu ka
samaysanto, haddii uu isdooriyo, dhaqanka bulshadiisa
wax uun hagaajin ah ayuu ku biiriyay. Matalan, haddii aad
ku dhaqantid aqoonta aad baratay, akhlaaqdaadana aad
hagaajisid, dadka kugu hareeraysan sidee ayay kuula dhaqmi
doonaan? Dabcan, sida aad u tixgalisay ayay ayaguna kuu
tixgalin doonaan. Waa in yar, haddiise aad joogtaysid, waa
hubaal in ay dad kale kaaga dayan doonaan oo ay ayaguna
sidaada oo kale ugu mintidi doonaan. Sidaa ayaad bulshada
isbeddelkeeda uga qayb noqotay. Waa xil ku saaran oo ay
tahay in damiirkaagu kuu yeeriyo. Ma wax aan damiirka
ahayn ayaad ku tahay aadane?! Tarbiyaddu waa middaa,
waana xil shakhsi ahaaneed inta aanay noqon xil bulsheed.

Cudurka bulshada haya ee aynu intaa ka cabanayno,
waynu iska indhatiraynaa e, waa mid nafsaddeenna
ka imanaya. Jiritaan ma laha bulshadu haddii aanay
shakhsiyaad ka koobnayn, haddii jirro ay jirtana waa mid

shakhsiyeed ballaaratay oo dhibaato bulsho noqotay. Xalku waa shakhsi, cid inaga furanaysa waajibkeennana ma jirto, lana heli maayo.

৫৬

Macallin ahow, waa xirfad wanaagsan. Waalid noqo, waa masuuliyad wanaagsan. Aqoonyahan noqo, waa kaalin wanaagsan. Balse ruux damiir leh oo qiyam iyo akhlaaq uu dhowrto oo uu gudbinayo leh noqo. Taa ayaad macno ku leedahay. Haddii aad taa gabto, dhurwaa nolosha dadka cadow ku ah oo la danbi ah siyaasiga i metela ayaad noqonaysaa. Waa hubaal in kuwa aan ka soo sheekeeyay ee macallin, waalid, iyo aqoonyahanba leh ay ka mid yihiin kuwa aniga i metela ee bulshadaani ay ka hanaqaadi la'dahay.

8

KHAMIISYALEY

وَإِذْ أَخَذَ اللَّهُ مِيثَاقَ الَّذِينَ أُوتُوا الْكِتَابَ لَتُبَيِّنُنَّهُ لِلنَّاسِ
وَلَا تَكْتُمُونَهُ

"Xusuusnoow axdigii dhaarta lagu lammaaniyay ee laga
qaaday kuwa Kitaabka la baray ee ahaa: waa in aad xaqa
dadka u caddaysaan, waxna aydaan ka qarin..."

Suurat aal-Cimraan, 187

Diinta uu Alle soo dejiyay waa manhaj nololeed, oo
dhammaystiran, qabyo tiran, hufan oo hagaagsan. Ciddii
fahanta, kuna dhaqanta, waa hubaal in ay ku tanaadayso,
dhibaatooyinka ficillada aadanaha ka yimaaddana ay
waxyeelladooda ka caymanayso. Islaamku waa diinta keli
ah ee uu Alle aqbalayo, dhammaan ergaydii uu kawnka
u soo dirayna ayada ayaa ay wadeen—uumiyaha in ay
ku hanuuniyaan ayayna shaqadoodu ahayd. Qofkii ka
indhasaaban ee aan raadin waxa ka maqan ama kii iskii
isaga sii jeedinaya mooye e, qof kale kama ay daahanto, in
toobiyaha lagu toosinayo haddii uu xaqdoon yahayna waa
axdi uu Alle qaaday. Uumiyaha uu sidaa ugu addoomiyay
in ay diintiisa qaataan, ayna ku toosnaadaan, kuma uusan
qasbin in ay garashadooda iyo hawadooda ku dhex lumaan

e, wuxuu u soo diray kutub kala dambaysay oo jiil walba la falgalaysay, nolosha aadanahana hagaajin ugu filan. Waxa saxda ah ee ay ruuxdu doonayso iyo waxa qaldan ee ay naftu doonaysana waa ay kala saartay, caqliguna mar walba wuxuu u ahaa halka ay xogtu ku soo dhacayso, kala haadinteedana u taagan. Islaamku kama uusan qaadin shaqadiisa, tu uusan awoodinna kuma uusan kallifin. Lama arag caqli seeteeyay nafta, xumi uu u jeedana ka hor istaagay, balse in badan ayaa ruuxda qiyamka lagu rabbeeyay, la layliyay, cabsida Allena lagu uumay ay ruuxa ka bixisay god xumaato oo uu ku shalwan lahaa. Haa, lama arag garaad ku fillaaday hawshaas, waayo? Shaqadiisu waa in uu ku baraarugo mushkiladda, balse keligii ma laha tabar uu hawada nafta kaga adkaado. Ruux daahir ah iyo damiir nool ayaa uu u baahan yahay, si uu ugu dhaqmo wixii uu gartay.

Qur'aanka uu Alle u soo dhiibay ergaygiisii wanaagsanaa Muxammad—naxariis iyo nabadgalyo xurmo ku laran tahay korkiisa ha ahaato e—ayaa ah kii ugu dambeeyay. Wuxuu ahaa farriingudbiye daacad ah, waxyi mooye e, aanay hawadiisu ka hadlin jirin oo aan dabagali jirin. Si ammaano leh oo hufan ayuu u soo gudbiyay, wuu fasiray, jiil hagaagsan oo si daacad ah uumiyaha u gaarsiiyayna waa uu barbaariyay. Maadaama uu Qur'aanku ina farayo in aan ku dayanno Nebi Muxammad scw, waxay ina soo gaarsiiyeen ereyadiisii, dhaqankiisii, iyo wax kasta oo ay ka ogaayeen noloshiisa. Sunnada oo ah tubtii Nebiga scw ayaa ay inoo keeneen. Fasirkii Qur'aanka oo erey, ficil, iyo korjoogtayn dhaqan isugu jirta ayaa ay inooga soo weriyeen. Waa gar in aynu ku dhaqanno, marnana laga maarmi maayo in la soo weriyo, cid aqoonteeda lehna ay xambaarto oo ay gaarsiiso jiilka ka dambeeya. Waa halkaa meesha ay culimadu ku noqdeen xambaarayaasha dhaxalkii Nebiga scw, sharaf iyo cisi dheeri ahna ay ku mutaysteen.

Sida uu cilmi walba u leeyahay dad bartay oo ku xeeldheer, ayaa ay shareecada Islaamkuna u leedahay culimo baratay, waqtina ku bixiyay oo fahankeedana looga danbeeyo. Marka la eego xaaladda bulshada iyo sidii ay Muslimiintu ahaayeen tan iyo waagii ay diintu soo degtay, waxaan la dafiri karin in aan marnaba loo sinnaan aqoonta loo leeyahay shareecada. In kasta oo ay fududdahay in uu qofku barto, haddana ma aysan dhicin in dadka oo dhammi ay dedaal ku bixiyaan. Waa wax caadi ah, kawnka oo dhan ayaana sidaa ku dhisan, qof walbana iskuma noqon karo: shiikh, dhakhtar, injineer, dhaqaalayahan, tumaal, iyo xambaarsane dhammaan laamaha cilmiga iyo farsamooyinka. Waa sunne kawni ah in ummadda ay qaybiba meel ku hagaagto. Asaga oo taa uu ku uumay ka duulaya ayuu Alle yiri:

$$\text{وَمَا كَانَ الْمُؤْمِنُونَ لِيَنفِرُوا كَافَّةً فَلَوْلَا نَفَرَ مِن كُلِّ فِرْقَةٍ مِّنْهُمْ طَائِفَةٌ لِّيَتَفَقَّهُوا فِي الدِّينِ وَلِيُنذِرُوا قَوْمَهُمْ إِذَا رَجَعُوا إِلَيْهِمْ}$$

"Dhammaan Muslimiintu in ay jihaadka aadaan waajib kuma aha e, qolo walba kooxi ha ka soo baxdo—si ay diinta u fahmaan, tolkoodana ay ugu digaan markay ku soo laabtaan..."

فَاسْأَلُوا أَهْلَ الذِّكْرِ إِن كُنتُمْ لَا تَعْلَمُونَ

"Haddii aydaan ogaal u lahayn, weydiiya ciddii
aqoonteeda leh."

هَلْ يَسْتَوِى الَّذِينَ يَعْلَمُونَ وَالَّذِينَ لا يَعْلَمُونَ

"Ma sinnaan karaan kuwa wax bartay iyo kuwa aan
waxba aqoon..."

Haddii aan intaa isla qirno, waxaan shaki ku jirin in xilka
ugu culus ee culimada saaran uu yahay sheegidda xaqa uu
Alle soo dejiyay iyo ku dhaqmiddiisa, halka caammadana
laga doonayo in ay ayaga wax ka weydiiyaan arrimaha
diinta[1]. Sida aadan dawo uga doonateen injineer ayaa ay
tahay in aadan faylasuuf wax ka weydiin masalooyin sharci
ah. In qof walba uu guto xilka duudka u saaran ayaa ah
xilkasnimada ay bulshadu ku hanaqaadi karto, tamarteeda
sida macnadarrada ah u lumaysana ay ugu cayman karto.
Haddii ay cid waliba shaqadeeda qabsato, la iskuma dhex
yaaceen, aafada maanta taaganna ma ayan jirteen. Buuniga
diinta ku xeeldheer in uu xaqa caddeeyo ayaa waajib ku
ah, bulshada oo lagu dhex jiro, waxa ka dhex dhacaya loo
dhugmo lahaadana waa shaqada ugu muhiimsan ee laga
doonayo. Qofka ehlu diinka ahi waa gabbaad bulshada

---

1 Waxaa ayana xusid mudan in weydiimaha caammaduna ay noqdeen
waxyaabo laga naxo, qofkii si dhab ah ugu fiirsadana xanuujinaya. Halkii
ay weydiin lahaayeen wax diintooda iyo habdhaqankooda la xiriira ayaa ay
warsanayaan su'aalo rakhiis ah.

uga gudban in fasaadka iyo xumidu ay ku dhex faafaan. Waa dhufays u dhexeeya ayaga iyo qofka u taliya, dulmiga iyo xaqdarradana ay tahay in uu ka hor tago. Waa ilays u baxaya akhlaaqda bulshada iyo caddaaladda, ayna tahay in uu naftiisa ka bilaabo, bulshadana uu u horseedo. Shiikh walba oo ka run sheega diinta Alle ku dhaqankeeda iyo wacyigalinta bulshada, waxaan shaki ku jirin in uu noqonayo qof lagu soo hirto, wax badanna lagaga daydo. Ficilkaagu inta qof ee uu saameeyo, waxna ka beddelo ayaa ka tiro badan inta ay oraahdaadu toosiso. Aqoonta noocaas qofka ka dhigta, waxtarkeeduna uu kaalintaa mugga weyn bulshada ugu jiro ayaa ah midda la ammaanay, dadweynuhu in ay bartaanna lagu dhiirrigaliyay.

Haddii ay mushkiladi timaaddo waxay aalaaba bulshadu u dhegataagtaa, sida ay indheergaradka bulshadu ula dhaqmaan oo ay arrinta u wajahaan, cidda ugu horraysa ee ay wax bidaanna waa culimada. Mar haddii aan la haysan dawlad wanaag laga fisho, koofiyadlayduna ay ummuuro bateen, cidda keli ah ee in loo caynto la filayo waa inta ay ku tuhmayaan diin iyo Alle ka cabsi. Waa gartood, Alle markii uu ka hadlayay waxyaalaha dadka la soo gudboonaada ee culayska ku ah waa tii Uu yiri: *Haddii Alle, Nebigiisa, iyo hoggaankooda ay ku simi lahaayeen, waxaa ogaalkeeda heli lahaa kuwa fahamkooda saxnida ku soo saaraya.* Kaalinta bulshadu waa ku simid, weydiin, iyo dhegaysi, tan culimaduna waa dhexgal bulsho, ku dhaqmidda diinta, ka run sheegidda xaqa, wanaag faris, xumaan reebid, u jawaabidda ruuxii wax weydiiya, waxbarid, wacyigalin joogto ah, iyo waxtar ay ka gaystaan kaalin kasta oo ay gali karaan.

᠊ᡄᡆ

Sida uu wadaadku u yahay mid dartii lagu hanuuni karo ayaa uu u yahay mid sababtiisa lagu habaabi karo, halistiisuna ay ka weyn tahay tan ibliiska. Haddii uu Alle ilaahnimadiisa u marag gashaday culimada, waxaa dhacday in ibliisna uu caalim kaga dayday xumaanta. Waa sax, aadane walba oo uusan Alle ka dhowrin xumi waa uu gefi karaa, culimadana waa ay ka suurowdaa. In badan ayuu Rabbi inoo sheegay wixii ay faleen wadaaddadii Yahuudda iyo Kiristaanku. Hadalkii Eebbe ayay dooriyeen, hadba kii u roonaada ayayna dartii diinta u dooriyeen. Bakhti iyo xaaraan ayay ka dhergeen, waxayna dadka u xalaaleeyeen wixii uu Alle ka reebay. Naclad yar kuma aysan dhicin, duul qabsaday shaqadii Eebbe oo xalaalayn iyo xaaraantinnimayn ku dhiirraday ayay ahaayeen. Asaga oo ka warramaya sida ay culimada wanaagsan ugu hoggaansan yihiin amarkiisa ayaa uu Alle yiri: *Kuwa cilmiruugga ahi (ar-Raasikhuun) waxay dhahayaan "waan rumaynay, waxyiga oo dhammi wuxuu ka yimid xag Alle"*. Waa hoggaansan halkii ugu sarraysay iyo isdhiibid dhammaystiran. Waa kuwaan kuwa Alle ka cabsooda ee uu Rabbi ku ammaanay aayadihii aan soo dhaafnay ee tilmaamayay sharafta ay ku muteen ogaalkooda iyo Alle ka cabsigooda.

Wadaadxume waa inkaarane aan loo turin, turaanturradiisana ay tahay in bulshada laga qabto. Waa kan Alle uu ka yiri: *"Carada ugu weyn ee Alle laga muto waa in aad ku hadaaqdaan wax aydaan falayn."* Waa duulkii Alle uu ka yiri: "*Kuwa tawreed la xambaariyay ee xammili waayay waxa ay la mid yihiin dameer kutub sida oo kale; beenlowyadu misaal xumaa; Alle ma hanuuniyo duul daalimiin ah.*" Waa kii shaydaanku dabagalay ee uu Rabbi ka yiri: "*Waxaad uga warrantaa midkii aan aayadahannaga siinnay, deetana ka siibmay sidii oo uu harag ahaa, iska tagay oo uu shaydaankiina asaga raacay, sidaana uga mid noqday kuwa lunsan. Haddii aan doonno aayaadka aan siinnay ayaan heer ku gaarsiin lahayn, balse dunida ayuu u daaq tagay, hawadiisa ayuuna iska dabagalay.*"

Duulka sidaa ammaanta iyo cayda loogu kala qaybiyay waxa kala duway ma aha waxa ay barteen e, waa sida ay qolaba ugu dhaqantay. Halbeeggu waa habdhaqanka. Kii si dhab ah ugu hoggaansama waxa uu gutay xilkiisii, ammaan iyo abaalmarinna waa uu ku helayaa, midkii luma ee ka leexda toobiyaha saxda ahna, waxa uu gudan waayay waajibkiisii wuxuuna ku mudanayaa ceeb iyo cuquubo. Allihii uumay ayaa xeerkaa u dhigay uumiyaha, qofna kama uu dulmin doono wanaag *sakaraxuud* le'eg. Haddii laga eed sheegto dhaqan xumida wadaaddada kama ay dhigna in diintii la jaa'ifeeyay e, waxay tilmaan u tahay in kaalin mug lahaydi ay meesheedii ka sii baxayso. Haddii la maago ama dhaliilo aan maangal ahayn loo soo jeediyo xaqa laftiisa, ayana kama dhigna in ay sabab la'aan tahay e, wadaadkii ayaa habdhaqankiisa, qeexiddiisa, iyo hannaanka sheegiddiisuba ay gaabis yihiin. Kama hadlayno qof iyo labo asaasaqay oo ay shaqadoodu sidaa noqotay, balse waxaan u jeednaa bulsho aan diinta la dirirayn e, awyaal ka eed sheeganaysa ama xaqii oo ay qalad fahantay ogaal li'i la xarbinaysa. Bilow iyo dhammaad cidda sababta leh waa

wadaadka oo gaabis ah, wacyigalintii laga rabayna ka soo
bixi waayay.

Kaalinta ugu mug weyn ee ay ahayd in ay culimada diintu
ka qaataan korinta wacyiga bulshada waa in ay dhaqankooda
wanaajiyaan, bulshadana ay u mariyaan duruus ku uunta
Alle ka cabsi iyo akhlaaq suubban. Dhowrsanida wadaadka,
dhaqan wanaaggiisa, iyo dhimrintiisuba waxay dadka
ku duwdaa samaanta, qof walbana hiraal ayuu u noqdaa.
Haddii uu taa ku guulaysto, waxaa shaki la'aan ah in wacdiga
uu jeedinayo uu noqon lahaa mid ka soo maaxanaya qalbi
saafi ah oo daacadnimo lagu cubay, dhegaha dadkana waa
uu gali lahaa. Intaa waxa makarafoon yeeraya, tafsiirna la
akhrinayo, waxa ay la miro dhali la' yihiin waa daacadnimo
xumida iyo aqoon yarida ka badatay wadaaddada waayadaan
dambe dadka hor fadhiya. Nebiyada Alle waxay lahaayeen:
"*Wax hagaaji baan leeyahaye, waxa aan idin ka reebayo idiin
dabamari maayo...*", sida ay ugu celcelinayeenna waxaad ka
dheehan kartaa sida ay dhaqanka iyo ereygu isugu xiran
yihiin.

Maxaad ku qiyaasi lahayd tafsiir Qur'aan oo ay si
joogto ah ugu xiran yihiin duul dalkaba liqay, marnana
aan isdoorinayn? Weli ma isweydiisay waxa ay cibaadada,
wacdiga, iyo tafsiirkuba ummadda wax uga doorin la' yihiin?

Dabcan, waa wadaaddadii oo aan diinta ku dhaqmayn,
wax aan la jooginna intaa ka hadlaya. Muxuu kuu sheegayaa
wadaadka kaaga sheekaynaya khilaaf xal waayay oo toban
qarni soo taxnaa, noloshaada iyo iimaankaagana aan waxba
ku kordhinayn? Haba kuu sheego e, haddana aan akhlaaq
iyo ixtiraam midna muujinayn kolka uu xusayo rag is-hayay
oo uu qaarkood la safan yahay?! Maxaad ka filaysaa bulsho

dhegaheeda lagu cubay wax diin laga dhigay oo muran iyo jaqjaq ah, naynaasyo gacan-ku-samays ah loogu wanqalay, magicii Alle uu bixiyay ee "Muslimiinta" ahaana laga beddelay?!

Halka tamarta ugu badan lagu bixiyay masalooyin kooban oo lagu kala fogaaday, haddii lagu bixin lahaa waxa lagu midaysan yahay, waaqica bulshadu sidan waa uu ka duwanaan lahaa. Hadda oo la joogo fursaddu ma aysan dhiman. Mar haddii aad diintii Alle baratay, xaq ma aha in aad koox matashid, ummadda aad kala gurtid, gafane qaniinyo kululna aad ku noqotid. Ka hor intii aanay aafadu dalka helin, culimadu waxay ahaan jireen summad midnimo, dadkana way isku wadi jireen, balse haatan waa belo la hiifo oo is-hayntooda laga cawdubillaysto. Nin caaway kugu soo wacdiyay midnimada in laga shaqeeyo, xarigga Allena si wadajir ah loo qabsado, ayaa barqadii kugu oranaya: kooxdaasi waa bidco, salaadna laguma xiran karo, fal ahaanna wuu uga dhabaynayaa. Warkii xalay iyo kan maantay, midkee ayaad qaadataa? Soo intaasiba jahawareer kuuguma filna?! Labo sheekh oo aan la istusi karin, labo jifi oo jaahilnimo iyo kibir ay isku direen, ma nabadayn karaan?! Labo kooxood oo kala baydadsan, ummad kala yaacday ma isu keeni karaan?

Duul laga sugayay in ay dadka u hiilliyaan, hanuunka Allena ay u hagarbaxaan, ayaa iyagii u baahan hiil iyo cid u caqli celisa. Shaki iigama jiro in wax badan oo hallaysan ay ayagu horseed u yihiin, haddii ay ka waantoobaanna lagu kala hagaagi lahaa. In aad abaaraha ka shaqaysid, xisaab hufanna aad la imaan weydid, kama dhigna in aad waaqica ummadda ku dhex laban tahay e, timir laf baa ku jirta ayaa in dhowaydba laguugu maahmaahayay. Adiga oo aan danyarta la nolol ahayn, shaqo muuqatana aan hayn, waxa kaa ladnaysiiyayna su'aal laqdabo oo kugu liqdaaran ayay ahayd. Fadliga Alle laguguma haysto, lagaagamana xuma e, maxaa hufnaantii iyo duunyo ka cararkii kuu diiday? Maxaa kugu labay madaxda iyo jeebabweynta lagu aafoobay, masaakiintii Nebigu scw uu jeclaana kaa dhex saaray? Maxaa kugu kallifay in aad xalqadii masjidka ka hayaanto, goobihii cibaadadana faaruq ka dhigay ayada oo ay ummaddii biibitooyin iska yuururaan?

Waxyaabaha ugu yaabka badan ee ay hayaan waa dhisidda masaajiddo aan aalaaba buuxsamin, wahsigii dadka ku dhacayna qayb laxaad leh ka qaatay. Xaafad uu hal masjid ku filan yahay ayaa shan ama ka badan laga dhisayaa, intii yarayd ee halkaa isku arki lahaydna, lagu kala xaraysanayaa? Maxaad ku tilmaami lahayd masjid loo dhisayo in dadka lagu qabsado koox kale oo aaggaas masjid ku haysata? Maxaad ku micnayn lahayd masjid lagu qabsanayo koox kale ayada oo ehelkii dhismihiisa wax ku lahaa laaluush urur ama mid lacageed lagu bixinayo? Maxaad ku fasiri kartaa masjid dhisnaa oo inta la dumiyo lagu dhisayo mid hor leh boqollaal kun oo doollarna lagu bixinayo? Maxaa diidaya in lacagta lagu bixiyo goob dadka wax lagu baro, isbitaal lagu dhiso, maktabad lagu unko, shaqo abuur masaakiin loogu sameeyo? Isweydiisaye, cidi si miyir qabta ma kuugu jawaabi doontaa?!

Mar kasta oo aan ka baqo in aan dhinto, waxaa dib ii noolaysa qayb ka mid ah bulshada. Kolkii dawladdoodii dhurwaayada tooraddu ay dhacday, waxaa u bidhaamay ilayska diinta iyo culimada. Si aan xuduud lahayn ayay ugu yaaceen ayaga oo ka dhex baaraya insaaniyaddoodii ka dhuntay waa hore. Waa wax nasiibka ay aamminsan yihiin—balse aanay fahmini—uusan u hiillin e, aniga oo shaar culimo qabay ayaa uga soo dhex baxay diintoodii. Dhurwaagii shalay haystay, dadka oo u dhimanaya ogsijiin la'aan kuma uusan lug go'een dhagxaan loo dhisayo in Alle lagu caabudo. Kollay asagu marna iskuma uusan hawleen guri cibaado e, miyaadan ogayn in goob kasta—ha dhisnaato ama ban cidlo ah ha ahaato e—Alle lagu caabudi karo?! In aan najaaso lagu ogayn keli ahna ay shardi u tahay?

᠊ᢒᢌ

Yaa Alle caabudaya haddiiba dadkii rumaysnaa ay u dhimanayaan wax basiid ah oo laga hor tagi karay?! Aqoonta aad Alle u leedahay kolka ay sidaa u marin habowdo, dad badani in ay rumeyntiisa ka cararaan waa wax meesha iman kara. Naf la nooleeyo waxay u dhigantaa aadanaha oo dhan oo la nooleeyay! Wadaaddada haatan saaxadda saaranina waa kuwaan deeqda ay soo qaadaan ama ay dadka ka uruuriyaan dhagxaan aan dad helayn ku sii wada!

Waa sax in uu masjidku yahay goob cibaado, dhisiddiisana lagu helayo abaalmarin weyn oo gaarsiisan in ruuxa guri

looga dhiso Jannada dhexdeeda, balse dhisiddu in caqli lagu
maareeyo ayay u baahan tahay. In uu ruuxu isu miisaamo
baahiyaha danta guud ee ka jira degaanka uu waxtarka u
sido, ayaa fure u noqon kara daboolidda baahiyaha taagan.
Bangi dhiigga lagu kaydiyo ayada oo loo baahan yahay,
waxgaradnimo noqon mayso in aad masjid ka dhistay goob
awalba ay masaajiddo kale ku yaalleen. Ayada oo malcaamad
Qur'aan loo oomman yahay dhisidda masjidku waxba soo
kordhin mayso. In aad naf badbaadisid soo la mid ma aha
adiga oo badbaadiyay aadanaha oo dhan? Adiga oo sabab
u noqday in boqollaal qof Qur'aan la baro soo kama mid
noqonaysid: "*Waxaa idiin ku khayr badan qofkii Qur'aanka
barta, qayrkiina bara*"? Mar haddii masjidku yahay goobtii
Alle lagu caabudayay, soo uma baahna dad caafimaad ahaan
fayow, waxay ku cibaadaysan lahaayeenna yaqaan? Xarun
dadka aan hoyga haysan lagu daryeelo haddii aad dhistid,
soo dhib taagan ma aadan xallin, tu soo socotana kama aadan
hor tagin? Qodidda ceelasha, dhisidda isbitaallada, goobaha
waxbarashada waxtarka leh, xarumaha lagu daryeelo
agoomaha, dadka waalwaalan, iyo kuwa hoyga la'ba waxa
ay ka mid yihiin guryaha Alle loo dhiso, ajarkooduna kama
uu dhaco kan masjidka dhisiddiisa laga quudarraynayo.

Haddii ay tani kuu sahlanaan waydo, adiga oo masjid ama
labo u tashiila lacagtaa, oo baahiyahooda nadaafadeed iyo
hawlwadeennada ku bixiya ayaa ka qumman dhisidda mid
hor leh oo dayaciisa la iman kara. In taa la fahmo waxay ka
qayb qaadanaysaa maaraynta masaajidda tirabbeelka ah ee
lagu bixinayo lacag lagu dabooli karay baahi kale oo daruuri
ah, waqaf waarana noqon lahayd.

Wanaag kasta oo qofka Alle rumaysan uu qabanayo waxaa asal u ah in uu niyad wanaagsan ku qabto, daacadnimo iyo dar Allena uu u fuliyo. Haddii ay tani ku badan lahayd laabaha mu'miniinta, waxaa booska ka bixi lahaa masaajiddo badan oo maanta loo dhiso kooxaysi darteed. Waayo? Tartanka loogu jiro hanashada dadka iyo in ay wadaaddadu ku tartamaan badsashada racayiddooda u dhego nugul, ayaa qayb laxaad leh ka qaadata badashadooda. Ku tartamidda hanashada dadku markay dhalisay in masaajiddaduna ay bataan, waxaa lagama-maarmaan noqotay in dadka ummadda wax u sheegayana ay bataan, xeer iyo xayndaab celiyana cidi uma aysan samayn.

Badashada khamiisyalaydu waxay horseedday in ay wax badan kharribmaan, tafaraaruq iyo sahlasho diineedna ay kordhaan. Weydiimuhu waxay noqdeen tirabbeel, meel kastana waxaa tuban jawaabayaal aan u meel dayayn, ka fiirsanayn, wax su'aasha mutuxan iyo siday ula muuqato ka badanna aan xeerinayn. Halkii ay beri hore ahaan jirtay "hebel baa masalooyinkaa iiga aqoon roone, weydiiya.", ama uu qofku ka gabban jiray jawaabcelinta su'aal aan markaa loo dhibbanayn, imminka waa: 'muuqbaahiyaha ayaan fariisanayaaye, wax Alle iyo waxaad doontaan i weydiiya.' In qof u danaysan su'aasha laga soo dhex helo weydiiyayaasha, waa dhif, la-weydiiye gaaray heer wax la warsan karana waa naadir. Mar haddii uu xishoodku lumo, xeer la waayo, xayndaab kale oo wax xadeeyana la heli maayo. Xakamaha go'ay wixii uu horseed u noqday waxaynu ka aragnaa sida ummaddu ugu jahawareersan tahay kala garashada saxda iyo qaladka, in badan oo ummadda ka mid ahna waa tan gaarsiisay in ay daayaan dhegaysiga wadaadka, ama ay la kala safteen, ama ay qaarkood doqonnimo darteed uga baydadeen guryihii Alle, waraabuhuna uu duur cidlo ah ku helay.

Dabcan, wadaadka masjidka ay uga soo buuxsamayaan dad weli iimaankoodu qoyan yahay, ama hunguriga ay kooxdooda ku qabaan uu qanjaha u joogo, ma dareemi karo hoogga iyo haantooyda lagu sii shamuumayo. Cudurka ugu daran ee ay isdiidsiinayaan waa wadaad nacaybka waayadaan dambe soo badanayay. Sababtu waa uun hal shay. Dhaqankii wadaaddada oo xumaaday, suuro xunna ka bixinaya waxa ay matalaan. Waa maxay xurmada iyo dhego nuglaanta ay sugayaan wadaaddo iscaayaya, adduunyo baacsanaya, xanaaq badan, gaalaysiin iyo bidcayni ka soo horrayso, kooxaysi ku foogan, ka aamusan xaqa—si gaar ahna caddaynta arrimaha dhiigga iyo jihaadka la xiriira—, madaxda ka gabbanaya, masaajiddii ay dhiseenna sida caammada oo kale u yimaadda tukasho ama cashar yar oo xilliga salaadda ku beegan?! Kugu dheerayn maayo e u dhugmo yeelo dhibta la qabo, dhawr jiho ka eeg, adiga ayaa dhakafaar la suuxi doona e. Haddii aad fiiro dheer leedahay waxaad ogaan doontaa in aad nooshahay xilligii sidan uu Suubbanuhu scw ugu tilmaamayay saxaabada: "*Waxaad joogtaan waa' ay culimadiisu badan tahay, khudbeeyayaashiisuna ay yar yihiin, qofkii ku dhaqmi waayay toban meelood meel wixii uu bartayna uu halaagsamayo, waxaase iman doona xilli culimadiisu ay yar yihiin, wacdiyayaashiisu ay badan yihiin, qofkii ku dhaqma toban meelood meel wixii uu bartayna badbaadayo*"!

Inan labo kitaab loo boobsiiyay, cilmi aan lagu shubin, gaalaysiin iyo bidcaysiin lagu dhaamiyay, sidaana sheekh ku noqday, masjid dhanna haysta oo mufti ka ah, ummadda laga adeejiyay maxaad ka filanaysaa? Labo aayadood oo laga soo jaray tobannaan aayadood oo labadaa hore sharxayay, kolka uu la jibboodo maxaad ka sugaysaa. Ummad kala tagtay wax aan ahayn kama ay soo dhalan doonto, haddii diinta lagu kala tagana, dilka iyo dagaal ayaa ku soo xiga, tijaabadeediina waynu aragnaa ayada oo maalin walba socota. Qof jaahil ah balse isu haysta mufti waxa uu sheegayo ay xaq tahay, waxa uu halleeyo, cidina si sahlan kuma ay hagaajin karto. Kolka ay diin tahay, qofkuna uu isgeeyo booskii Nebiga scw qummanihiisa in uu kugu hago, kuguna haysto wax aan ahayn lama soo hormarin karo, in uu ku halakeeyo ama aad hanuunkiisa ku raacdo ayayna ku soo ururaysaa. Soo uma jeeddid waxa dil iyo dagaal socda, magaca Allena lagu hoggaaminayo.

War iyo dhammaantii, waxaad ku quusataa in qurgooyada socota iyo kharribaadda taagani ay ku qotomaan qaladaad tarbiyadeed iyo mid tacliineed, oo ay wadaaddadu tarmiyeen, ummaddana ay ku taraarixiyeen. Qaladka ugu weyn ee ay galeen waa isku lammaaninta fududaynta gaalaysiinta iyo qiimatirka nolosha iyo qurxinta Jannooyinka oo qur ah. Halkii Suubbanuhu scw uu lahaa: *"Ha doondoonina in aad cadowga foodda isdartaane, Ilaahay caafimaad weydiista,"* ayaa ay ku beddeleen: ku roor ruux aad gaalaysiisay, qudhaadana goo inta aadan tiisa goyn"! Cilmiyaraanta iyo salfudaydka wada socda, jibbaduna ay u kaalmayso, waxay qofka seejiyaan in uu isu dheellitiro nusuusta diinta, waaqicana uu wax ku qaybsado ilaa uu gaaro heer uu wax uu qalad u arkayay uu ku saxo qaladaad ka weyn. Bal eeg, qarax iyo qurgooyo maxay dooriyaan ama ay beddeli karaan? Dhimashadaada ama tan ruuxa aad rabtay in uu xaqa qaato, maxay dhashay oo aan ka ahayn in ay halkaas ku luntay fursaddii keli ahayd ee la haystay?! Miyaadan ogayn in Ilaahay dartii oo aad u noolaatid ay ka horrayso in aad dartii u dhimatid? Adiga oo aan cidna handadin, meelahaa ka caytamin, farriin aad fool-ka-fool ku gudbin lahaydna aadan baraha bulshada marin, ayaad doorin kartaa fal qaldan oo uu ruux samaynayo. Haddii aad hubtid waxa aad sheegaysid, usluub wanaagsanna aad ku gudbisid waad doorin kartaa—kol aad ugu yaraan sabab u noqotid hoos u dhac ku yimaadda saamayntii uu lahaana.

Alle dartii oo loo dhinto soo ma aha natiijo ka dhalan karta gudbinta iyo gaarsiinta xaqa oo aad difaacdid? Haa. Dabcan, in dartii loo noolaadana waa gaarsiinta xaqaas oo aad ku gudatid usluub wanaagsan, sabir iyo dulqaadna aad u yeelatid. Haddaba haddii aad adigii sheegi lahaa isdishay, kii aad u sheegi lahaydna aad dishay, maxaad soo kordhisay?! Alle dartiina uma aadan dhiman oo xaq sheegiddii lagaa hor istaagay uma aadan dhiman, sidaa oo kalana dartii uma aadan noolaan oo intii ifka ku hartayba waad cabsi galisay, diin aan turriimo lahaynna waad u sawirtay.

Haa, awalba dhoohane uu ku ugaarsanayay waraabe dhiman waayay oo dhiigga ku nool ayaad ahayd, dhoohanayaal kula mid ahna jidkaaga oo kale ayay ku socon doonaan. Haa, jidkaa ayay haynayaan inta ay culimadu ka gaabsanayaan sheegidda xaqa, oo ay la kala safan yihiin labada waraabe ee kala ah: siyaasiga tayga xiran iyo kan khamiiska, cimaamadda, iyo maaskaraha ku labbisan.

᭡

Dhurwaa noocyo badan in aan ahay hore idiin ku sheegay e, iska daawada aafooyinka aan maalinba mid hor leh idin ku soorayo, falcelinta aad iga muujinaysaanna ku murma oo ku sii kala qaybsama, munaafaqaddiinnana aayar aayar u ogaada. Haddii aad dhegaysan lahaydeen qofka diinta ku dhaqmaya, naxariis iyo wanaag horseed u ah, cilmi badan, mideeye ah, madaxda aan ku milmin, adduunyadu aysan muquunin, waxaa yaraan lahaa kuwaa tirabbeelka ah ee meel walba la taagan makarafoonka kala-qaybiyaha ah. Haddii ay wadaaddadu ka run sheegayaan, ha ka bilaabaan in ay yareeyaan bawsadayaasha ay hormuudka u yihiin ee meel kasta ka hadlaya, fatwada yaacaysana hoos ha u dhigaan. Waxa ugu mudan ee ay wax kaga qaban karaan waa hagaajinta waxbarashada diiniga ah, hubinta aqoonta iyo habdhaqanka ardayga soo gaaray heer uu wax sheegi karo, muxaadarooyinka ay qabanayaan oo ay ka joojiyaan weydiimaha iyo jawaabaha golakafuulka ah, iyo mufti u noqoshada tiifiiyada ee lagu aafoobay. Wixii laga tashado, loo tabaabulshaysto ee loo istaagana waa loo taag helaa e, culimadu dib ha isu eegaan, kaalintooda ay u heellan yihiin ha haadiyaan, xumida ku dhex milantayna ha iska hufaan. Haddiise ay taladu ugu ekoonaato xasadka iyo xinka dhex yaal, ha sugaan in xayn xayn looga baydado diinta, Alle-diidkuna uu ciriqa dhigo dadkaan maaddigu u dhalaalayo.

Waxaan u malaynayaa in aydaan isdoorin doonine, dhurwaayada madaxtooyada, dukaammada, iyo masaajidda ku jiraa ha noolaadaan, waraabayaasha kuwaa la kala safanna ha dhintaan!

Guul!

9

KOOFIYADLEY

وَكَانَ فِي الْمَدِينَةِ تِسْعَةُ رَهْطٍ يُفْسِدُونَ فِي الْأَرْضِ
وَلَا يُصْلِحُونَ ۝

*"Waxaa magaalada ku dhaqnaa sagaal qof oo in ay wax
halleeyaan mooye e, aan waxba hagaajin"*

SUURAT AN-NAML, 48

Soomaalidu waa qabiilooyin u kala dega beel beel, biyaha
iyo baadka ku dersa, kuna dirira. Waxay uumiyaha la
wadaagaan nolosha iyo baahiyaheeda aan la hurayn,
marnana aan ka maarmayn cid u arrimisa bulshadii dhiig
iyo dhcccaan, ama dan iyo degaan ay meel ku kulmiyaan,
agaasin wacanna u yagleesha. Sideedaba, maarayntu waxay
la socotaa aadanaha oo uu Alle ku uumay wacyi ay dunida
ku nafacsadaan, dheefteedana ku gurtaan. Sida la og yahay
ma jiraan labo qof oo isku-tolan ah, waxa ka dhexeeya
masuuliyaddeedana aan kala xigin. Waxa taa kallifaya waa
in aanay waxba socon karin haddii aan masuuliyadda lagu
kala sarrayn, wax dadka kala hagana aanay jirin.
Maarayntu waxay bilowgii hore ku ekayd maamulidda
xaaladaha taagan, ayada oo ay noloshu ku khasbaysay in uu
hadba ka saadaalsado waayihiisa dambe wixii uu taariikh

ku maqlay ama uu u soo joogay iyo isbeddellada waqtiga, sidaana uu ku samaysto qorshe dhow, dhexe, ama fog. Agaasinka noloshu wuxuu hadba la korayay heerka wacyi ee bulshada, mar walbana wuxuu qasab uga dhigayay in ay iswaafajiyaan duruufaha taagantooda ku xeeran iyo u tooghaynta timaaddadooda. Cid walba oo meel deggan xiriirka shakhsiyaadkeeda dhex maraya iyo kan deriskeeda ay la yeelanayso, ee aan sami iyo xumi laga waayin, ayaa ah curiyaha baahida isxukumidda, isla mar ahaantaana ah jiheeyaha nidaamka maamul ee ay raacayaan.

Nololmaalmeedka qofka Soomaaliga ah waxa uu ku tiirsanaa xoolaha ay dhaqdaan oo aalaaba sababi jiray hayaanka iyo geeddiga dheer, colaaduhuna ayaga dartood ayaa ay u qarxi jireen. Maaraynta noloshaa qallafsan ee damaca badan, dilkuna raggannimada u ahaa, ayaa ay odayadu u samaysmeen. Soomaalida, maadaama oo aanay dawlad lahaan jirin, waxaa aalaaba u talin jirtay guurti aan talis guud lahayn, beel walbana ay leedahay oday ama dhawr oday oo magac maamuuseed loogu wanqalay, go'aammadoodana la tixgaliyo, lana dhaqangaliyo. Sida ay maanta u leeyihiin odayaal dhaqan ayaa ay shalayna u lahaayeen. Sida taariikhda lagu hayo Soomaalidu weligoodba waxay lahaayeen maamul qabiil oo ay odayaashu garwadeen ka ahaayeen, welina middaasi isma aanay beddelin oo duqaytida ayaa weli marti loogu yahay unkidda, kobcinta, iyo ilaalinta dawladnimada magac-u-yaalka ah ee dhowaanaahaanba la haystay. Haddii aad doonaysid in aad ogaatid kaalinta ay odayadu bulshada ugu jiraan, iyo sida aan ilaa iyo hadda looga maarmi karin, waxaad si wacan ugu daymo yeelataa hannaanka maamul ee ay Soomaalidu leeyihiin iyo qabyaaladdu heerka ay u joogto; waxaad yaqiinsan doontaa in aanay dhowayn xilligii laga maarmi lahaa, dawladina ay booskooda buuxin lahayd.

Duqeytidaasi waxay ahaayeen dad samatalis ah, hufan oo in ay wax hagaajiyaan mooye e aan laga filan in ay wax bi'iyaan. Marka la xulanayo waxaa laga baaraandegi jiray qofka reerka loo duubayo tilmaamaha ay tahay in laga helo iyo hawsha loo igmanayo hannaanka uu ku wadi doono. Dadku ayaga oo dareensan duruufaha ku gedaaman, taladoodana ku sargoynaya in ay kala nabadgalaan, qayrkood ay ka ammaan helaan, xaqoodana ay ka dhacsadaan, ayaa ay xulan jireen hoggaamiye dhaqan oo hawshaa gudan kara. Kala dhaxlidda xilalka dhaqanka oo ay qaarkood qasab noqotay, ma aanay kallifin in laga tago sifihii hoggaanka dhaqanka loo raaci jiray.

Qofka ay xulanayaan tilmaamaha ay ku raaci jireen waxaa ka mid ahayd in uu yahay: qof daacad ah oo aan laqdabo lahayn; codkar aan hadalku seegin, xaajadana si bareero ah abbaartiisa uga yiraahda; geesi aan ka gabban rididda go'aanka, sida ay la noqotana aan cidna uga haybaysan; garyaqaan ah oo fahmi og xaajadu sida ay tahay, halka ay ka timid iyo dhanka ay ku socoto; cadaali ah oo aan eex iyo nin jeclaysi lahayn; samadoon ku dedaala ilaalinta nabadda iyo joojinta colaadaha; deeqsi wax quura oo aan caadaqaate ahayn; xishooda oo aan joogsan gole ceebeed; dhowrsoon oo dhacdhaca iyo dheelliga iska dhowra; deeqtoon oo aan hunguri weynayn, waxa dadka gacantooda ku jirana aan u hamuun qabin; kelyo-adag oo aanay duruufuhu dabcin; turriimo leh oo lagu soo hirto; dabeecad iyo dul leh oo aan laga didin, deelqaafkuna uusan diirin.

In badan ayaa ay bulshada Soomaalidu ku moodday xilkasnimada odayada dhaqanka, ayada oo aan la dafiri karin in ay si tirabbeel ah xaajadu uga bixi jirtay gacantooda. Haddii dib loo raaco habdhaqankoodii iyo sidii ay xaajooyinka u maarayn jireen, dhaliilo badan loo soo heli maayo—balse wacyiga bulshada, qallafsanaanta noloshii lagu jiray, iyo damaca dadka oo isbiirsaday ayaa marar badan wiiqi jiray awooddooda, wax walbana gacantooda ka saari jiray. Haddii ay aqoontu badatay, noloshii miyiga ee hoogga iyo haantooyga miiran ahaydna ay ka gudubtay oo ay badi dadku magaaloobeen, ka-sii-dar mooye e ka-soo-rayn la waa.

Dhammaan xeerarkii aan qornaan jirin balse wax badan lagu dawayn jiray, bulshaduna ay isku qaddarin jirtay waa la laalay, wax beddelana lama helin, waxa taa ugu wacanna waxay ahayd in bulshada inteedii magaalowday aanay kasban wacyi ay ku maareeyaan nolosha cusub ee u bilaabatay. Haddii shalay la kala degganaa, qolo walbana ay geeleeda degaan ku haysatay, xuduud qabiileed haddii uu dhaafo laga dhacayana ay lahayd, maanta oo magaalo la wada degay, lagama heshiin waxa la wada leeyahay iyo waxa la kala leeyahay, haykal dawladeed oo qabiil ka baxsanna ma uusan samaysmin. Qabiilooyin aan isu talin jirin, heshiis joogto ahna uusan ka dhexayn, malaha dakanooyin baasna isu tirsanayay ayaa hal goob isugu yimid, maamul aanay fahmi karinna waa loo yagleelay, waxayna dhashay in kuraastu ay u noqdaan geel, magaalooyinkuna soohdimo miino qarxi doonta aasanaya.

Intii miyiga ku hartay laftoodu waxay colaadahoodii biyaha iyo baadka u badnaa ku biiriyeen cuqdad iyo colaad uga imaanaysay magaalooyinka iyo sida la isugu bahdilayay magaca dawladnimada, ilaa la gaaray heer la garan waayo in miyigu yahay kan hagaya wacyiga qabyaaladeed ee magaalooyinka ka jira, iyo in ay magaaladu hagto colaadaha ka taagan miyiga. Dhibaatada uu magaalagalku u keenay Soomaalida waxaa ka mid ah, in uu kharribaad badan u geystay habkii ay hoggaamiyaayaasha dhaqanku ku iman jireen iyo sidii ay u dhaqmi jireen. Mar haddii ay isla jaanqaadi waayeen isbeddelka ku dhacay habkii nololeed iyo wacyigii bulshadu, waa wax iska caadi ah in hormuudka bulshaduna uu toobiyaha ka leexdo, qas iyo jahawareerna la isku waraysto.

Mar walba tirsiga bulshadu waa uu kordhayay, baahiyaha noloshuna waa ay sii badanayeen, qof iyo qoys walbana waxaa qasab ahayd in ay noloshooda ku qiimeeyaan miyi iyo magaalo tan u door roon. Intii gumaysiga muuqaal ahaan looga xoroobayna waxaa soo badanayay magaalagalka oo ay caawinayeen in dad badani ay askar qorteen, kuwo kalana kuwaa ciidanka noqday ay ku soo hiranayeen, ayaga oo baafinaya waxbarasho ama nolol ka debecsan tii miyiga.

Marka laga soo tago duruufahaas dawladnimadu la timid, waxaa ayana magaalagalka sii kordhiyay abaarihii soo noqnoqday, oo keenay in dadka kaaman la isugu keeno, magaalooyin kala duwanna ilmaha waxbarasho loogu xereeyo. Tan iyo waayadaa ilaa iyo maanta waxaa sii kordhayay magaalowga oo si xad-dhaaf ah u batay, kororka bulshaduna uu qayb laxaad leh ka qaatay. Sida aan kor ku soo xusnay, isbeddelladii ay magaalooyinku la yimaaddeen waxa ay ku ururceen in tiradooda iyo xajmigoodu ay kordhaan, balse aanay wacyiga bulshada waxba ka beddelin, maadaama aanay dadku asalkoodii horaba u diyaarsanayn isbeddel caynkaa ah.

Sideedaba, xeerarka ay bulshooyinku isku dhaqaan waxaa haga wacyiga, qaanuunka ayaana kala xadeeya lahaanshaha gaarka ah iyo midka guud. Wixii qofku gaar u leeyahay, xeerka ayaa u ilaaliya, wixii la wada leeyahayna isla qaanuunka ayaa shakhsiyaadka ama qabiilooyinka ka ilaaliya, wadarta guudna u dhowra. Waayitaankii xayndaab dadka kala xadeeya waxaa ka dhashay dhibaatooyin badan oo aan xal loo helin, salkooduna uu isugu ururayo garanwaaga waxa la wada leeyahay iyo sida loo qaybsanayo. Imminka oo ay aqoontu korortay, bulshaduna ay badatay, tubteedii lama hayo, taa beddelkeedana burburka iyo jahawareerka ayaa aad u sii badanaya.

Halkii ay ahayd in kororka bulshada iyo magaaloobiddu ay keenaan isdhexgal iyo hannaan nololeed oo aan ku dhisnayn beelo, waxa ay bulshada iyo magaalooyinkuba u sii kala go'ayaan gobollo yaryar oo maalinba tan ka dambaysa ay sii yaraanayaan dabarrada isu sii hayn kara. Asalka mushkiladdu waa waayidda caddaalad bulsheed oo u xaqsoorta reerayowga tun weynida isku tuhmaya iyo kuwa tirsi yari ama tabar yari lagu shaabbadaynayo. Haddii taa la waayay, garashadii iyo daacadnimadiina la xooray, waa gar in ay qolo walba isgiijiso, magaalo ay bulshada inteeda kale uga dhacsato xaqeeda nololeed ay samaysato, odayaal danaheeda u taaganna ay sidii tusbax go'ay isu dabo yaaciso.

Marka aad aragtid magaalooyin cusub oo ay hal jifi dhisanayso, iyo hal raas oo dhawr nabaddoon leh, waxaa ina la gudboon in aynaan u arkin in badashada dadka oo qur ah ay arrimahaas keeneen. Sidaa oo kale waa in aynaan u moodin in ay tahay mid ka mid ah tilmaamaha horumarka iyo hirarka isbeddelka toolmoon—balse, waa in aynu u tixgalinno in ay tahay xaalad bulsho oo leh sababo ay ku timaaddo, saamayn taban ama togan, raadadna reebi karta, mudanna in la daraaseeyo.

Tan magaaloobidda haddii aynu soo qaadanno, waxaan ka cabbir qaadan karnaa meesha cusub ee la yagleelayo duruufaha keenay iyo degaanka laftiisa. Kolka ay magaalada dhistaan hal reer oo qur ah, degmo horana ay u jirsadaan qiyaastii hal ama labo kiiloomitir, waxaynu isweydiinaynaa: maxaa kallifay in labada tuulo ee intaa isu jiraa ay wada degi waayaan middoodii horraysay? Waxaa laga yaabaa in aynu helno dhawr jawaabood middood:

1. In meesha hore ay ahayd mid aan degaan ku fiicnayn, sahan xumada dadkii u horreeyayna ay ku kalliftay in intii ka dambaysayna ay ayaga weheshadaan.

2. In reeraha degmada hore aanay oggolayn in cid aan ayaga ahayni ay la soo degto, colaad iyo tartan beeleed ismoodsiis ah oo u dhexeeya darteedna aysan u doonayn.

3. In kuwa dambe aanay rabin in reeraha hore ay la degaan, tartan jifiyeed aan jirinna uu ka dhexeeyo oo ay taa darteed degaamayntaan u samaynayaan.

4. In ay yihiin qoys aan hore u degganayn hal magaalo oo ayaga loo yaqaanno, haatanna ku ciil baxaya.

Haddii aynu ku horrayno tan koowaad, badanaa ma ay dhacdo in tuulo laga yagleelo mid kale agteeda ayada oo ay sababtu tahay xaaladda dhuleed ee middaa hore. Haddii ay taasi dhici lahayd, waxay ka dhignaan lahayd in dhul aqoontii Soomaalida ee miyigu ay wax ku soo kordhisay magaalada, cilmi in la kororsado u baahanna waa uu ka dhalan lahaa. Waxaa hagaagi lahaa qorshaha magaaloobidda iyo dheefsashada dhulkaan cidlada ah ee cilladda reernimadu ay kala xayndaabtay. Waxay horseed u noqon lahayd in ay dadku isu bahaystaan sidii ay u wada dheefsan lahaayeen dhulka, ayada oo meel walba wixii ay ku fiican tahay loogu xilan lahaa. Haddii danta iyo fursaduhu ay dadka isugu tolmaan, halka uu qabiilku maanta isugu tolan yahay, dhinaca dawladnimada ayaa hore loogu dhaqaaqi lahaa. Dawladnimadu soo ma aha qaybsashada ilaha dhul iyo dhaqaale ee la haysto, aadanuhuna uu ku tanaado, dhibta iyo tacaddigana uu uga baxo? Dadka sidaa hore u fakara miyay garanwaayi lahaayeen in ay waxa u dhex ah qaybsadaan, illeen dhulka dheefsashadiisiiba ku heshiiyee?!

Saddexda sababood ee kale waxaa asal u ah tabasho iyo isqoonsi ka yimid ku heshiinwaaga qaybsashada wixii dadka u dhexeeyay. Sida aan soo sheegnayna, waxa caddaaladda manjaxaabiyaa waa damaca oo marba heer jooga. Sida uu qofku u leeyahay damac ayaa dadka intii isku dan ahina ay u leeyihiin damac ay ku raadsadaan wax ka maqan oo xaq ama xaqdarro ay ku waayeen. Soomaalidu waa qabiillo maalinba heer soo joogay, markii dadku bataanna sino ballaaranayay. Xiriirka halka qabiil dhexdiisa ku eg ama qabiilooyinka kale kala dhexeeya waxaa saamayn jiray duruufaha degaanka, cimilada, tirada, tayada—colaadda iyo nabaddana intaa ayaa sees u ahayd. Sida aynu soo qeexnay waxaa jirta in hal qabiil ay noqdaan labo jifi oo kala badan, ayaga oo isku aabbe ahna ay *laangaab* iyo *laandheere* iska kala dhigaan. Qaybta noocaan ah waxa keenayaa waa

damaca reerka batay oo aan kan yaraaday u oggolayn wax
xuquuq ah in uu ka siiyo waxa guud ee kala dhexeeya, halka
uu midka yarina goobayo in uu saami le'ekaado kan ka tiro
badnaaday. Badni iyo yaraan marka aan ka hadlayno, waa in
aan maanka ku hayno in aanay jirin wax tirakoob beeleed
ah oo la sameeyay, balse kala badnaanta beelaha qaarkood
waa xaqiiqo aynaan iska indhatiri karin, halkaan in aan
kaga doodnana wax inoogama xirna.

Isqoonsiga labadaas damac ee aynu ka soo sheekaynay
wuxuu asal u yahay legdannada tirabbeelka ah ee ay
raadadkooda ka mid yihiin colaadaha, culuqtanka, iyo
caloolxumadu. Haddii wax dadka u dhex ah ay cid gaar ahi
cunto, waxa ay taasi sii socon kartaa waa muddo kooban,
kuna xadaysan inta ay ka gaarayso heer loo adkaysan waayo
caddaalad xumida faaftay.

Dhammaan magaalooyinka ku abuurmay saddexdaa
sababood middood, waxa ay tilmaan u yihiin halka
isquursiga iyo wax-isudiididdu ay marayaan. Waxay
muujinayaan in dadka qaarkii marayaan heer ay u
aammineen in la arki waayay, jiritaankooda la dafirayo,
xuquuqdoodiina sidaa lagu seejinayo. Si ay u dhacsadaan
xuquuqda ay tebayaan waxay in badan isku taxallujiyaan in
ay helaan saami ay markaa isleeyihiin waa xaqiinnii, halka
jifiyaha kalana aysan oggolaanayn waxa ay doonayaan.
Xujooyinka ugu badan ee lagu horgudbo, liididda ay ka
eed sheeganayaanna tilmaanta u ah, waa ereyada u dhigan
sidaan: xagee joogtaan oo aad deggan tihiin? Hal tuulana
ma lihidin, waxna waad doonaysaan! Dalka iyo difaaciisa
meelna kagama jirtaan! Idinka oo xayn yar ah baad xuquuq
aydaan lahayn doonaysaan!, iyo wax la mid ah.

Halkaan kuma aynu sharraxayno waxa la wadaago caynaddooda—oo aan imminka ka sheegi karno xilalka bulshada lagu dhaco—balse waxaan tilmaamaynaa mid ka mid ah heerarka burburka bulshooyinka oo ay u muuqato in lagu baraarugsanaado ha joogto e, ayadii loo qabo horumar iyo ifafaale ilbaxnimo wanaagsan. Sideeda bannaanna bulshada waxa isu haya ee in ay danwadaag ahaato xaddidaa waa caddaalad bulsheedka. Haddii taa la waayo waxay noqotaa tusbax go'ay, tamarteeduna waxay kala aaddaa meelo aan loo baahnayn. In dadkii iskaashan lahaa, wax wada qabsan lahaa, wax kala gadan lahaa, ay xayniba xero yar ku xarooto wax aan xaaluf nololeed ahayni kama uu soo baxayo, magaalooyinka sidaa aan sheegnay ku yimaaddana waa wax ka mid ah tusaalayaasha ugu wanaagsan ee arrintaa inoo muujinaya.

Haddii shan magaalo ay mid kasta labaatan ama soddon qoys degaan, iyo haddii ay hal meel isugu yimaaddaan boqolkaa qoys, midkee ayaa badanaya dhaqaale ahaan, koboc, waxbarasho, iyo saamiga ay dawladda ka helayaan? Halkii mid walba afar qol iskuul ka kooban loo samayn lahaa, soo midowga kuma heli karaan dugsi hoose, dhexe iyo sare, iyo isbitaalba? Dhanka horumarka haddii aan ka leexanno, midkee ayaa qoys burbur hor leh oo ku yimaadda ka caymin lahaa? Haddii ay hal jifi degto hal meel, waxay ku heshiin waayaysaa waxa ay wadaagaan, sedbursigii ay tirsanayeenna dhexdooda ayaa uu ka bilowdaa, aakhirkana waa ay kala baydadaan, balse haddii ay cid kale la deggan yihiin ayagu hoos isuma dhugtaane, jifiyaha ay deriska yihiin ayaa ay la xiniftamaan. Natiijada aynu halkaa ku hayno waxay inoo tilmaamaysaa in qoys burburku uusan lahayn xad uu ku ekaado haddii la waayo caddaalad.

Mar haddii ay danaha dadku isa seegeen ayada oo la
isu keeni karay, waa gar in ay kala furtaan, tafaraaruq la
bixin waayana uu galo kuwii caddaaladdii laga filanayay
ku beddelay eex iyo godob. Odayada dhaqanka ee aynu
xilkooda ka soo xog warrannay waxay maanta marayaan
heer aan luggooyadooda laga dhammaan, cid walba
oo wax ka doonatana ay eedsiiyaan. Maadaama oo uu
garsoorkoodii noqday mid dulmi u samaysan, wax walbana
ay ku jaangooyeen xeerkoodii weynaa ee "Miskiin baa
misko la fuulo leh", waxa ay cid walba u aragtay in jaajaale
mooye e aanay cid kale wax u soo dhicin karin. Mar haddii
uu dhulku yahay mid in la isku boobo mooye e aan qofna
la siinayn wixii uu lahaa, soo cid walba ulama ay ekaanayso
in ay ayaduna caleemo saarato qof ugu halgama sidii uu
sedbursiga lagu hayo uga dhicin lahaa, mid ay dheeri ku
qaataanna uu ugu keeni lahaa?

Arrintaa ayaa dhalisay in hoggaamiyayaasha dhaqanku
ay bataan, raas walbana uu samaysto mid, inkasta oo ay
dhacdo in hal raas uu yeesho dhawr kala duwan. Badhaanta
iyo yaraanta hoggaanka dhaqanku waa halbeeg lagu ogaan
karo heerka uu joogo burburka reerkaa ku habsaday, ayada
oo aynaan hilmaamayn in ay jiri karaan xaalado qasbaya
in ay kordhaan. Kuwa ay duruuftu keento iyo kuwa uu
burburku keeno waxaynu si fudud ugu garan karnaa
maamuuska iyo xilka uu kursigaasi yeesho, iyo caynadda
uu yeesho xiriirka dhex maraya asaga iyo odaygii hore ee
beesha. Haddii horjooge la siman in uu noqdo loo keenay,
burbur ay tabasho keentay baa lagu soo xushay. Haddiise uu
noqdo qof ka hoos shaqeeya kii hore, wixii loo igmadayna

u heellan, wuxuu noqon karaa qof tafaraaruq kale oo jifida guud ka dhex dhacay in uu sii walaaqo darteed loo keenay, ama wuxuu noqon karaa qof u taagan duruufo dhab ah oo aan raasweynaha wax dhex yaalla ahayn.

Haddii ay beeshaadu hal isin lahayd, imminkana ay toban leedahay, waxaad isu eegtaa labadii qarni ee la soo dhaafay inta jeer ee ay isimmadiinnu kordheen iyo inta jeer ee ay bateen labaatankii sano ee u dambeeyay. Inkasta oo tirada dadku ay mar walba ka koror badnaanayso heerkii hore, mar walba waa ay isu soo dhowaanayaan boqollayda kororka maanta iyo tii labadii qarni ee u dambeeyay, maadaama oo aanay jirin duruufo la sheego oo isbeddelay. Waa qiyaas laga doodi karo, in la buriyana ay suuragal tahay, balse natiijada kororka isimmada ka soo baxda waxba iska beddeli maayaan. Waxa keli ah ee ay korriimada dadku saamayn ku yeelan karto waa in ay dhinto wax yar oo ka mid ah boqollayda siyaadada aan loo baahnayn muujinaysa.

Tusaale ahaan: haddii ay jifidiinnu ahayd 5,000 – 10,000 oo qof, hal isinna ay lahayd, hal qarni ka dibna ay korortay 35% ayna noqotay 6,750 – 13,500 oo qof, welina ay isinkii leedahay, qoyskiinna burbur degdeg ah ma uusan haleelin. Haddii uu qarni ka dib kordho isla 35% balse ay isimmadu labo noqdaan, degaankana aan lagu kala guurin, waxaa bilowday qoys burbur la filan karo in qarni ka dib ay isimmadu ka sii bataan intii hore. Haddii ay qarni labaad korodho 45%, isimmaduna ay shan noqdaan, qoys burburku aad ayuu u sii batay. Haddii rubuc qarni gudihii ay jifidu korodho 45%, isimmaduna ay noqdaan 14, waxaa kuu soo baxaya in uu qoys burburku gaaray heer aan la dhayalsan karin, taladii qabiiladuna ay faraha ka sii baxayso, wax yar ka dibna ay kala firxan doonto.

Haddii aynu dhinac iska dhigno xisaabta kore, waxaan qiyaas rasmi ah ka qaadan karnaa kororka ku yimaadda nabaddoonnada jifiyaha uu qabiilku u sii kala baxo. Tusaale ahaan, waxaa si tirabbeel ah loo soo helayaa jifiyo soddon sano ka hor lahaa labo ama saddex nabaddoon, maantana aanu tirsigoodu soddon ka yarayn, ayada oo uu raas walba yeeshay hal ama labo nabaddoon. Waxa heerkaa gaarsiiyay, waa aaminaaddarro dhex timid, ka dib markii la waayay caddaaladdii bulsho ee jifidaa dhex taallay. Jifi walba markii ay wax tabato, waxa keli ah ee ay ku fakarto waa in ay yeelato horjooge haamaan ah, in uu wax liqo mooyaan e, aan waxba laga cuni karin. Waxay u baahataa qabqable shaar nabaddoon qaba oo dhibbanaha ama dhibaateeyaha reerkiisa si isku mid ah ugu garbiya, gartana xaggiisa sidii ay u soo mari lahayd ugu mintida. Marka ay jifidu heerkaa gaarto, waxa keli ah ee u haray, waa in ay kala dhaqaaqdo, col iyo cadaawadna ay ka dhex aloosmaan, sidaana tusbax go'ay iyo qabiilooyin yaryar ay ku noqdaan.

Burburka qoysku mar walba kama dhigna dayac iyo hallaw bulsho, balse waa xaalad joogto u ah nolosha aadanaha ee isbeddelka badan. Qabiilo walba oo maanta iskeed u taagan, shalay waxay ku hoos jirtay qabiilkeeda weyn ee ay ku abtirsato, kororka iyo duruufaha nolosha ayaana gooni uga soocay. Waa qaanuun kawni ah in aanay dadku hal meel iska taagnaan ee ay mar walba sii furfurmaan, qabiilooyin iyo dawlado aan hore iskood ugu taagnayna ay samaysmaan.

Mar kasta oo ay ummaddu badato, baahideeda ayaa kororta, wacyigeeduna waa uu isbeddelaa. Haddii uu

wacyigeedu kobco, qoys burburku wuxuu u noqdaa fursad
ay nolosheeda si qumman ugu maarayso, nidaam ku
habboonna ay u samaysato. Haddiise uu wacyigeedu hoos
u dhaco, qoys burburku waxa uu ku noqdaa aafo ku ridda
tafaraaruq seejiya in ay hesho nidaam u qalma nolosheeda.
Laba-jeeraalaba kolka aynu arrintaan darsayno waxaa
lagama-maarmaan ah in aynu maanka ku hayno in kororka
bulshadu uu qaabeeyo habka maamul, uuna firdhinayo
saamiyadii lagu qaybsan jiray caddaaladda bulshada,
natiijada ka dhalatana ay tahay midda suuraynaysa xaaladda
nololeed ee bulshadaas. Haddii la waayo caddaalad
dadka wada deeqda, waxaa bilowda loollan cid walba ay
saamigeeda ku dhacsanayso, saamayntiisana la yimaadda.
Haddii la isu garaabo, dibna loo helo u sinnaantii xaqa,
halgankaasi wuxuu noqonayaa miradhal jihada wanaagsan
dadka u kaxeeya. Haddiise la isduudsiiyo, in la xoogtamo
ayaa ay xaajadu noqonaysaa, dulmiga iyo caddaaladda waxa
u dhexeeyana wuxuu noqonayaa in sida loo kala tabar badan
yahay loo kala cad weynaado.

Haddii kororka aynu soo sheegnay uu waayay wacyi
la jaanqaada, waxaa natiijo qasab ah ahayd in ay noloshu
noqoto sida ay maanta u tahay bulshada Soomaalida, qaska
iyo labkana ay ugu diinto. Waxaa samaysmay madax ku
habboon wacyiga bulshadu heerka uu joogo in ay ku hagto,
tubtiisa in ay cagta ugu haysana ku dedaasha, madaxdaa
ayayna odayada dhaqanku ka mid yihiin. Wax eed ah oo ay
gaar u leeyihiin lama hayo, canaanta loo jeedinayaana ma
dhaafsiisna tabasho ruux, koox ama jifi wixii ay dhici lahayd
ay qolo kale faramarooqsatay.

In la yiraahdo: "Badinta madaxda dhaqanku waxay dalka iyo dadkaba ku ridday jahawareer intii hore ka badan", waxaa igala qumman in la yiraahdo: "Dulmiga bulshadu markii uu gaaray heer uu asagu noqdo caddaaladda keli ah ee la tebayo, ayaa ay jifiyihii isku duubnaa kala aammin baxeen, cid walbana ay raadsatay wax dulmigaa uga shaqeeya, saamigeedana uga keena." Haddii shalay uu hal isin u talin jiray beel ku firiqsan dhul badan oo kala durugsan, colaad iyo nabadna ay jiri jirtay hal meel oo loogu soo hagaago, maanta la heli maayo raas yar oo hal horjooge leh, haddii uu jirana waa magac keli ah ama waa wax dhif ah oo aan qiyaas laga qaadan karin. Haddii uu isinku shalay ahaa mid lagu xusho: *Yaa caddaali ah?*, maanta waxaa lagu xushaa: *Yaa jaajaale ah?*, ayada oo lagu qarinayo *"codkarnimo"*.

Mar haddii ay nolosha bulshadu noqotay mid seeskeedu ka sii durkay boobkii geela, magaaladana ay la yimaaddeen xifaaltankii ay xerada la joogeen, waa gar in fawdada ay doorteen ay halkaa dhigto, duqaytidii dhaqankuna ay dhaqdhaq noqdaan, adeegayaasha ugu daacadsan dhurwaayadana ay noqdaan.

10

GOROF TAY XIRAN

قُلْ هَلْ نُنَبِّئُكُم بِالْأَخْسَرِينَ أَعْمَالًا ۝

الَّذِينَ ضَلَّ سَعْيُهُمْ فِي الْحَيَاةِ الدُّنْيَا وَهُمْ يَحْسَبُونَ أَنَّهُمْ يُحْسِنُونَ صُنْعًا ۝

"Ku dheh: ma idiin ka warramaa kuwa ugu daran ee ficilladooda ku khasaaray? Waa kuwa inta ay dunida joogaan, falalkoodu aanay qummanayn, isuna qaba in ay wax wanaagsan samaynayaan!"

Suurat al-Kahf, 103-104

Aqoontu waa tii qofka beddesha, dhaqankiisa iyo dabeecaddiisana hagaajisa. Haddii wax lagu baray welina aad sidii tahay, ama aad ardaalnimo isugu dhurato, waa lagugu tacab khasaaray. Shakhsiyadda maran haddii cilmi lagu shubo wax kama beddeli karo haddii aan loogu darin tarbiyad iyo in dhaqan ahaan loo hagaajiyo. Waxbaridda lafteedu haddii aysan qofka u noqon wax ku lammaanan, oo bilow mooye e aan dhammaad lahayn, waxay ku unugtaa qab iyo islaweyni aan loo maaro helayn. Waa hubaal in aad in badan aragtay dad aqoonyahan ah oo ay naftoodu cid walba kala weyn tahay, isuna qaba in ay cirka iyo dhulka kala hayaan.

Waxaa ayana aafo ah in uu qofku waqtigiisa oo dhan ku bixiyo hal maaddo, deetana uu ka arradmo wixii takhasuskiisa

kabi lahaa ee karti, xirfad, iyo dhaqan ahaanba wax ugu
kordhin lahaa. Ku koobmidda hal goob iyo ku hakashada
bar la yaqaannaba, waxay dilaan waxtarkii aqooneed ee
uu qofku yeelan lahaa, *Kaaftoome* aan kaalin gali karinna
waa ay ka dhigaan. Ku baraarugsanaanta dhimmanaanta
aadanuhu waxay kaalisaa ruuxda, sideedana qof iskufilan ah
ma uu jiro, iintuna uumiyaha waa ay ku mataansan tahay.
In garaad lagu siiyay, ogaal iyo waaya-aragnimana ay kuu
kordhaan waa hanti aanay jirin wax kale oo lagu beddesho,
dawana u ah iintaas aadan ka baxsan karin. Haddii aad
noqotid asalmadoorshe aan isbeddelin, haddii uu in yar
wax iska beddelana dhiiqo walaaqanaya, suudka iyo tayga
aad xiranaysid macne kuu kordhin maayaan. Si kasta oo
aad u shahaadooyin badan tahay, xilal u qabatid, fagaare
uga hadashid, ama aad macallin u noqotid, weli gorofkaagii
ayaad tahay.

Aqoonyahanka Soomaaliyeed ee ay maaddadu maanka
ka gashay, kana miradhalin waayay noloshii uu ummadda
u sawirayay, muruqeedana uu ku maalayay, weli uma ay
muuqato in uu gabay masuuliyaddiisii, xilkii uu duudka
u ritayna uu isla ayadii ku manjaxaabiyay. Ma qiranayo, in
uu garwaaqsadana dooni maayo. Jahawareerka nololeed ee
uu ku jiro, jid iyo jaha-laawaynimadiisa ayaa kaga gudban
gudashada xilkiisa ama qaadashada guuldarradiisa. Sida ay
asaga la tahay wax walba waxay u qaldan yihiin in asaga aan
laga talagalin ama aan loo dhiibin, taa beddelkeedana ay
arlada ku gaardinayaan duul aan mudnayn in ay bulshada
hor boodaan. Wuxuu mar walba ku liqdaaran yahay oday,
sheekh, siyaasi... wuxuuna ku dul suuxay la dhacsanaanta
galbeedka. Haddii ay Kaabbaqabiil ka gasho waa isku

diin inta uu dantiisa ka arkayo ama waa ka diin haddii
ay dantiisu uga bidhaami weydo. Bilow iyo dhammaadna
waxa fashalkiisa masuul ka ah waa odayga uu asagu
marna boqrayo, marna uu boqna-goynayo. *"Nin wax kuu
haya, xeerkiisa looma raaco"* haddii uu ka dhigan lahaa
qaanuun, waxba kama xumaadeen, balse waxaa la tagtay
dhaqangalinta kii ahaa *"Nin wax kuu haya, xodxodasho ama
xanaaq baa lagula xaalaa"*. Aqoonyahanka oday la boqraday
si xun wax uga doonaya, wax qaaraan ah oo kaga baxay
kasbashada garaadkiisa ma ay jirto, waxayna la tahay in
cilmigiisu uusan ku duxi doonin.

Kolka ay sheekh iyo diin xaajadu joogto, aqoonyahanka
maaddigu waa kii xajiimooda, xaquna uu ula muuqdo sun
iyo waabay. Waxay la tahay in uu wadaadku caqligiisii ka
iibiyay naska diiniga ah, sidaana uu ku noqday qof qarnigii
toddobaad nool. Waxa uu ku diiddan yahay waxba kama
uusan baran, waxa uu ka doodayana dhegta uun ayuu ka
maqlay. Xeerka aqoonta ayaa uu aalaaba gefsan yahay,
waxayna ula muuqataa in inta yar ee uu bartay ay ku soo
dejisay garasho aan qayrkii ku jirin, diintuna aysan aqoon
kala maqnayn. Ma jiro qof ku wada takhasusay laamaha
cilmiga[1], awoodna u leh in uu ka jawaabo masalo kasta,
ixtiraamka cilmiga ayaana ay ka mid tahay in qof walba uu
ku koobmo wixii uu garanayo, awood uu ku hagaajiyana uu
leeyahay. Haddii la waayo taa, cilmiga laftiisa ayaa bulshada

---

1 Aqoonguud oo kala duwan waa muhiim in uu qofku leeyahay, balse inta
laamood ee uu ku takhasusi karo waa ay kooban yihiin, dedaal iyo waqti aan
yaraynna waa ay u baahan yihiin. Ku koobmiddaan aan dhiirrigalinayo iyo tii
aan bogga hore kaga digayayna isku mid ma aha. Kolka ay barashada joogto
waa lamahuraan in qofku wax kala geddisan oo aqoontiisa iyo shakhsiyaddiisa
dhisaya uu barto, sidaa oo kalana takhasusku waa muhiim.

khatar ku noqonaya, waxaana la arki doonaa dhakhtar ilkood oo dhuunta buro ka qalaya, ama injineer kombuyuutar oo guryo dhisaya. Ma diiddani in caqliga iyo aqoonta la isku kaabo, waxa la sheegayana lagu saleeyo qaacidooyin sugan, balse in diintana afka la wada saaro, barasho lagala masuugo, wixii kalana loo daayo ciddii baratay ma ahan gar, aafaduna in ay intaa ka tallowday waa shaki la'.

Haddii ay mushkiladdu ka imaanayso qabweyni uu maaddigu ku beero ardaydiisa, ama ay tahay in xerta maaddigu ay wadaaddada ka dhex arkeen in ay ku horgudban yihiin oo aysan farriintooda bulshada wada gaarsiin karin, cidina kama nabadgali doonto. Qabka iyo aqoontu waa isu cadow, wareerkoodana lagama lug bixi karo. Qofka uu cudurkaasi ku dhaco, waxaa ka daahma in uu weli jaahil ka yahay waxyaabo badan oo ay qasab tahay in uu ugu marti noqdo ciddii ku dhaanta.

Waxaad arkaysaa qof soo dhigtay xoogaa yar oo maaddi ah, oo ku dhex lumay masalooyin diini ah oo la docfaruuray ama uu niskeed maqlay, barkii kalana aan dhegaysan. Halkii ay ahayd in uu xeerarka cilmiga iyo waxbaarista u maro, barasho iyo baadigoobna uu isku hawlo, ayaa uu meelahaas ka qaylinayaa asaga oo caytamaya, qayrkiina ku tuhmaya maangaabnimo iyo aqoon li'i. Waxa ugu wacan ee halkaa dhigay, kana dhigay qof ay uumiyaha qummani ku maadsadaan ama ay sharkiisa ka magangalaan, waa daqdaqdiisa aan tororog mooye e wax kale lahayn. Xaraf kasta oo iin ah, dhaxal qumman oo guun ahna ku dhex jiraa wuxuu ugu muuqdaa in uu yahay gef weyn oo ay wadaaddadu ummadda ku kharribeen, diintana ku ah ceeb aan laga dhaqi karin. Haddii la warsado in gefkiisu uu dhaawac ku yahay cilmiga uu bartay, waxay la tahay in uu asaga ku kooban yahay, balse wixii wadaad ka yimid uun ay tahay tan u gudbaysa waxa la sheegayay asalkooda oo sidaa ugu dhigaysa tuke cambaar leh.

Sidaa oo kale, haddii la weydiiyo in uu kitaabkaas soo akhriyay, manhajkii uu qoruhu dhigtay uu soo weeleeyay, qaabka uu u soo tebiyayna uu iska soo hubiyay, waxa keli ah ee uu kuugu jawaabi karaa waa: *maya*. Mar kale ayaad arkaysaa ruux ka doodaya wax sugan oo uu fahmi waayay ama garashadiisa garabka xirani ay qaadan wayday, deetana diinta ku cambaaraynaya. Mar kale ayaad arkaysaa isla asagii oo nas Qur'aan ah ku fasiraya si waafaqsan xeerarka dalladda aafada quruunta ee Qarammada Midoobay, Carabi xoogsi ahna ku xammaalanaya. Mar kale waa asagii oo aan masjidna galayn, foodda dhigayn, wadaad ku liqdaaran, diintana in uu qareen u yahay isu muujinaya. Mar kale waa asagii oo sahlaya ilihii fisqiga, faddarannimadana ka dhigaya wax aanay diintu reebin ee ay wadaaddadu jeebka kala soo baxeen diidmadeeda. Mar kale waa asagii oo sayniska ka dhigaya wax ka sarreeya diinta, tijaabooyinka isbedbeddelana u cimaamadaya.

Dhammaan intaan iyo waxyaabaha la midka ahi iskama yimaaddaan e, qabkiisa ayaa ku qalloociyay, dhawr xarafna uga dhigay aqoon. Isla aqoontii uu dhigtay ayaa uu kaga haray halkii loogu joojiyay, wax ka dheeri ahna ma uusan tabcan. Qof aan tiisii daryeel u quurinna, in uu tu kale u dedaalo rejo ha ka qabin, xeerka uu ku diimaana wuxuu ahaanayaa: "Aqoontu waa tookh iyo tororog, tay iyo *istiille*".

Aqoonyahanka maanta iyo siyaasaddu waa ay isku aafaysan yihiin, dhibta taaganina waa hardida iyo sabbaaxadda ay sida joogtada ah isu weydaarsanayaan. Haddii shalay laga cabanayay askar ama mooryaan jahligu uu hoggaaminayo, ummaddana halaag u horkacaya, waxaa maanta quus laga joogaa aqoonyahan shaqo tag ah, shahaadooyinkana u soo xaabsaday boobka ummadda. Waxay in badan ku qaylinayeen in aan dalka loo dhiibin qalinleyda, qashin maryacalas ahna laga adeejiyay, balse waxa keli ah ee ay meesha ku hayeen waxay noqotay in ay doonayeen in kursiga loo banneeyo, bangiyada aan buuxsaminna ay wax ku shubiddooda ku loollamaan. Bare-sare oo aan busaaradsanayn, baagamuuddo ahayn, shilinkana aan baahi u qabin, balse wixii loo dhiibo boobaya, boqolka iyo kumiguna ay isugu mid yihiin, soo ma aha aafada ugu weyn ee ay aqoonyahanku soo kordhiyeen?

Xafiiska shaqooyinka hoose qabta iyo ka dalka ugu sarreeya haddii lagu taxay dad shahaadooyin la rooraya, koofiyadleyduna ay garbinayaan, maxaa laga dheefay oo aan ka ahayn in uu musuqu sii kordho? Aqoonta dhaafi wayday dhuunta wax la mariyo, dhigashada wax aan la dheefsan doonin, xarrago iyo faan, sidee ayay u qaabayn doontaa wacyiga bulshada? Kalsoonidii qalinka lagu qabay dhaawaca ay u geysatay ka soo kabashadiisa ayaa qaadan doonta waqti dheer, cid in ay saxdo haatan u taaganna saaxadda kama ay muuqato. Dad iska hadlaya, waaqaca bulshadana aan la haysan, noloshuna ugu sargo'an tahay dal ay noloshiisa qoraal ka akhriyeen ama ay soo arkeen, waxba ma doorin karaan.

Haddii uu galbeedku khayr leeyahay, asaga ayaa isu leh, balse nolosha dadkaan waxba kuma uu biirin karo. Cidi ma diidin, mana hor istaagi karto in wixii waxtar leh ee

lagu tuhmayo laga soo qaato, balse weli lama hayo cid
hawshaa u istaagtay, wax la taaban karana la timid. Haddii
aan doonayo in aan duul kale wax ka soo dheegto, jadwal
nololeedna aan rabo in aan ku jeexdo si aan wax u soo helo,
labo waxyaaboodba waa ii muhiim: 1) in aan qoladaas u
daraaseeyo wax kororsi nafeed, aan tayda iyo bulshadaba wax
uga faa'iidayn karo. 2) In nolosha dalkayga, dabeecadaha
iyo duruufta ku xeeran aan u dhugmo leeyahay, faham igu
filanna aan ka haysto, daraasad joogto ahna aan ku sameeyo.

Haddii aan labadaa qodob isla helo, waxa aan naftayda
iyo bulshadaydaba ka cayminayaa qas iyo jahawareer aan
ka qaadi lahaa garbataabsiga aan loo meel dayin. Far keli
ah fool ma dhaqdo, balse, kaalinta aad keligaa buuxin
kartid haddii aad ka soo baxdid, meel duleesha in aad
awday waa shaki la', waxayna noqon kartaa mid horseed
u noqota in aqoonyahanka kala baydaday ay isu baahdaan,
isgarabsiiyaan, danta guudna ay wax uun daryeel ah hesho.

Xilka ugu weyn ee ay aqoonyahanku maanta ku biirin
karaan bulshadooda, galbeedka ay ku waasheenna ay uga
faa'iidayn karaan, waa in ay aqoonta soo haltebiyaan.
Haltebinta kama aan wado tarjumid keli ah e, waxaan uga
gol leeyahay in ay aqoonta afkeenna ku qoraan, ruux walbana
uu ku aado laanta uu ku fiican yahay. Aqoon af qalaad kaala
jirta, dad kooban bay wax ugu taallaa, shacabweynahana
ma soo gaarto. Intii aad maalin walba bulshadaada ku
canaanan lahayd sababta ay dunida u gaari la' yihiin, doc
kasta oo nololeedna ay ugu liitaan, tamartaada ku bixi sidii
uu wacyigoodu isu beddeli lahaa.

Heerka aqooneed iyo fakarka bulshadu haddii uusan
korin, waxba iskama beddelayaan noloshooda, haddii

uu isbeddelana ka sii dar mooye e, ka soo rayn laga sugi maayo. Dabcan, intaan kal horena waan soo sheegay, waxa aan halkaan ugu soo celiyayna waa in aan dhaliisha aqoonyahanka ka dheehday, in ay horumarka ku qiimaynayaan heerka dhismayaasha iyo dhaldhalaalka, balse aanay marnaba hoos ugu soo daadegayn heerka wacyi ee labada bulsho ee ay simayaan. Dhammaan dibudhaca ina haysta kuma salaysna in aynaan jidad qurxoon haysan ama aynaan dawlad lahayn e, heerka wacyigeenna ee nolosheenna wadar ahaan u qaabaynaya ayaa sidaa u hooseeya. Kolka aad galbeedka tagtid, noloshoodana aad daraasaysid, waxaad arkaysaa in dhibaatooyin badani ay haystaan, balse horumarka noloshoodu uu ka tan badan yahay middaa. Waxa keenayaa ma aha in ay inaga dawlad fiican yihiin ama ay inaga dhaqaale wacan yihiin oo keli ah e, wacyigooda ayaa inaga sarreeya.

Dawladda ay haystaan iyo midda ina haysata waxa kala duway, ee sidaa uga kala dhigay mid ayadu u talisa iyo mid ay ayagu u taliyaan, waa heerka wacyigeennu kala joogo. Kol haddii aan intaa isla qirsan nahay, waxa inoo soo baxayaa waa: Maxaa aynu haysannaa oo haddii aan hawlgalinno wacyigeenna wax ka beddelaya? Maxaa inaga maqan oo haddii aynu ka soo qaadanno wacyigeenna korinaya? Maxaa aynu haysannaa ama ay ayagu haystaan oo wacyigeenna wax u dhimaya oo ay tahay in aan iska dawayno ama aan ka gaashaamanno?

Aqoonyahankeenna laga rabay in uu qabto shaqada ilaa xaddigaas ballaaran, wuxuu ka bixi waayay in uu calmaaniyad aan inaga maqnayn, wax tari wayday, waxna aan inoo soo wadin, uu waqti iyo tamar inagaga lumiyo. Haddii uu taa shalay la taagnaa fagaarayaasha, welina la taagan yahay, maanta oo uu taliska hayana waxba ku qaban waa. Intaa kuma koobna e, wuxuu ku sii darsaday soo minguurinta xeerar dalal kale oo aan sinnaba nolosha dadkaan waxba uga khusayn, haddii ay meel uun ka soo gali lahaydna, qorid mooye e, tabar uma uu hayo. Waxaa ayaandarro ku filan in uu qofku kala garan waayo halkii uu wax ka bilaabi lahaa iyo halkii uu wax geyn lahaa. Haddii uu nolol wanaagsan ku hamminayo, maalin iyo labana uu og yahay in aysan ku imaanayn, ma waxay tahay in uu dad aan la garaad ahayn ku canaanto waxa ay noloshooda u gaarsiin waayeen heerka uu ku riyoonayo, mise in uu ka shaqeeyo korintooda iyo barbaarinnta jiil u diyaarsan in ay wax dooriyaan?! Maxaa diidaya in uu asagu wacyigiisa kor u qaado, oo tacliin uu soo tabcashadeeda ku soo rafaaday ugu ekaysiinayaa in ay tahay shahaado bariis lagu dhacsado oo qur ah?

Aqoonyahan buugga dhigaya maalinta uu qalinjabiyo, bog internet oo war tebinaya mooye e aan wax kalana akhrinayn, waxba ha ka sugin. Bulsho uu aqoonyahankeedu u qabo in uu cilmiga laastayna, wacyigeedu in uu isbeddelo ha ka sugin. Aqoon dhuuni loo bartay in ay akhris keentana, ha sugin. Aqoonyahan sidaa u gaabis ah inta uu kuu cimaamadan yahayna guuli kaa dheer.

Dhurwaayada qalinku ha noolaadaan!

11

MA-DHERGE

وَيْلٌ لِلْمُطَفِّفِينَ ۝ الَّذِينَ إِذَا اكْتَالُوا عَلَى النَّاسِ يَسْتَوْفُونَ ۝
وَإِذَا كَالُوهُمْ أَو وَّزَنُوهُمْ يُخْسِرُونَ ۝

*"Kuwa musuqa caadaystay waa ay halaagsameen.
Waa kuwa marka ay waxooda beeganayaan, oo ay la soo
wareegayaan, aan mid ka tagin. Wixii lagu leeyahay marka
ay miisaamayaanna wax ka dhima."*

SUURAT AL-MUDAFIFIIN, 1-3

*"Dheefta noloshu waa dhitaysashada maalka, tabcashadiisuna
xayndaab iyo xuduud ma leh"*, ayaa ah xeerka ugu muhiimsan
ee ay ku diimaan baayacmushtarka Soomaaliyeed ee
maanta nool. Haddii ay shalay jirtay wax uun garasho ah oo
dhaqanka Soomaaligu uu ku maamuusi jiray ganacsatada,
maanta waa calooshood u shaqaystayaal ayagu dulmi isugu
filnaaday baalkoodii dahabiga ahaana gacmahooda ku
laabay. Ceeb ma aha e waa waajib in uu qofku u shaqaysto
dunidiisa, baahidiisana uu daboosho, laakiin waa in uu
lahaado, marnana uusan lumin, dareenkii aadannimo ee
ku hagayay nolosha qumman, damiirkiisana dhaawac iyo
geeri ka dhowri lahaa. Kol haddii aadan maanta ka soo
dhex helayn fayoobidii loo baahnaa cid ku tilmaaman,
waxaan filayaa in aadan igu diidi doonin in ay xeerar cusub

jeexdeen, nolosha bulshadeennana ay ku qaabeeyeen. Danta dhuuniga haddii aynu wax walba ka horraysiinno, qiimaha nolosha oo dhami waxa uu noqonayaa hadba meesha ay dantaasi inala gasho, indho kalana ma yeelanayno.

Ganacsigu sida uu u yahay fure horumarka bulshada qaybtiisa ka qaata, ayuu sidaa oo kalana u noqon karaa mid ka mid ah halaagga ummadda ka reeba asaaggeed, nolosha bulshadana u sameeya farqi dabaqadeed oo horseedi kara ciil iyo colaad. Wuxuu noqon karaa hage aadanaha ka dhigta aalad uu noloshooda ku cabiidiyo, qiyamkoodana uu ku beddelo. Kolka uu xargaha goosto xakamaha dhuuniga ganacsatada hayaa, ma qiyaasi kartid eelka ay dhigaan, balse ifafaalihiisa hadda oo la joogaba waad haysaan. Hareeraha oo aad dhugatid, halbeeg qummanna aad ku eegtid, habka ay nolosha bulshadu u socoto, ayaad ku garan kartaa in hayaankeedu uu hareer maray halkii ay ahayd in uu ku hirto, isla jeerkaana uu u sii luudayo waddadii halaagga iyo haantooyga.

Waa sax in aafooyinka ku hareeraysan noloshiinna aad aalaaba ku eedaysaan qaybo ka mid ah bulshada, oo ka gaabiyay in ay gaaraan halkii laga filayay amaba hoos uga dhacay, dhimbiil kululna idin ku noqday. Haddii aad ka cabanayseen siyaasi, duqeyti, macallimiin, aqoonyahan, iyo culimo, dhammaantood ma-dhergayaasha ayaa u taliya, tubta ay qaadayaanna u jeexa. Dunida *loobbiyada* cidda cammirta, waa cidda loo hamuun qabo, waxa ay hayaanna aan laga maarmin. Mar haddii ay sidaa tahay, furaha dalka iyo jihaynta noloshana ayaga gacmahooda ayuu ku ururayaa, mana aha in aad la yaabtid haddii aad aragtid wadaad lacag ka dhergi la', siyaasi ka hamuun go'i la', aqoonyahan ka maarmi la', duqeyti aan ka daalayn, iyo macallin ku dabo lumay. Waayo? Halbeegga nolosha ee ay qoladaasi inoo jeexeen ayaa sidaa qaba, qaanuunkiisuna uu yahay midkaa aan kor ku soo xusnay. Dhammaan saameeyayaashii nolosha bulshada ayaa marin habaabay, kuna hawshooday shilinka, diin iyo dadnimana in ay asaga isugu soo hartay sidaa ku guddoonsaday.

Haddii ay filashadaadu ahayd: in aad aragtid baayacmushtar kula damqada, dalkaan dhibaataysan xanuunkiisana kula qaybsada, waxaad ogaataa in uu asagu sidaa ku diimo, wax badan oo uu tubteedii ka leexiyay si uu u kasbado faa'iido badan oo aan qiyaas lahaynna, ay ka hor taagan tahay in uu nabad iyo dawladnimo ka shaqeeyo. Qof u bartay daaqsin uusan xaddidayn seere qof leeyahay, lagu kari maayo in uu soo galo dabin lagu magacaabo: "Hirgalinta sharciga iyo kala sarraynta". Wax walba oo la amaamudana in uu ka hortago asaga oo aan diririn waxba uguma ay fadhido.

Haddii aynu isla qirnay in uu dareenkii guud ee dadka beddelay, baahanayaalna uu ka dhigay, waynu fahmaynaa in dhurwaayada qasriyada ku jira uu asagu keensaday, hawsha keli ah ee ay dalka ka hayaanna ay tahay gudidda abaalkiisii deynta ahaa iyo daldalashada wixii ay maqaamkiisa ku gaari lahaayeen. Kolka la eego halka uu waayaha soo aaddan idiin wadana, tani waa caymo iyo cawracelin. Waxaa soo aaddan waqti uu dhaqaaluhu isugu tagayo gacmo kooban, dabaqadaha bulshaduna ay noqon doonaan: *Ma-dherge* iyo *Ma-quute*, booskana uu ka bixi doono *Maciishadle*. Waa marka ay dadku isugu soo haraan shaqeeye iyo loo-shaqeeye, shaqaystana uu arlada ka dhammaado. Laga yaabee in ay layaab kugu noqoto, balse qayb ka mid ah sadarrada soo socda ayaad ku ogaan doontaa sida ay taasi ku hirgali doonto.

Duulka sidaa u dhaqan, wacyigii hoggaamiyayaashana sidaa u burburiyay, rejada bulshadana guriyay, marka keli ah ay ku hor yimaaddaan, danta ummaddana ay ka hadlaan waa hal mar oo ay toodu gashay. Kolka ay dhurwaayadu kordhiyaan cashuurta yar ee ay wada boobi jireen ayaa ay qayliyaan—turriimo iyo dadnimana kama ay aha. Waxay amminkaas kuugu doodayaan si aanay badeecadu u qaaliyoobin, ayaguna aanay u waayin cid ka iibsata—haa, *cid ka iibsata*; danta suuqooda ayaa mar walba muqaddas ah. Cashuur walba oo ay bixiyaan, dhulka uma dhacdo, adiga ayaana lagaa qaadaa, qiimaha uu shaygu ugu fadhiyo ayaa ay ka mid tahay, faa'iidada ay dhuranayaanna waxba lagama jaro. Haddii ay cashuurtu qaaliyowdo, xaddigeedana ay dhaafto, qiimaha uu shaygu ku fadhiyo ayaa kordhaya, haddii uu kordhana iibkiisa ayaa kor u kacaya—illeen boqollayda faa'iidadoodu koror mooye e, dhimid ma lahane. Haddii uu sicirku kacana, ciddii gadan lahayd ayaa yaraanaysa, jeebkooda wixii gali lahaana waa uu isdhimayaa. Dani uguma ay jirto ayaga, sideedana, cashuur bixiyaha dalku waa adiga, ayaguna hal *binni* dalka ma galiyaan oo aan ka ahayn marka ay sidaada oo kale suuqyada wax ka iibsanayaan.

Cashuur ma bixiyaan, waxtarkooduna waa eber, laga yaabee in sadaqada marmar ay qaarkood bixiyaan ee xayaysiiska u ah ay noqoto wanaagga keli ah ee ay ku ammaanan yihiin, balse aafada ay kugu dhigeen kolka la eego, taasina waxba noqon mayso, beddelka ay ku heleen ayaana abaalkoodii u gudaya.

Cidi kuma lahayn waajib, sida aan adigaba laguugu lahayn! Haa, sidaaba waad u fakari kartaa balse nolol aan danguud lahayn ma ay jiri karto, aadane keligii isku filanna weli lama arag, rejana lagama qabo in uu dhasho. Mar haddii ay taasi tahay lamahuraan, waxaan la hurayn in hagaajinta nolosha lagu wada hawshoodo, ruux walbana uu kaga hagaago halka ay la tahay in uu ka hinjin karo, waajib iyo garashana uu ugu hinqado. Bixinta dakhliga loogama maarmaanka u ah maamulka iyo horumarinta degaanka, waxaa ayana muhiim ah in uu qofku wax ku biiriyo bulshada ku hareeraysan, cadaawaddoodana uu uga hortago kasbashada jacaylkooda. Haddii shilin laguu dhiibay, waad hodantay, balse nabad ku harsan maysid haddii bulshada kugu hareeraysan ay hamuuman yihiin.

In ay maalqabeenku dareemaan in ay noloshu ku tanaadi karto in ay hantidooda wax ka huraan, shaqada loo hayana ay hunguri waafi ah ka bixiyaan, cidda dheefta ugu badan ka helaysana ay ayaga yihiin, waxay doorin lahayd habdhaqankooda iyo fakarkooda gaasiriyay hantidooda tirabbeelka ah. Waxaan marna shaki ku jirin, in haddii ay saami waafi ah ka qaataan kobcinta wacyiga bulshada iyo tayaynta waxbrashada, ay isbeddel weyn horseedi lahayd, nabadda iyo xasilloonidana ay wax weyn ka tari lahayd. Mar kasta oo ay aqoonta bulshadu badato, fursadaha noloshuna waa ay kordhaan, tamar badan oo cidla' ku lumi lahaydna waa ay caymataa—waa haddii ay isla jaanqaadaan xubnaha kale ee dhisidda nolosha, lagama-maarmaankana u ah geeddiga horumarka.

Halka ay qaarkood isku hawleen furashada goobo waxbarasho oo aan nuxur lahayn, waxay awoodeen in ay unkaan qaabab waxbarasho oo kuwii hore ka duwan iyo xarumo soo saara dad tayo leh, caqli badan oo ka maqanna ku duwi lahaa. Haddii aad malyuumaad lacag ah haysatid, welina aad baati iyo bagaash ku dhex jirtid, shilinkii kuu kordhana, wixii hore mooye e aadan wax qorshe ah u hayn, waxaad ogaataa in isla adigu aad xoolahaaga suuq xumo ku ridaysid, sidaana ay ku yaraanayso dheeftii aad hore uga baratay. Ciddii ku jihayn lahayd, xoolahaagana ka dhigi lahayd kuwo si wacan u kordha oo mustaqbal wanaagsan yeesha, bulshadana kaalin shaqo abuur u gali lahayd—waa dhallinta wax baratay, noloshuna u cusub tahay. Dhallintaas in ay helaan waxbarasho tayo leh iyo fursado kartidooda lagu tijaabiyo adiga ayaa ay kuu taallaa. Marba haddii aad siyaasaddii iyo noloshii dadkaba adigu hagaysid, waa gar in aad ka fakartid ilaa iyo intee ayaad sii wadi kartaa. Haddii tamartii soo koraysay la baylihiyo, bulshaduna u badato dad aan shaqayn, dabaqadaha noloshu aad ayaa ay u kala tagayaan, suuquna sidii uu ahaa ma ahaan doono, waayaha soo aaddanna nin aysan werwer ku hayn, maalinta uu joogo kama uu dhitaysto wax berri anfaca.

Dhibaatooyinka ugu badan ee ay baayacmushtarku xoolahooda ku hayaan, bulshadana ay seejiyeen dheef ay awoodi karaan, waa curin la'aanta iyo ma-dhergannimada ku xambaartay in meeshii shilin lagu sheegaba ay ku shamuumaan. Waa wada *sheekhul kulli*, shilinkii ay doortaan in ay ku galaan ganacsi koodii hore ka duwanna waxay 99% u badan tahay in uu noqdo mid hore suuqa uga furnaa, baahi la dabooli waayayna aanay ka jirin. Nin baati gadi jiray, suuqana looga dabo yimid ayaa faa'iidadii uu heli jiray kolka ay yaraato, ku taamaya in uu kabo wixii iska dhimay, wax hor leh oo booskaa u awdana uu soo kordhiyo, balse, waxa keli ah ee uu awoodo, garaadkiisuna uu sheegayo, waa in uu ku biiro qaybaha ganacsiga tan ugu faa'iidada badnayd sannadkii tagay. Wuxuu furanayaa kawaan hilib ama moobiillo ayuu soo gadayaa. Sida ay u dhan yihiin waxaa halbeeg u ah: "sannadkaan waaxdee ayaa laga helay dakhliga ugu badan badeecadda suuqa taalla?". Middaa ayaa u fakar ah, ayada ayaana hage u ah.

Natiijada ka dhalatay waxay dhaxalsiisay in ay lugaha la galaan dhanbalan ganacsi oo baaxad leh, si sahlanna looga lug bixi waayay. Tusaale ahaan: qof baa suuqa keenaya adeeg aan hore uga jirin, suuq fiican ayuuna helayaa, deetana ayaga oo aan qiimayn baahida suuqa ka jirta iyo xaddiga macaamiishu ay gaari karaan, ayaa ay si tarabtarab ah suuqa ugu soo daadinayaan. Kolkii ay sakogoys noqdaan ayaa ay dareemaan in uu isdhimay suuqii lagu malaynayay adeeggaasi in uu leeyahay, qiimaynta keli ah ee laga sameeyayna ay ahayd eegidda xaddiga dad ee galaya irriddii lagu aftaxay. Khasaaraha aan xisaabsanayn ee ay xoolaha fadhiistay dheefta kula qaybsanayaan wixii uu hore uga shaqaynayay, ayaa u sabab noqda isdhinka ku yimaadda korukacii uu ganacsigoodu ku socday sannadihii la soo dhaafay, balse kuma ay baraarugaane, suuq xumada dhacday ayaa ay hafraan iyo xaaladda dalka.

Isla mushkiladdaani waxaa kale oo ay aafo ku noqotay dhallintii curinta lahayd ee suuqa soo gali lahayd, maadaama oo ay jeebabweyntu ka dhaqaale badan yihiin waxa ay koobiyeeyaan wixii ay la yimaaddaan, dhaqaalahooda oo ka badan ayaana keena in ay suuqa ku sii jiri waayaan dhallintii. Waxay warshadaha ka soo iibsadaan tiro ka badan intii ay dhallintu soo gadanayeen, taas oo ay ku helaan qiime jabnaan keenta in ay kula tartami waayaan waxa ay gadayaan.

Waayo? Tartanka keli ah ee suuqyada Soomaalida ka furan waa isfallisaadda iyo in la isku cayrsado qiimaha ilaa ay qolo kacdo, kuwa kalana ay khasaaraan. Dhallinta halabuurka leh oo keli ah ma aha cidda ay mushkiladdaani saamayso e, waxaa kale oo ay dhib weyn ku noqotay jeebabweynta laftooda. Waxay in badan isku eryaan qiimaha, halkii ay tayada iyo adeegga ku baratami lahaayeen ama kala duwanaanshaha badeeco ee ay hayaan. Halabuur kasta oo dalka ku soo biira in uu dheef koror macquul ah helo waxay dani ugu jirtaa dalka, dadka, iyo ganacsatada laftooda, wixii burbur ah oo tartankooda aan caqliga ku dhisnayni uu keenana waa in laga hortago, faragalinna lagu sameeyo. Maxaa dan ah oo dalka ugu jira in ganacsiyo shaqo abuur lahaa ay burburaan, culaabna ay dalka dib ugu soo celiyaan?! Ma jiro caqli, cilmi, ururro, iyo dawlad u heellan in ay xalliyaan mushkiladahaan oo dhammaantood curyaamin ku haya koboca dhaqaale iyo fursadihii shaqo abuurka horseed u noqon lahaa.

Dawladdii ilaalin lahayd cashuur bixiyaha u weyn iyo kan u yar, mid walbana u dhicin lahayd xaqiisa jiritaan ma ay jirto, waxa keli ah ee ay dawlad ku tahayna waa qaadashada cashuurta. Miyaanad igu raacsanayn in cashuur bixiye walba uu masuul ka yahay naftiisa iyo qoys si uun ugu xiran, dawladdana ka sugaya daryeel? Haddii jeebabweynta jillaabanaysaa ay jadiinkiisii ku haystaan, dhaqaale burburna

ay u horseedayaan, soo xaq ma aha in la difaaco, sicirka
suuqana ay dawladdu faragaliso?! Tusaale ahaan: haddii uu
dalka keensado warshad, shaqo abuurna laga helay, asaguna
uu dheef macquul ah ka raadinayo badeecadda uu keenay,
soo ma mudna in laga difaaco ciddii khalkhal galinaysa
ganacsigiisa ayaga oo ka faa'iidaysanaya xoolaha ay dheer
yihiin? Soo gar ma aha in sicir macquul ah lagu ilaaliyo
tartanka suuqa ka jira?

Aafooyinka kale ee ay ganacsatada waaweyni ku hayaan
garabraratada waxaa ka mid ah in ay cagaha la galiyaan meel
kasta oo wax uun laga dheefi lahaa. Muxuu nin malaayiin
doollar haystaa ka ag qabanayaa dhawr kunteennar oo baati
ah, jeeblayaal midiba xabbad uu naf la caari ku keenana
ay ugu ciriirinayaan? Maxay ka dheefayaan in ay kabarro
samaystaan, shaqaalana ay ka dhigaan dadkii hore kabarrada
u lahaa, ka dib markii ay la baratami waayeen miisaska
jeebabweyntana isu soo dhiibay? Haddii ninkii laga sugayay
in uu warshado sameeyo ama ganacsiyo hor leh oo shaqo
abuur sameeya, uu dib ugu soo noqdo danyartii nolosha la
xarbinaysay, xoogaagoodii in ay biishaan oo asaga shaqaale
u noqdaanna uu ka doorbido, muxuu u reebay dalka oo aan
ka ahayn in uu ummadda cabiidsado?! Sidaa iyo inahaan
kale ayay ma-dhergayaashu aafo xal u baahan u noqdeen!

᷒

"Seerayso arladii aan oodnayn, kana macaash bulshadii
kula wadaagtay"—waa xeer kale oo ay ma-dhergayaashu

ku boobaan hantida qaranka, ayna ku miirtaan dhiigga bulshada. Dhulkii ay ahayd in ay dawladi maamusho, qof walbana uu xaq u lahaa goob ay tahay in uu noolaysto, waxna uu ka qabsado, ayaa ay cagaf galinayaan oo ay carratuur ama silig ku xirmaynayaan. Dhibtu waa ay yaraan lahayd haddii ay dhulka qaar reebi lahaayeen e, mid walba waxaa u oodan kiiloomitirro aanay xitaa tafiirtiisu wax ka qabsan karin. Beer ma aha, warshadna ma aha, balse waa badeeco laga iibin doono dadka soo koraya ee doonaya in ay wax ka dhistaan magaalada dhexdeeda ama goofaf wax uun mustaqbal ah yeelan kara—beer, warshad ama in ay magaaladuba u fiddo laga rejo qabo.

Adiga oo sannado badan soo halgamayay, xoogaana isku soo aadsaday ayaad ku taamaysaa in aad guri ka dhisatid magaalada ama meel aan suuqyada aad uga fogayn, balse ma heli kartid haddii aadan u hurin lacagtii aad wax ku dhisan lahayd. Tusaale ahaan, boos ay ahayd in aad ku heshid $2500 oo ay ahayd in ay dawladi kaa gaddo ayaa lagaa siinayaa $25,000—qof biyaanateer ma aha e, aan wax kale ku mudan ayaana kaa iibinaya. Sharci iyo caqli midna ma aha in aan loo sinnaan dhulkii Alle idin ku wada uumay, wax la taaban karana uusan kaaga mudnaan kan kaa xigsaday ee lacagta baadda ah kaa qaadaya.

Kolka ay sharciga Islaamka joogto dhulku waa hanti qaran oo ay bulshadu wada leedahay, waxa keli ah ee qofku boos ku hanan karo waa in uu ceel ka qodo, ama dhisme hoy iyo daarad leh uu ka dhiso, ama uu beer ka sameeyo. Waxa intaa soo raacaana waa in ay dawladi qof siiso arlo uu tabar ahaan wax uga qabsan karo. Wixii aan intaa ahayn qofna kuma milkin karo hantidaa qaran, balse biyaanateerku waa dhagax dhigasho xaq u siinaysa in uu dadka kale ka mudan yahay noolaynta dhulkaas, balse waxay dawladdu u jaangoynaysaa waqti cayiman. Xaqii noocaas ahaa ee qofku lahaa ma beecin karaa? Dabcan haa, balse waa in uusan ka qaalisanaan sicirkii ay dawladdu dhulka ku bixinaysay iyo kharashkii uu ku bixiyay meegaarinta dhulkaa, faa'iidana kuma uu mudanayo.

Dhibta oodashada dhulkii dadka u dhexeeyay kuma aysan ekaannin hoojinta bulshadii mudnayd in ay cammirtee, waxaa kale oo ay horseedday isqabqabsi marar badan uu dhiig ku daatay, dad badanna ay ku naf waayeen, qabiillana luqunta isu galiyay. Haddii garta curfi lagu naqo iyo haddii sharci Islaam ama maxkamado qaanuun la isla aado, cidina ma eegto asalka milkiyadda iyo xaqa ummadda ee ay ahayd in dawladda iyo dadkuba ay wada ilaaliyaan e, waxaa xaajada loo wajahaa sidii ay dadkaasi isku haystaan hanti ay awoowayaashood ka dhaxleen, cid ka hadli kartana aanay jirin. Haddii ay Soomaalidu shalay isku diriri jirtay dhul daaqsimeed, dawladnimadii ka dibna lahaanshaha magaalooyinka iyo gobollada, waxaa maanta reer walba dhex yaalla dhibaatooyin ka dhashay dhul ay isku haystaan dadyow ka tirsan beesha oo qoryo isu sita!

Waa gar iyo guddoon wacan in ismoogaysiinta dantii guud aanay halkaa ku ekaan e, ay beesha lafteedii hadimooyin kala dhex dhigtay, hooggii iyo haantooygiina uu gudaheeda ku soo noqday.

Waa ay mahadsan yihiin ma-dhergayaasha aan safka dagaalka iiga bixin.

ぐろ

Dadku waxay u oomman yihiin wax jaban, tayadana riyo mooye e, run kuma aysan arag! Waa xeerka ugu muhiimsan ee ay ma-dhergayaashu u adeegsadaan silcinta bulshada ayaga oo shayga ay soo waaridayaan ka dhiga mid tayo ahaan liita. Waxa keli ah ee u muuqda, mihnaddooduna ay ku salaysan tahay, waa in ay ayagu wax dheefaan. Waxa taa ku sii saacidaya waa in aanay caadada dadka ka mid ahayn in uu iibiyuhu bixiyo dammaanad aan labada dhinac midna dulmi ku ahayn. Haa waa xaq ay iibiyaha iyo iibsaduhuba lahaayeen oo aan ganacsiga dadkeenna meelna ka soo galin. Waxa aynu ka hadlayno waa xeerkii uu fiqigu dhigi jiray ee lahaa: "Ceeb kasta oo hore shayga ugu jirtay, iibsaduhuna uusan sabab ku lahayn, xilligii gadashadana aan lagu arag, waa in laga celiyo haddii marka uu arko uu durba keeno". Biraha, miisaska, sibirka, dharka, iyo wixii la mid ahba waa la soo tayo dhimaa, ama cabbirka ayaaba wax laga soo shaxaadaa, kolka la iibinayana sidii hore in uu yahay ayaa lagu iibiyaa. Waxa sidaa loo yeelayo musuqa intaa le'egna loo marayo, waa in la helo waxoogaa shilimaad ah.

Taasi waa inta muuqata, ama muuqan karta waqti dhow ka dib, waana sahalo xalkeedu, laakiin ka warran raashinka aad quudanaysid iyo dawada aad qaadanaysidba haddii ay yihiin kuwo tayadooda la soo dhimay amaba waqtigii dhiciddooda la soo beddelay? Cidi kuuma baarayso, dalkuna ma leh hay'ad tayada dhowrta, adiguna iskama hubin kartid saa qalab iyo aqoon midna ma haysatid e. Haddii aad ku dhimatid waa ajal iyo nasiib, haddii aad ku jirratid waa calaf iyo qaddar—sharraxaad kale looma baahna. Waa lagu duugi adiga oo lagu dilay ama waa lagu dabiibi adiga oo lagu dhaawacay.

Waa nasiibkaa!

Darxumadu ma daqniso damiirka dhintay ee ka faashleeya dhiigga dadkiisa, mar walba oo uu dambi galana wuxuu ku sii dhiirradaa falidda aafada uu u soo dhardhigtay, adiguna dawlad samaysan wayday, dadnimo aad darxumada uga baxdidna yeelan wayday!

12

BAAGAMUUDDO

وَلَا تَنسَ نَصِيبَكَ مِنَ الدُّنْيَا

"Ha hilmaamin saamiga aad dunida ku leedahay..."

SUURAT AL-QASAS, 77

Camal la'aantu waa wax laga cawdubillaysto, qofkii lagu sallidana halis ayada ayaa ugu filan. Inkasta oo aanay isku heer ahayn, haddana dunida meeshii aad cag dhigtidba waa laga cabanayaa. Waxa farqiga samaynaya, ummaduhuna ay ku kala geddisan yihiin, waa sida loo maareeyo mushkiladdaan, qorshayaalna looga yeesho. Habeen iyo maalin lagu gaari maayo in heerka shaqo la'aanta laga dhigo wax aan la dareemi karin, balse sannad walba in baa laga dhimi karaa. Waxay ku xiran tahay in la helo jihaynta wacyiga inta wax haysata, iyo hagaajinta siyaasadda horumarineed iyo tan caddaaladeed ee dalka. In ay shaqooyinku kordhaan waxay ku xiran tahay in la helo qorshayaal cusub oo soo kordha—dhan ganacsato iyo mid dawladeedba.

Sida aynu soo xusnay, ganacsatadu ma lahan siyaasad horumarineed oo dammaanad qaadaysa in ganacsigoodu kordho ama xitaa uu sii jiro. Kororka faa'iidada oo qur ah ayaa halbeeg u ah, balse taa lafteeda iskuma ay hubi karaan. Waxaa in badan oo ka mid ah ku dhacda in ay hadba guurguuraan, buur cusubna ay isku qaadaan. Meeshii loo ordo, waxna laga helo ayay aadaan, ka dib marka la isku soo buurtana waa laga shallaayaa. Haddii aanay ku khasaarin, waxaa hoos u dhaca faa'iidadii ay heli jireen, in ay ka lugbaxaanna uma sahlana sidii ay ku soo galeen oo kale. Curyaannimada maskaxeed ee dhalisay in ay hantidooda sidaa u luggooyaan ayaa igu qancisay, in wacyigooda oo wax laga beddelaa uu abuuri lahaa fursado shaqo oo wax ka geysta yaraynta xaddiga baagamuuddada. Intooda awoodda in ay warshado samaystaan, waxaa ku hor gudban caqabado uu jahligu kow ka yahay, alaabta ceeriin heliddeedu ay labo ka tahay, siyaasad la'aanta dawladeedna ay saddex ku tahay—malaha lexejeclana waa ay u wehelisaa.

Tan jahliga halkaan kaga hadli mayno, warna inooguma laabna e, halka ay ka bukto waa qodobka ugu dambeeya oo ay labada horaba soo hoos galayaan. In siyaasad ganacsi ay jirto, horumarinta dalkana ay dawladdu saamigeeda ka qaadato waa waajib ay maamulladu dayaceen. Dal ku tiirsan wax la soo dhoofsado, xor ma noqon karo, aayihiisana la iskuma hallayn karo. Si loo yareeyo lacagta dibadda u baxaysa, loona badiyo midda dalka soo galaysa, iyo midda ku dhex wareegaysa suuqa darteed, ayaa ay tahay in ganacsatada lagu jiheeyo waxsoosaarka iyo in ay dawladda lafteedu samayso warshado. Si kasta oo ay ganacsatadu u xoolo yar yihiin, caqabad kuma ay noqonayso warshadaynta dalka. Midow ama iskaashi ayaa loo samayn karaa, laakiin waa in meesha laga saaro werwerka uu ruux walba ka qabo ammaanada iyo shaqo qaybsiga shirkadaha, oo aalaaba isqabqabsi iyo kala aamminaad bax ku dambeeya. Nidaamka caddaaladda iyo dallado ganacsi oo adag, la iskuna hallayn karo, iyo xarumo tababbar oo ganacsatada wax lagu baro haddii la helo, waa la hirgalin karaa shirkado waaweyn oo hantida ay nacnaca ku gubayaan ku beddela warshado waxsoosaar leh. Sidaa oo kale alaabta qeyriin ayaa u baahan in tub iyo tab loo helo, waxa lala soo baxayo qiimahoodana ayada ayaa jihaynaysa.

Isudheellitirka baahiyaha iyo warshadaha dalka laftooda ayaa u baahan in laga sameeyo siyaasad hagaagsan, si looga hortago in dhaqaalaha dadku uu galo meelo cayiman oo ay ganacsatadu iska minguuriyaan. Waxaa khasaare iyo dibudhac ku filan in hal meel la isku buurto, ayada oo la heli karo in baahiyo kala duwan looga faa'iideysto warshadaha yaryar ee dalka laga furayo. Si waxsoosaarka guduhu uu u bato, tayana uu u yeesho, waxaa lamahuraan ah in aan la oggolaan in badeecada suuqa soo galaysaa ay ka badato baahida taagan iyo kororka la filan karo, ayada oo aan meesha laga saarayn in uu tartanku furnaado. Marka laga tago dhibaatooyinka ganacsatada lafteeda ka soo wajahda iskubuuradka noocaan ah, waxaa kale oo ay wax u dhimaysaa fursadihii shaqo ee ka dhalan lahaa badeecadda kala duwan ee suuqa soo galaysa.

Haddii iibku isdhimo, waxsoosaarkuna waa uu yaraadaa, haddii waxsoosaarku yaraado saacadaha shaqadu waa ay yaraadaan, shaqaale dhimisna waa lagu qasbanaadaa. Waxaa dhici karta in hore loogu baahnaa shaqaale labo tooko oo kala duwan shaqada gala, laakiin ay tani keento in hal mar lagu soo koobo. Sidaa oo kale badeecooyinka cusub ee suuqa soo galayaa, waxay dhiirrigaliyaan in ganacsato yaryar oo bilow ah ay warshadaha ka qaataan, kuna bilaabaan ama xoojistaan ganacsigoodii, balse cidi kuma soo dhiirranayso haddii ay noqdaan wax hore u yaallay, awalna la isaga badbatay. Sababahaas iyo kuwo kale aawadood ayaa ay waajib tahay in siyaasadda ganacsiga lagu caddeeyo sidii loo difaaci lahaa waxsoosaarka dalka, tartanka suuqa, ilaalinta xaddiga tartanka, iyo isudheellitirka baahiyaha iyo ganacsiyada dalka laga hirgalinayo.

Helidda koronto joogto ah, rakhiis ah, awood ay warshado ku kicisana leh, ayaa ah caqabadda ugu weyn ee hortaagan hanaqaadka warshadaha. Qof walba oo ku dhiirrada in uu sameeyo warshad, wuxuu ku qasbanaanayaa in hantida uu galinayo qaarkeed uu ugu talagalo matoorro iyo shidaal. Hanti uu uga faa'iidaysan lahaa xajmi u yeelidda mashruuciisa iyo kordhinta waxsoosaarkiisa, ayaa waxay ka aadaysaa in uu helo koronto aan ka tagin, cid kalana aysan u sicir goynin. In la yareeyo qiimaha ay badeecaddu ku fariisanayso, waxay ganacsatada u suuragalisaa in ay faa'iido macquul ah alaabta saaraan, ayada oo sicirkeeduna uu yahay loo-qaateen. Kolkii warshadda shaqaynaysa laga iibiyo korontada ay ku hawlgalayso, qiimaha halkii kiilowaadna uu yahay wax aan la xammili karin, waxa keli ah ee ay warshaddaasi samaysay waa kordhinta qiimihii shayga, taas oo dhalinaysa in alaabtu qaaliyowdo, suuqeeduna uu hoos u dhaco. Dad badan oo warshado samaysan lahaa ayaa isaga daayay in aysan matoorro iibsan karin aawadeed, laakiin haddii ay heli lahaayeen mid lagu siiyo sicir jaban, waa ay hirgalin lahaayeen. In ay maamulladu taa wax ka qabtaan iska daaye, waxaa korontada laga jartaa xafiisyada ay ku hawlgalaan ka dib marka ay iska bixin waayaan lacagtii layrka looga yeeshay.

Waa ayaandarro iyo garaad xumo in maamul dhan oo cashuur qaata, uu awoodi kari waayo samaynta warshadda korontada dhalisa, ayada oo aan og nahay in haddii ay isku hawli lahaayeen ay u heli lahaayeen maalkii ku bixi lahaa. Cashuur, iskaa-wax-u-qabso iyo deeq dibadeedba waa loo heli lahaa, haddii la heli lahaa cid u istaagta, aammin ah, maamul iyo awoodna leh. Dalka sidaa ka ah koronto, xukuumadihiisuna ay leeyihiin wasaarad tamarta qaabbilsan, wax ka soo socdana aanay muuqan, maxaa laga sugayaa oo horumar ah?

Ganacsiyada yaryar waa fursadaha ugu wanaagsan ee dhallin badan oo shaqo wayday ay noloshooda ku maareeyaan, laakiin weli maanay gaarin heerkii ugu mudnaa. Laftoodu waxay u baahan yihiin jihayn, si la mid ahna waxay u oomman yihiin taageero talo iyo taakulayn dhaqaale. Qof kabar ku gadaya shan xabbo oo muus ah, waxa uu leeyahay sharaf iyo milgo ka sarreeya midka dibbirsan ee dawarsanaya. Lacagta jeebka loo galinayo kan dambe, waxaa ka mudan midkaa hore. Qof wax tabcaya, in uu ka gudbo meesha uu taagan yahayna doonaya, waxa uu mudan yahay in lagu saacido wax uu dalbaday iyo wax uu ka aammusayba. Shaqada ugu horraysa ee ay dawladda ku leeyihiin waa nidaaminta suuqyo u qalma oo kala qaybsan, iyo in cashuurta laga qaadayo ay noqoto wax macquul ah— haddiiba aan laga dhaafayn. Sida ay bakhaarrada waaweyni ugu baahan yihiin in waratada laga ilaaliyo, si ka badan ayaa ay waratadu ugu baahan yihiin in laga ilaaliyo isla dawladda iyo ganacsatada.

Qof nolosha la xarbinaya, gaarigacan uu meel uu dhigto waayayna la wareegaya, waa in aan loo kadeedin baahidiisa darteed iyo nin tuur weyn taladiis. In loo sameeyo goob ku habboon, lana dhiirrigaliyo ayaa uu xaq u leeyahay. Qof sandaqad samaystay, intaan khaladkiisa darteed loo xaaqin, ha la caawiyo, dhulkii uu dawladda xaqa ugu lahaana ha loo soo dhiciyo. Sideedaba, qof xoogsanayaa wuxuu kaa xigsaday xilkii lagu saaray ee ahaa in aad daryeelka noloshiisa ka shaqaysid, shaqo abuurna aad u samaysid. Haddii uu ku caawiyay, waajibkii idin wada saarraana uu keligii fuliyay, ha caddibine, u kaalmee. Miiskaa ay saaran yihiin shanta xabbo ee mooska ah, waxaa laga yaabaa in biil looga raadinayo shan qof oo guriga ku sugaya, dayaca aad baddayna ay nacladdoodu kuugu dhacayso. Hal qof oo shaqo la'aan dhaca ka dib markii aad ka cayrisay halkii uu joogay, waxaa suuragal ah in ay koox dad ahi la qadaan, quudkooduna ciriiri kii hore ka badan uu galo. Intii aad burburin lahayd nolol soo hagaagaysa, fadlan isku hawl sidii aad u sii qurxin lahayd. Samee siyaasad lagu taageerayo, laguna horumarinayo ganacsiyada yaryar ee aadan xitaa cashuurta u cafin!

Ma jiraan mashaariic horumarineed oo ay dawladdu u heellan tahay, ayna isku hawshay sidii ay u hirgalin lahayd, deeqaha ay heshana wax qumman kuma ay darsato. In jidad aan tayo lahayn la sameeyo, suuliyana laga dhiso meelo aan looga baahnayn, wax weyn dalka kuma ay biirinayso. Malaayiinta doollar ee kharashka loo isticmaalayo ama weligeedba lagu bixinayo waddo aan qabyo ka bixin, iyo kaamam qaxooti oo kaarar lagu bixiyo, waxaa ka habboon in la sameeyo wax raasamaal noqon kara oo leh warshado ama maalingalinta ganacsiyo yaryar oo hannaan lagu ilaaliyo leh. Ayaga oo gabay in cashuurta ay qaadaan wax uun waaraya

ay dalka ugu qabtaan, ayaa ay haddana ismoogaysiiyeen
jihaynta deeqaha dalka soo gala, waxayna ku raalli noqdeen
in isla deeqahaasi ay horseed u noqdaan koror ku yimaadda
xaddiga baagamuuddada.

Kaamamka qaxootiyada loo dhiso waxay aad u
kordhiyeen xaddiga barakacayaasha gudaha, ayada oo ay
sababtuna tahay in dadkii laga dhigay kuwo ku tiirsan
kaarar lagu bixiyo lacag iyo raashin. Sida ay ila tahay, duulku
waxay ogaadeen in Soomaalida maanta nool ay duniduba
ugu dhan tahay qol, quud, iyo qaraab in ay helaan, ka dibna
ay bilaabeen mashaariicdaan gumaynta ah. Tusaale ahaan,
sidii ay kaamamka qaxootiyadu ahaayeen toban sano ka
hor, iyo sida ay maanta yihiin waxaa u dhexeeya farqi aad u
weyn. Waxay u kordheen si xad-dhaaf ah, aafo dhacday oo
arrintaa sababtayna ma ay jirto. Sidaa oo kale, xilligaas ma
aanay jirin ama waa ay yarayd dad la siiyo raashin iyo lacag
deeq ah, balse haatan waa tirabbeel. Ku darso hana illaawin
in gallaydii kal hore la qaybin jiray sidii loo qaybiyo, xilliga
uu roobku da'o ama uu dalaggu soo go'ayana lagu aaddiyo.

Marka aad isugaysid dhammaan intaa iyo wax la mid
ah, waxaa kuu soo baxaya in dad badan oo xammaalan
jiray ay iska xasileen, ama ugu yaraan shaqooyinkoodii
ay hoos u soo dhaceen. Kar iyo kurbo toonna kuma soo
wajahayaan mar haddii aad haysatid gabbaad aad dhaxanta
ka gashid, raashin aad gaajada kaga caymatid, iyo xoogaa
sunuud ah oo aad iidaan ka dhigatid. Adiga oo heli kara
gallay diyaarsan, jawaankeedana ku tolan, maxaad isugu
hawlaysaa in aad beer fashid? Waxba! Balse waxa uu war
kuu joogaa maalinta ay iska huleelaan, sidii la arki jirayna
ay cidla' kaaga tagaan. Duulku abid kuuma wadi karaan,

dammaanadna kuma siin karaan. Haddii ay waayaan iyo haddii ay kuu sii quuri waayaanna, adiga uun bay taladu kugu soo noqonaysaa. Maxaad ku qiyaasi kartaa in ay noqon doonto nolosha kumannaan qoys oo ay quudin jireen, il kale oo dhaqaalaysana aan haysan, ayaga oo qur ahna isku hallaynayay?! In ay sabab u noqdaan baagamuuddaynta kuwa ay biilka u qoreen, waxaa ka sii xanuun badan mustaqbalka mugdiga ah ee qofkii wax garanaya uu arrintaan uga dhex jeedo.

Aafooyinkoodu intaa kuma eka, kumana hakan doonaan. Waxay beddeleen wacyiga dhallinyarada ee la xiriira fahamka shaqaalannimada iyo hankoodiiba. Waxay la yimaaddeen barnaamij iyo shaqaalaysiin oo aan heerka dalka la jaanqaadi karin, heerka mushaharaadkana si xad-dhaaf ah kor ugu qaaday. Ma diiddanin, kamana xumin, in dakhli badan uu dalka soo galo, dhallinyaro badanna ay ku noolaadaan, balse isla dhallintaas ayaa ay tahay in la ilaaliyo, heerka noloshoodana la isku celceliyo. Mushahar labo qof ugu qaybsami kara kharash iyo kaydsiba, gar ma aha in hal qof lagu hawlgaliyo ayada oo uu kii kale cidla' taagan yahay. Yeelkadeed, oo way dhici kartaa in sababo kale oo xaddidayaa ay jiraan, balse mar walba waa dhibaato xal u baahan. Nin deeq ku siiyay, kuguma uu maamuli karo xeerarkaaga shaqada iyo shaqaalaysiinta, tubtii uu rabana kuma uu qaadsiin karo. Waxa uu ku siiyay ee horumarka uu kuugu sheegay in uu kugu hanjabiyo xaq uma laha, in aad qaadatidna waa kugu liidnimo. Waxa ugu yar ee ay kalliftay waa in dhammaan dhallinyarada jaamacadaha ka soo baxaya, ay ku xisaabtamayaan in ay hay'ad ajnabi ah u shaqeeyaan ama xafiis dawladeed oo aan baahidooda dabooli karin, in badanna ku qasba in ay hantida ummadda boobaan.

Haddii ay shaqo kale qabtaan waa uun macallin jaamacadeed oo ku sii meel gaar ah, iwm. Waxa kallifay ee ugu mudan waa in xaddigii nolosha asaasiga ahayd ay ka sarraysiiyeen gunnada ay bixiyaan, sidaana ay ugu hanqal taagayaan wax aan ka jirin nolosha caadiga ah.

Way jirtaa, waanna qirayaa in xaddiga mushahar ee shaqooyinka ganacsigu ay ayaguna yihiin kuwo aad uga hooseeya heerka nolosha, dawladduna aanay waxba ka qaban, siyaasadna aanay ka lahayn, balse dhibta aan halkaan ku qeexayo waa mid iigu muuqata halis. Waa tan dhallinta gaarsiisay in shaqo yar oo ay madaxa ku qarsadaan ay ka xishoodaan, halka aanay ka khajilin in ay biibitooyinka la gabradaan kuwa aan wax baran oo ayaguna baagamuuddada dan mooday. Maxay tahay waxa ku kallifaya in qof wax la soo baray uu har iyo habeen kursi reerood dul yuururo, ayada oo uu qaban karo meel ka roon? Kama aha in uusan wax akhrin e, waxay ka tahay hammi, hanjab, iyo islaweyni isku darmay.

Waxa uu ku taamayo ee uu gambarka shaaha ku beddelan karo waa xafiis uu yaallo kursi dhabar weyn, xaanshiyo lagu soo celceliyana uu hadba wax yar ka bedbeddalo, bishiina uu wax fiican ka qaato. Haddii uu middaa waayo, waxa keli ah ee sharaftiisa iyo shahaadadiisa dhowri kara waa in uu baagamuuddeeyo tan iyo inta uu calafkiisa ka helayo. In uu maqaayad maqalhaye ka noqdo, dukaan iibiye uu noqdo, ama wareejiye noqdo, waxay la tahay ceeb uu fadhi ku dirirku ka wacan yahay. Hammigiisu waa halkaa, inta uu la' yahayna wuu hanjabnaanayaa, inta uu halkaa fadhiyana waa uu isla weyn yahay. Inta ay aafadaani sii socoto, baagamuuddada iyo fadhi ku dirirku waa ay sii badanayaan, aqoonyahanka soo korayana kuraastaas kama uu maqnaan doono, duulkaan soo duulayna waa ay sii xoogaysan doonaan tan iyo inta Dhurwaayadu ismoogaysiinayaan, waxa ay dalbadaanna qalinka ayaa ay ugu duugi doonaan.

13

DOOG ABAAR AH

وَزَيَّنَ لَهُمُ الشَّيْطَانُ أَعْمَالَهُمْ فَصَدَّهُمْ عَنِ السَّبِيلِ فَهُمْ لَا يَهْتَدُونَ۝

"Shaydaanka ayaa u qurxiyay waxa ay falayaan, tubta
toosanna ka hor istaagay—mana ay hanuunsamayaan."

SUURAT AN-NAML, 24

Abaaro soo noqnoqda oo lagu le'do iyo daadad dabo yaalla oo lagu rogmado ayaa noqday astaan lagu aqoonsan og yahay Soomaaliya. Ayada oo lagu gudo jiro gurmad lagu gargaarayo dad ay xooluhu ka dhammaadeen, naftooduna ay halis ku jirto, ayaa ay roobab mahiigaan ahi qaadanayaan, sidii oo kalana loogu gurmanayaa. Waxyeellada dadka iyo duunyada waxaa kale oo inoo dheer, in ay biyahaasi si joogto ah u waxyeelleeyaan laamiyada iyo buundooyinka dalka, ka dib markii ay duugoobeen, dayac badanina uu daashaday. In sidaa ay wax u dhacaan ma aha sunno kawni ah oo aan la doorin karin, mana aha dhibaato la xallin waayay. Alle ayaa abaarta keena, roobkana di'iya, laakiin in biyaha la maareeyo, abaartana laga gaashaanto waa shaqo inoo taalla, cid inaga furanaysaana aanay jirin. In qorshe fog la yeesho ayaa ka saxsan in markii ay musiibadu timaaddo lagu mashquulo baroor iyo oohin, orod iyo gargaar degdeg ah.

Tabar, aqoon, iyo karti midna looma waayin, xallinteeduna
ma aha wax mustaxiil ah—keli ah cid isku hawshay ayaan
jirin. Shakhsi iyo labo toona wax ay wax ka qaban karaan
ma aha, balse, ummad jiheeye leh waa ay isaga filan tahay.

Dunidaan casriga ah wax cuslaada oo weyn ma jiraan,
ciddii han lehna ma waydo cid siisa dayn iyo deeq, dano
kalaba ha ku hoos qarsoonaadaan e. Muhiimaddu waa
doonista, qorshaha iyo fulinta, oo u baahan daacadnimo
iyo garasho fog. Waa sax in aan habeen iyo maalin lagu
xallin karin, hanti badan iyo waqti dheerna ay qaadanayso,
balse waa lagu guulaysan karaa haddii si tartiib tartiib ah
loo maareeyo, khasaaraha yarayntiisana aad la isugu hawlo.
Biyaxireenno la dhisaa waxay sahlayaan in kaydka biyuhu
uu bato, oon iyo diifna laga caynto.

Sida ay gobolladu u kala halis badan yihiin ayaa loogu kala
hormarin karaa, cid walbana si wadajir ah ayay caawimaad
uga geysan kartaa. Caddaaladdu mar walba ma aha in
wixii degaan la siiyo, inta kalana lagu safo, balse waa in
gobol walba baahiyihiisa ugu muhiimsan ahmiyad la siiyo,
horumarintuna ay degaannada wada gaarto. Biyaxireen
loogama baahna meel aanay daadad iyo fatahaado ka dhicin,
aan webi, biyo mareenno, iyo togag toonana lahayn, in ciddii
u baahan loo sameeyana kama dhigna in looga eexday,
waxna loo sedburiyay. Sidaa oo kale, goob aan lahayn xarun
waxbrasho, lama baahi aha meel iskuullo iyo malcaamado
ay hore uga furnaayeen, dawladduna kuma qasbana in ay
labo iskuul wada siiso. Waayo? Meel aan wax laga dhigan
ayaa ka mudan meel wax u bilaaban yihiin. Haa, waa sax
in sidaa loo fakaro marka waxa la haystaa aanay badnayn,
dalkana aysan wada gaari karin. Garashada, xilkasnimada,

iyo caddaaladda bulshada ayaa sidaa faraya, hoggaankuna in uu dabbaqo, bulshadana uu waxqabadkiisa u sababeeyo ayaa lagu leeyahay.

Degaannada oomansooranka ah in ceelal laga sameeyo, xurfado iyo balliyana loo sameeyo, haddii ay jireenna loo weyneeyo ayaa ayaduna qayb ka qaadan karta in biyo la'aanta la dhimo. Soomaalidu waa reerguuraa ay weli noloshoodu xoolaha ku tiirsan tahay, biyaha iyo baadkuna ay u yihiin hawlbowle. Haddii roob la waayo, dhulku waa uu engagaa, abaar xunna waa ay ka dhalataa. In biyo la helo ayaa mar walba ka horraysa in baad la helo. Haddii helitaankooda la maareeyo, biyo dhaamiskana laga caynto, waa la abuuran karaa wixii ay xooluhu calfan lahaayeen. Waxaa la samayn karaa beero caws iyo calaf ay xooluhu ku noolaadaan lagu beero, nolosha baadiyaha ee mustaqbalkana wax weyn ka beddesha[1]. Waa la helaa ceelal ay hay'ado qodaan, ama marmar dhif ah ay maamulladu ka sameeyaan meelo ay xal kale u waayeen, qayladeeduna ay ku badatay. Laakiin, waxa aan ka hadlayno waa in la sameeyo qorshe dhammaystiran, oo dhammaan degaannada lagaga haqabtiro baahida biyo la'aanta ee taagan. Tabarta iyo taagta dalka lagama tallaabsan karo, wax aan la gaari karinna lama hawaysto, waase la hirgalin karaa qorshe aan waaqaca ka boodsanayn, si qummanna looga tashaday. Dad xaglo xiran ayagoo xoolo

---

1 Guurguuridda qoysaska baadiyuhu waxay aalaaba caqabad ku noqotaa in ay ilmahoodu wax bartaan. Waxay mar walba kalago' ku keeni jirtay ardooleyda miyiga ka jiri jirtay, welina ay wax ka sii dhaqan yihiin. Qoysas badan oo hal macallin uu ka dhexeeyo ayaa marka ay kala guuraan, uu dugsigoodu burburi jiray. Haddii dadkaasi ay biyo helaan, siyaasad wax beerashana la hirgaliyo, waxaa suuragal noqon karta in ay dadku seere cayiman xoolaha ku haystaan, dugsi iyo iskuulna loo sameeyo, colaadihii biyaha iyo baadkana ay dawo u noqdaan.

haysta, garashadii ay xeelad ku heli lahaayeenna aan ka shaqaysiinayn, waa gar in ay u le'edaan asqo iyo harraad.

Sida aan dabiicadda iyo degaanka looga faa'iidaysanayn waxay tilmaan cad u tahay, in aanay maamulladu lahayn siyaasad horumarineed oo ummadda lagu badbaadiyo, wax uun la taaban karana qaab nololeedkooda laga beddalo. Sida aanay magaalooyinka ugu haynin qorshe lagu nabadeeyo, qorigana looga badbaadiyo, ayaanay baadiyahana ugu haynin mid lagu samatabixiyo dadka iyo xoolaha ku dhaqan. Xil iskama saaraan, xanuunna kuma ay hayso. Malaha in ay dhib jirta tahayna waxay ogaadaan marka ay musiibooyinku taagan yihiin oo qur ah, isla jeerkaana kuma waano qaataan.

In la oomo, gaajana loo dhinto waxaa ku jirta danta Dhurwaayada, haddii ay wax ka qabtaanna saami weyn ayaa uga lumaya. Waa fursad dahabi ah oo ay dhurwaayadu ka helaan dhaqaale hor leh oo aan xuduud lahayn, xisaabina aanay dabo ool. Gurmadka iyo gafgaftu kama aha daqnasho iyo dareen aadane, in ay ku soo degtana loogama rejo qabo. Ciddii u barata dhicidda looma-ooyaanku, waxay ku ducaystaan in ay sii dayacmaan, rafaadka ay qabaanna uu sii bato si ay uga tanaadaan. Maxay ku falayaan daryeelkooda, mar haddii ay hanti badan ka tabcanayaan u gargaariddooda? Ninna ishiisa dhaqaalaha ma xiro e, duulkaani kuma talo jiraan in ay mushkiladda salkeeda soo taabtaan, xal waarana ay ka gaaraan. Diifta iyo rafaadka in ay dadkooda ka saaraan ma suuraystaan, kumana fakaraan. Cidi ma dabo joogto, damiirna uma noola. Kama dhergaan dhurashada dadkooda, baahina kama baxaan. Ma quudshaan, mana qadiyaan!

Badda intaa baaxad le'eg ee sidaa u weyn waa ay ka gaajaysan yihiin, intooda ku hawlan kalluumaysiguna tabar badan ma leh, mana helaan cid ka caawisa horumarinta shaqadooda. Tan iyo waa aan dhowayn waxaan maqli jiray in khayraadka badda Soomaaliya ku jira uu dhammaantood deeqo, kana badan yahay. Sidaa oo kale waxaan maqlayay, markhaatina aan ka ahay in ay weligoodba macaluul iyo gaajo u dhimanayeen, xilli walbana ay gurmad iyo hiil u baahnaayeen. Waa ayaandarro abid soo jirtay, welina aan la maarayn, ifafaale lagu soo afjarana aan loo jeedin. Waa jirrab ummadeed, fashalna aan looga maaro helin. Waa cudur aan dawo loo helin, cid u heellanna aanay muuqan. Ummad xoolo, beero, iyo bad haysata, kana gaajaysan, cid gunnimo garaad kula siman dunida guudkeeda laguma arag. Keeda ganacsadaha ah iyo keeda hoggaanka ahba uma jeedaan waxa ay haystaan, hoosna uma dhugtaan. Kuwii aqoonta u lahaa, uma sharraxaan. Haddii ay wax ka bidhaamiyaan, wax macquul ah oo waaqaca la jaanqaadi kara uma sheegaan. Waa arradan doog ay ka abaaraysan yihiin dhex daadsan.

Halkii ay ahayd in ay kalluumaysiga hormuud u noqdaan, wasaaradda ay u samaysteenna ay hawlgaliyaan, suuqa gudaha iyo kan dibaddana ay ka caawiyaan, ayay maraakiib jarriif ah ka kireeyeen. Way jirtaa in magaalooyinka qaar laga sameeyay hoolal ay hay'ado maalgaliyeen, oo loogu talagalay in ay suuqyo kalluun noqdaan, haddana wax la taaban karo ma aha marka la eego baahida suuqa taalla. Sidaa oo kale, inta yar ee la hirgaliyay looma helin gaadiid ku filan oo ku habboon iyo tallaagado lagu kaydiyo toonna. Dadka ka shaqeeya lama carbin, caafimaadkana wax lagama barin. Kalluumaysatada laftooda lama saacidin, qalab, taakulayn, iyo tababbar toonna ma helaan.

Ma jiraan shirkado waaweyn oo la isku hallayn karo, laguna soo hiran karo. Warshado ma leh, suuqna ma haystaan. Wixii ay iibin lahaayeen, dibaddaa laga keenaa, boosna ugama bannaana. Waa caloolxumo halkii ugu dambaysay in dad ku faana xeebta Geeska Afrika ugu dheer baan leennahay, ay Taaylaan kalluun ka soo dhoofsadaan. Haddii ay xilkasnimo jiri lahayd, xaalku sidaa ma ahaadeen, kalluumaysatada Soomaaliduna inta ay haatan yihiin waa ay ka badan lahaayeen, tayo sarana waa ay yeelan lahaayeen. Balse, in la caawiyo ha joogto e, intii yarayd ee laashashka ku xammaalan jirtay ayaa ay dhibaateeyeen, hawlahoodiina ay curyaamiyeen.

Haddii ay tayada iyo tirsiga kalluumaysiga kobciyaan, adeegsiga gudaha iyo u dhoofinta dibaddana ay kordhiyaan, waxsoosaar badan ayaa iman lahaa, cashuur iyo dakhli kalana waa ay ka soo xaroon lahaayeen. Heerka ay miisaaniyaddu maanta joogto, waa ay ka kordhi lahayd, wax aan maanta tabar loo hayn ayaana loo taag heli lahaa.

Sidaa oo kale, waxa ay suuragalin karaan in ay ka faa'iidaystaan meelaha loo dalxiisi karo ee dalka ku yaalla oo xeebuhu ku jiraan. In amniga la sugo, jidadka la hagaajiyo, jawigana la qurxiyo, ayaa keeni lahayd in goobo badan oo dalka ku yaalla laga faa'iidaysto, dad badanna dibadaha way uga imaan lahaayeen. Ayada oo aan fuxshi iyo foolxumo la samayn, ayaa si wacan loo dheefsan karaa. Waa wax sahlan, laakiin aanay cidina u soo jeedin. In laga sii jeedo, sharkana lagala fogaado ayaa caymo noqon lahayd e, waxay badda ku soo fasaxeen jarriif ay ka qaateen xoogaa sandareerto ah, masiirkii ummaddana ay ku beddesheen.

Waxay u qabaan in wasaaradda kalluumaysigu ay u taagan tahay in badda la iibiyo, xoogaa lufluf ahna laga leefleefo. Dhibta aan ku joogsan doonin muddada ay bixiyeen ee raadkeedu uu sii jirayo boqollaal sano, wax culays iyo werwer ah kuma ay hayso. In aysan qadin inta ay kursiga ku fadhiyaan ayaa kala muhiimsan wax walba, duniduna shilinka ay kasbanayaan oo qur ah ayay ugu qiimaysan tahay. In war ka haro, magac sanna uu u baxo iyo in shilin u dhigmo, sharaftuna ka lunto, waxaa u sahlan tan dambe. Dadka iyo dalku waa kabdhaw uu ku shabbaaxtamo. Dhasha uu ku dhalayo, uuna uga dhimanayo dhulkaa uu dhuuxiisii iibiyay, waxay la tahay in ay ku cayman doonaan xaaraanta uu tabcay, ee laga yaabo in ay geeridiisa ka hor dhammaato.

Inta uu xaalku sidaa yahay, xarrago ha sugin, doog abaar ahna in uu aarankiisii ku noqdo ha filan. Duul aan wax lagala maqnayn, gacmuhuna ay u laaban yihiin, hannaan wanaagsan iyo horumar cirka uga soo degi maayaan. Dhurwaa aan yac la iska oran, ari xaraysan kama xishoodo, duul hubaysan, diyaarna ah, aar kuma soo degdego. Adigu kaad doontid noqo, natiijadu waa falkaaga, filashana waxba laguma helo.

14

ARRADAN

وَمَن يُهِنِ اللَّهُ فَمَا لَهُ مِن مُّكْرِمٍ إِنَّ اللَّهَ يَفْعَلُ مَا يَشَاءُ ۝

*"Qofkii uu Alle ihaaneeyo, cidina sharaf uma yeeli karto;
Alle, wixii uu doono ayuu falaa."*

SUURAT AL-XAJJ, 18

Bulsho ay intaa ka soo baxayaan culimo diineed iyo kuwo
aduunyo, haddana in ay isku liqdaaran tahay mooye e aan
marna heshiinayn, waa hubaal in ay yihiin duul ka arradan
wixii keeni lahaa in ay dadku midoobaan ayaga oo kala
duwan, xaddaarad iyo nabad waartana ay ku heli lahaayeen.
Aqoon iyo garaadba waa ay leeyihiin, laakiin ma gaarsiisna
heerkii loo baahnaa, sidaa oo ay tahayna qof walba wuxuu
faraha kula jiraa shaqo uusan lahayn, wuxuuna difaac
iyo weerar nafta ugu huray wax uusan ogaal u lahayn.
Garanwaayidda in uu ruux walba qaato masuuliyaddiisa,
hagaajinta wixii uu garanayana uu ku mashquulo, ayaa
keentay in ay garashadii iyo guushiiba ka marnaato, wixii u
dan ah iyo wixii u daranna ay kala garan waydo.

Kol haddii ay bulsho u heellan tahay in ay jiritaankeeda
ilaashato, xaddaaraddeedana ay dhisato, waxaa lamahuraan
noqonaysa in ay geeddiga ka bilowdo salka ugu hooseeya,

cudurrada haya iyo waxa u fayowna ay kala taqaanno. Qasab ma aha mana ay dhici karto in dhammaan dadku ay wada noqdaan hoggaan, laakiin xulka dadka ee aqoonta iyo qiyamka leh ayaa ay tahay in ay shaqo habaysan u hinqadaan, dulqaad iyo joogtaynna ay la yimaaddaan. Hoggaanka la tebayo ee intaa la baafinayo, cirka inoo kama uu soo dhacayo e bulshada ayaa laga sugayaa. Si ay bulshadu ula garato halka ay tahay in loo hayaamo, waxay u baahan tahay in ay ayagu shaqada kala qaybsadaan, qof walbana uu ku aado halka uu ku qumman yahay, waxna uu ku biirin karo. Sida aynu hore u soo xusnay, haddana aynu ku celinayno, "Isbeddelka wacyiga bulshada wax ka horreeya oo hagaagaya ma ay jiraan". Qabashada hawshaasina kuma eka tayaynta goobaha waxbarashada e, waxay u baahan tahay wacyigalin hawli gashay, heerar kala duwanna marta. Halkaan kagama sheekaynayno qaababka wacyiga loo kobciyo, balse waxaa muhiim ah in aynu garwaaqsanno in aan bulshada lagu jihayn karin isbeddel dhab ah, inta aqoontu ay ku dhex wareegayso inta fursadda u heshay waxbarashada, hoosna aan loogu soo celinayn bulshaweynta.

"Inta maanku gaajaysan yahay, guuli waa weliye,"

—Hadraawi, Gudgude.

Haddii duqeytidii talinaysay, waalidkii, iyo ganacsatadiiba ay weli u badan yihiin jaahiliin kuwooda ugu aqoonta rooni ay yihiin kuwa magacooda qori kara ama asaaska xisaabta yaqaanna, maxaad ka sugaysaa in ay bulshada ka soo baxaan? Kol haddii aan fursad la siinnin kuwii magaalada

soo galay, miyiga iyo tuulooyinka kuwa ka yimaaddana
aanay haysan cid hagta oo aqoonta xaggeeda u leexisa,
maxaad ka filanaysaa in ay mustaqbalka soo kordhiyaan?
Sideedaba, haddii ay ummaddu doonayso isbeddel
xaddaaradeed oo dhab ah, shirqoollada dhurwaagana ay
uga hortagaan, waxaa lamahuraan ah in waqti iyo tamar
la galiyo beddelidda garaadka iyo qaab fakarka bulshada.
Kol haddii aad dal haysatid, dadna aad haysatid, waxaad
hanatay labo shay oo lagama-maarmaan u ah yagleelidda
xaddaaraddaada, waqtiguna waa u muhiim isbeddelka aad
ku taamaysid. In aad isku xirtid ku waantowga tagtada,
dheefsashada taaganta, iyo u tooghaynta timaaddada,
qorshana ku dul samaysid, ayaa kaa saacidi karta in heerka
wacyi ee bulshada aad soo gaarsiisid halkii aad majaraha u
qaban lahayd, uguna jihayn lahayd halkii aad doonaysay.

Tusaale ahaan: waxay aqoonyahanka Soomaalidu aad uga
niyadjabsan yihiin sida siyaasiinta xukumaa ay maalinba
tan ka dambaysa uga sii darayaan, iyo sida aysan bulshadu
diyaar ugu ahayn in ay doorato hoggaan u qalma. Waxaa
taa u sii dheer, in kuwa darxumada u sii kordhiyay ay yihiin
kuwii lagu tuhmayay aqoon iyo xilkasnimo, balse ka sii dar
mooye e aanay ka soo rayni jirin. Waa kiis mudan in la
darso, hal ra'yi keli ahna aan lagu go'aamin karin sababta iyo
xalka midna, balse sida aan isleeyahay waxyaabo dhawr ah
ayaa inaga maqan. Sida ay tilmaamaan taariikhyahannadu,
waxyaabihii qaabeeyay xaddaaradihii hore waxaa ka mid
ah diinta, qoraalka, iyo fanka, fikradduna mar walba waxay
ahaan jirtay dhextaal ay saddexdaasiba xambaarsan yihiin.
Haddii aynu eegno bulshadeenna, waxaa aad inoogu
badan diinta iyo fanka oo nolosheenna u ah udubdhexaad,

laakiinse qoraalka oo ah asaaska ugu muhiimsan ee ay
aqoontu ka dhisanto, ku waarto, kuna hormarto, aad ayuu
inoogu yar yahay.

Haddii aynu u nimaanno diinta, wax saamayn ah oo
badan nolosheenna kuma aanay yeelan, marka laga reebo
gudashada waajibaadkii cibaadada xubnaha iyo maalka ee
uu Alle inagu addoonsaday. Kolka aad eegtid ruuxda iyo
miraha ay Qur'aanka iyo Sunnadu xambaarsan yihiin, ee
dhaqanka iyo fakarka bulshada kor u qaadi lahaa, iyo sida
uu yahay dhaqanka dadkeennu, waxaad garwaaqsanaysaa
in afka baarkii mooye e aannaan wax kale ka haysan.
Heerka akhlaaqeed ee aynu baafinayno, barashada cilmiga
ee aynu ka habawsan nahay, dhammaan Qur'aanka iyo
Sunnadu waa ay inagu hagayaan, maankeenna qabbiran ee
uu khuraafaadku qurmiyayna waa ay ka furfuri lahaayeen
qafillada waa hore lagu illaaway.

Haddii ay aqoonyahanka maaddigu u qabaan in waxa
bulshada dhego xiray ay tahay diinta, waxaa ka maqan in
mushkiladda jirtaba ay tahay in ay bulshadaani dhaqan
ahaan u yihiin calmaani, balse ay ruuxdoodu ku mamman
tahay diinta. Kolkaa dhibta meesha taallaa waa in
aqoonyahankuna ay goobayaan in ay bulshada ka fogeeyaan
diintoodii ku hagi lahayd akhlaaqda suubban iyo hanashada
aqoon lagu horumaro, halka culimadii diintuna ay kari
la' yihiin in ay kala saaraan ruuxda diineed ee fayoow iyo
aafada kutirikuteenta ee lagu suuxiyay garaadka ummadda.
Labadaa dubbe dhexdooda ummad lagu garaacayo, waa gar
in dawadeedii ay isu beddesho sun iyo waabay ay maalin
walba ku sii qurbaxdo.

Haddii aynu eegno dhinicii fanka iyo suugaanta, waxaa durba inoo muuqan doonta suugaan jacayl weli ka gudbi la' kii jinsiga iyo dherjinta jirka, mid baraarujin oo weli dhaafi la' guubaabo jabhad ama jifi, iyo mid waddaniyad oo weli ka gubi la' ka xoroobidda gumeysiga weligii duullaanka ka soo ah bannaanka iyo aragtidii shirqoolka. Haddii raggii hore ee shalay ay ahaayeen rag miyi ka soo galay, rag kacaan ah, iyo kuwo ku daartay suuqii waagaa jiray, maanta oo ay aqoontu kobocday, sidii horana aan lagu ahayn maalgalinta fannaaniinta, maxaa diidaya in ay suugaantu—tix iyo tiraabba—u janjeersato dhinacyada dhimman ee aysan waxba ka dhihin ama aanay wax qumman ka oran ee ay bulshaduna ku hinqan lahayd? Maxaa u diidaya in jacaylka jinsigu uu u digarogto jacaylka ruuxda iyo aadanaha? Maxaa u diiddan in ay qayb laxaad leh ka qaataan tilmaamaynta akhlaaqda bulshada, jihaynta siyaasiga, baraarujinta bulshada, iyo beeridda ruuxdii isla xisaabtanka? In taa ay lugta soo galiyaan ha joogto e, waxa ay naftu ka sii baxaysaa intii hore uu fanku isku qurxiyay, bulshadana waxay ku sii wadaan god hor lch oo ay ku macne beeslio.

Qoraalka oo ah asaaska ugu muhiimsan ee ay aqoontu ka beeranto, waarto, kuna horumarto, ayaa ah kan ugu daran ee ay bulshadeennu gabtay. Haddii ay ahayd ummad soojireen ah, wax qumman oo u dhigan lama hayo, maanta oo la sheegana tirsiga oo yar ayaa ay haddana badi tayadu aad u liidataa. Inta ugu tayo wanaagsan ee la tilmaami karana waxay u badan yihiin caashaq iyo kufsi iyo waxyaabo la mid ah. Ummad aan laga soo heli karin buugaag aqooneed oo afkeeda ku qoran, dadka aan fursad u helin in ay luqado kale bartaanna aanay haysan il aqooneed ay wax ka dheefaan, laga sugi maayo in ay horukac samayso, nolol maalmeedkuna uu isbeddelo. Haddii aad si wacan u eegtid qaabfakarkii dadka sannado ka hor, waxaad arkaysaa in aanay weli waxba isbeddelin, barbaarta haatan soo kacaysana aanay ka dheerayn karayn waaqaca nololeed ee bulshada. Aqoontu kolka ay dadka wada gasho ayaa uu garaadkooduna isku soo dhowaadaa, ujeeddo guud oo ay wada ilaashadaanna ay yeelan karaan.

Haddii garashadii bulshadu ay gaaban tahay, wixii kobcin lahaana ay sidaa u guran yihiin, waa gar in uu siyaasigu isku difaaco in uusan waxba hagaajin kolkii uu waayay wax kala hadla horumar iyo wanaajinta wixii hallowsan, baahi noocaas ahina aanay ummadda haynin. Asagu, shalay waxa qaldan wuu arkayay, laakiin maanta wuxuu isku rogayaa shalmad. Waayo? Wuxuu hubaa in uusan jirin garaad soo socda oo la xisaabtami doona, iyo in aanay geyigaba joogin bulsho hoggaankeeda hanatay oo u hamuuman in ay hinqato. Waa sababtaas midda uu u samaystay xeerarkaan uu bulshadaa arradan ku sii halaajinayo, haadaan dheerna uu ugu tuurayo.

Haddii caawa xil laguu dhiibo ma arkaysid cid talo iyo tusaale kuugu imaanaysa e, hilbaha sidii ay kuula qaybin lahaayeen, cadkooda laandheerannimana ay kaaga ridan lahaayeen oo qur ah ayay kuugu soo shamuumayaan. Kulama oga in aad adigu meesha u timid si aad uga caddaalad samayso wax ay ayagu leeyihiin, adiga mooye e aanay cid kalana u qaybin karin. Way hilmaansan yihiin in ay ayagu ku dirsadeen, adeegna ay kaaga fadhiyaan, xisaabtooda kakanna ay tahay in aad ka werwerto. Waa arradan uurada garasho la'aaneed ay maskaxdooda dabooshay, dawakhii ay ka qaadeenna la diryaansan. Soo gar ma aha in aad daldalato wixii gacantu kuu gaarto mar haddii aanay dayawgaba ka baxayn?! Maxay u kahanayaan musuqmaasuqa ay ayaguba ku raadinayaan in ay ku hantaan kuraas ay beelo u summadeen dhurwaayadii hore? Maxaad uga baahan tahay in aad dhistid oo aad bartid dawlad qumman, halbeeggeeduna yahay maamul wanaag, mar haddiiba ay ku qanacsan yihiin magacaabidda ruux ay shaxaadaan ama magaca beesha sita? Waxba ugama baahna, sideedana "col kaa habowsan la iskuma soo hago".

〜

Hugunka bulshada waa lagula daartaa, tub kuu dan ah ayaana loo leexshaa. Waa xeer biyo-kama-dhibcaan ah oo ay dhurwaayadu u adeegsadaan habaabinta iyo luggoynta bulshada. Waxay aalaaba fiirsadaan fursadaha ka bannaan xilalka ay bulshadu markaa xiisaynayaan, hanka ku jira, iyo shuruudaha ay wax ku xulanayaan. Dad maran ayaa qof buuxa la isaga dhigaaye, dadnimadu waa suud iyo shahaado, suuqa ayayna yaallaan. Waa sidaa kol walba oo ay doonayaan in ay xil helaan. Waxay ka cabbir qaataan hanka bulshadaa dhibban ee ay ka dhasheen, ayagana ku tuhmaysa in ay xambaarsan yihiin garashadii iyo kartidii hoggaanka ay u oomman yihiin.

"Beel kala dhantaalan, bulaankeeda looma baydado," waa xeer guun ah oo ay dhurwaayadu dhammaantood ku diimaan, xilliga ugu fiican ee uu anfacaana waa marka

aan dareenno in uu buuq jiro, xiisad aan si lamafilaan
ah u kicinnayna aan cawaaqibkeeda ku qiimaynayno.
Cabashadooda ma dhuganno, fidnada dhex taallana xal uma
raadinno. Waxay naga tahay, waa in aan ogaanno heerka
garaadkoodu gaarsiisan yahay iyo hanka ay leeyihiin. Sida
taariikhdu xusayso, waxa ugu halis badan ee talisyadayada
soo wajaha waa kacdoonnada, oo aalaaba ka dhasha in ay
qayb bulshada ka mid ahi ku dhiirradaan caasinnimo iyo
in ay fagaarayaasha u soo baxaan, si ay u kiciyaan dadkii
suuxsanaa, inta badanna waxa ay guusha iyo fashalka
arrintaasi ku xiran tahay heerka uu wacyiga bulshadu
joogo. Haddii aad xisaabta ku darsatay in inqilaabyada
iyo marooqsiga taladu ay middaas ka mid tahay, waxaa
kaa maqan in dhacdooyinkaasi ay aalaaba ka mid yihiin
xeeladaha aannu muddada xukunka ku dheeraysanno, balse
waxa aan ka hadlayno waa in marmar si lamafilaan ah
khatartaas kacdoonnadu ay nagu soo foodsaarto, isusoobax
ama mudaaharaad ayayna ka dhalataa.

Sida ay nala tahay, bannaanbaxa ay sameeyaan waa labo
qaybood. Midi saamayn buu nagu yeeshaa oo wuu na
gilgilaa, midna waan ku raaxaysannaa oo tiiha iyo wareerka
ay ku jiraan inta uu le'eg yahay ayaan ku aqoonsadaa. Haddii
doonis iyo dareen dhab ah uu ku yimaaddo, waa igu halis.
Haddiise uu iska yahay mid laablakac ku abuurma waa iska
qosolkujab, inta xamaasaddu jirtana kama cimri dheera.
Duqeytida, dhallaanka, baayacmushtarka, wadaadka, iyo
dhammaan heerarka bulshadu haddii ay u siman yihiin,
farriin ay xambaarsan yihiin, garwadeenna ay leeyihiin, waa
ka mudan in aan ka baqo. Balse inta badan hal koox oo aanay
xubnaheedu u wada dhammayn oo keli ah ayaa qaylinaya,

intaa yarna waxaa shidaalinaya kuwo sheegta ururro bulsho oo aan waraabayaasha waxba dhaamin. Marka ay meelahaa boodboodayaan u fiirso oo ganacsatadu dukaammadooda ayay isaga jiraan, duqeydu maqaayadaha shaaha ayay iska gabran yihiin, wadaaddaduna masjidka, malcaamadda, waliimada, iyo dillaalkooda ayaysan kaba dhammaan karin, abwaanka iyo *barafaysarkuna* mawjado kale ayay waa hore ku dul suuxeen. Haddii uu dhab yahay intaasiba waa dhibbanayaasha ugu mudan iyo intii hormuudka u noqon lahayd hagaajinta nolosha, kamana aanay seexdeen.

Waa masraxiyad aan aad ula ashqaraaro kolka aan arko bannaanbaxyada noocaas ah. Adiguba isweydii, soo wax lala yaabo ma aha, in dhurwaayadii ay gacantooda ku samaysteen aanay u hayn itaal ay kala hortagaan oo aan ka ahayn alalaas iyo or?! Haddii ay nool yihiin labadii samaa ayay kala qaybsan lahaayeen. Qaybi shuhado ayay noqon lahaayeen, qaybta kalena nolol xor ah ayay ku dhaqnaan lahaayeen.

Halkudheggaygu waa: werwer ma qabo, waxna uma soo wado, wanaagguna agtayda waxba kama aha. Magac dooni maayo, milgo iyo sharafna jadiinkayga ayaa iiga muhiimsan. Wax walba oo ii kordhinaya maal, waan dhex maquuranayaa, wixii iib aan ku helana u libiqsan maayo, weligeedna ma aanay dhicin in aan nafcigayga laalay aniga oo ka doorbidaya wax ay ku sheegeen *maslaxad guud*. Waa sidaa, wax walbana waa xaraash iyo xoolo jaban, xaraash iyo xoolo jaban, masiirka ummadduna ma aha wax sidaa u weyn. Kol haddii ay kuu sacabbinayaan hadallada maran ee Dhurwaaguna ay u yihiin nafaqo uu naxligu doojiyo, waa ay mudan yihiin in lagu beeciyo wax aan sidaa u sii buurrayn.

Farqi ma kala laha kalluunkaa sida arxandarrada ah loo jillaabanayo iyo dadka sidaa bilaa turriimada ah loo laynayo. Qof aan asagu isqiimaynayn, xaqii ka maqnaana aan ka xisaabtami karin, jacaylka iyo jibbada qalfoofta siyaasiyiinta iyo beelahooduna ay indho u yihiin, ma istaahilo in loo diirnaxo. Weli lama arag dhurwaa ka dhowrsaday sabeen dayacan, arxan dartiina u cafiyay. In suuqxiran uu igu dhaco mooyaan e, badeecadu waa balli-balli, qiimuhuna waa ortooda, sacabkooda, iyo faataadhakhdooda. Ha noolaato *Jamhuuriyadda Foorinta iyo Fiiqashadu*!

"Haddii aysan baahidooda aqoon, waa loo beenguuraa." Kolka ay aadanuhu dhistaan kaabayaasha banii aadannimada, ayay dhisan karaan kaabayaasha dhaqaalaha. Waa wax falan oo waxa ay doonayaan, goorta ay heli karaan aan aqoon.

Dhul uu ku dhisay deeq la siiyay dhurwaa yar oo noolaa qarnigii tagay ayay iska burburiyeen. Garashadoodu xitaa ma gaarsiisnayn in ay ilaashadaan cadkaa yar ee aan u hibaynay si ay tooradda u barakeeyaan. Waraabayaashii berigaas noolaa, wax yar baa ku fillaa. Shan heesood oo muqaddas ah kolkii loo qaado ayay jibboon jireen, balse yaryarkii ay waagaa dhaleen oo weyraxay ayaa haatan dunidii walaaqay.

Haddiiba kuwaasi ay dhaleen kuwaan, maxaad mooddaa kuwa ku soo xiga ee haatan kalabara kuwa maanta soo kacaya iyo kuwii berigaa soo kacayay? Dhashu wixii lagu ababiyo in ay qabatimaan shaki kuma jiro. Eeg, waagaas wuxuu dhurwaagu waraabayaasha u sheegay in dawladnimaduba ay tahay kaabayaasha dhaqaalaha oo la dhiso, insaanka dhisiddiisuna aysan muhiimad badan lahayn mar haddii ay tooradda muddeec u yihiin. Waxbarashada ugu weyni taas ayay ahayd, wax kalana waa loo xarriiqay. Wixii la baray ee aqoon-ku-sheegga ahaydna waa tan halkaa dhigtay ee qoriga iyo qabiilka lagu halaagsamay dhashay ama korisay. Kuwaasi fahamkaa iyo cudurkaa isu dabo maray waxay dhaxalsiiyeen kuwii ay culayskooda dunida ku soo kordhiyeen.

Hadda iyo dan.

Ma tayda mise tooda?

Aniga taydu waxay ku jirtaa in ay ka fakaraan goorta loo dhisi doono kaabayaasha ay ku dhadhabayaan iyo halyeeyga u dhisi doona. Inta ay sidaa ku jiraan, noloshuna xagashaa oo qur ah uga muuqato, waxaan u hayaa daldhisyo badan oo midiba muddo uu u jilo riwaayad aan laga daalin. Shalay mid baa joogay, maanta mid baa jooga, berrina mid kale. Inta ay sidaa xaaladdu tahay waan noolahay, dhimashana iga dheer.

Ayaga dantoodu waa aniga dhimashadayda. Waxayna taasi iman kartaa maalinta ay gartaan in xoolaha laga qaadayo ay ayagu leeyihiin, kaabaha dhaqaaluhuna uu ka dhasho maskaxdooda oo ay maalaan, kartidooda oo ay dheefsadaan, qoqobka iyo qalbad la'aanta dilootayna ay meel iska dhigaan.

Sidee?

Mooji!

Waase suuragal in ay xoroobaan haddii ay doonis dhab ah yeeshaan.

Haddii aan xitaa garasho xumadoodaas si dhab ah wax ugu tarno, jidad waaweyn aan u dhisno, kuma ay tanaadayaan, mana ilaashan doonaan. "Duul aan ilaashan

aqoon waxa uu haysto, laguma daalo," kuwaanina waxba
kama ay oga ciidda ay ku nool yihiin waxa ay u tahay,
waxa dhibayana kama ay dhowraan. In aanay fahamsanayn
dalku wuxuu yahay, waxaad ku garan kartaa sida aanay wax
qorshe ah ugu hayn sidii uu u biskoon lahaa. Dhul cidla'
ah oo aanay cidi degganayn wuu ka nabadgalaa durdurada
aadanaha, balse dhulka ay ku nool yihiin wuxuu u baahan
yahay in ayaga laga ilaaliyo oo loo ilaaliyo.

Gaariga la saarayo xammuul ka badan kii loogu talagalay
asaga iyo jidka uu marayo, kan bacda iyo caagadaha uu
isticmaalay jidka ku tuuraya, kan xalka ku shubaya, iyo kan
miinada ku xiraya—ha kala dambi cuslaadaan e—waxay
ka siman yihiin in aanay aqoon qiimaha danta guud iyo
dhowriddeeda. Ummad aan danta guud qiimayn karinna,
ma hantaan nolol iyo kala dambayn. Kan cashuurtaada
xadaya iyo adiga burburinaya ama wasakhaynaya wax
dadka oo dhammi u siman yihiin, maxaad ku kala geddisan
tihiin? Adiga laaluushka bixinaya, maxaad doonaysaa oo
aan ka ahayn kistaadii iyo dheef koror aan cayinnayn, ku
xaddidnayn waqti, oo keliya ku eg maalinta aad kursiga
bannayso?
Waa sidaa.
Dadka ku sugaya iyo adiguba wax badan baad isaga mid
tihiin. Runtu waxay tahay in bulshadii aad ka timid aadan
ka duwanaan karin. Maadaama aad tahay waraabe shilin
haysta, xoogaa kalana doonaya, waa hubaal in aad matali
doontid dabaqadda hunguriga la' ee aad ka timid, inta kale
ee middaa ka fogna ay ku haaraami doonto. Adiga oo aan
dadkaa maarayntooda iyo tarbiyayntooda qorshe u hayn,

adiga laftaaduna aadan isa soo tarbiyayn, dhul iyo waddo la
dhisaa maxay kordhinaysaa ama ay beddelaysaa?!

Waa uun dhurwaagii oo weli sidii u dikrinaya,
xeerarkiisiina sii hirgalinaya. Markii uu wax kuu qabtana,
ha moodin dedaal e, wuxuu amminkaaba ku leeyahay:
"Waxa aan kuu dhisayo, wax aan dhuranayo baan dheeh
uga dhigayaa."

Dawada iyo caafimaadku waa in arradnaanta lagu beddelo
marashada kasmo iyo garaad dhaliya in ay bulshadu
isqiimayso, masiirkeedana ay su'aalo ka keento. Ilaa iyo
hadda looma jihaysan halkii laga bilaabi lahaa isbeddelka
lagu taamayo, loomana istaagin wax aan ka ahayn yagleelidda
dhurwaayada iyo qorshihii ay ku xammaalan lahaayeen.
Haddii ay bulshadu si fayow wax isu weydiin lahayd, way
garan lahayd in jirrada haysaa aanay u baahnayn dawo
aan ka ahayn ku dhaqaaqidda waxa uu farayo fakarkooda
sami, balse goorma ayay fayoobiddoodii dib ula soo noqon
doonaan?

Maxaad ka sugaysaa bulsho soddon sano dhiiggeedu
dhulka ku qubanayo, qodxo hor leh in ay soo baxaan mooyaan
e, uusan ubaxba u dhalanayn? Maxaad ka sugaysaa bulsho
maalinba naqshad hor leh oo ay isku qurgoyso curinaysa,
halkii ay ka baadigoobi lahayd sidii ay u noolaan lahayd?
Maxaad ka sugaysaa bulsho kuwa dhiiggooda miiranaya
u aragta dawladnimo ama jihaad Islaami ah? Maxaad ka
sugaysaa bulsho u kala sacabbinaysa dhurwaayada jaqidda
dhiiggooda ku naaxay, kolka ay *teeram* dhammaystaanna
bangiyadoodii dhiigga dhurashadooda ku qaata inta
nolosha uga dhimman?! Maxaad ka sugaysaa dad uusan

hankoodu dhaafin in ay baritaaraan ruux la tol ah, la firqo
ah, ku qado ka bixiya, ama halkii hugun culusi ka baxaba u
rooraya...?!

Haddii ay noloshu qiime kuu leedahay ugu yaraan wax
baad isweydiin lahayd, jawaab ku caawisana waad heli
lahayd.

Marna ma istaageen oo ma isweydiiyeen waxa ay
noloshaan adduunyo u yimaaddeen? Ilama aha oo haddii
ay jirto dhurwaayadaan aannu xukunno, qaarkoodna ayaga
ii cabiidiyaan ma aysan dhaleen.

Dunidu waa ay shuqullo badan tahay, wax kastana waa
laga fishaa. Shaki kuma jiro in lagu kala adkaaday dunida
maanta, dadka ugu liitana ay yihiin kuwa aan dantooda
aqoon, firqooyin iyo qabiillana u kala baxay. Wax aan dhib
ahayn ma dheefaan, wixii ay ku halligmeen ayayna mar
walba maciin bidaan. Xaalad kasta oo la soo gudboonaata
ayaga oo xallisan kara ayay ku dahaaraan isbaarooyinkii
ay ku gubteen, cidda keli ah ee xayndaabkaa dhexdiisa ku
heshiisiin kartana waa bahallada dunidii oo dhan liqay.
Meegaarkaa ay ayagu isgaliyaan kama ay saaraan e, miino
waqtiyaysan ayay hadba daqiiqadaha u kordhiyaan. Eed
kuma laha oo dantooda ayaa ku jirta, haddii aysan ku
jirinna kama saari karaan oo dhibtuba waa nafta bukta ee
ummaddaan aan biskoodka rabin. Sideedana haddii aadan
isdaweyn adiguna aadan tashan waa laguu talinayaa, cid
ku maamusha ayaana laguu samaynayaa. Kolkii aad shalay
dumisay wixii yaraa ee aad haysatay, isbeddelka keli ah
ee aad garanaysayna uu noqday daadinta dhiigga, welina
aadan hayn wax ka duwan, waa gar in cid aan kula dhalani

ay kuu dhigto casharro ay kugu dhibaateeyaan, dheefna aad u mooddid.

Soo dhigte, weysana ma dhowrna, in ay sidaa u dhaban qurxoonaatana awalba lama filanayn. Dhurwaayada waaweyn haddii ay beri idiin kala gabban jireen in ay xukunka u dhiibaan qof ay si muuqata ugu shaqeystaan, maanta waa ay ka soo gudbeen. Waayo? Waxaad gaarteen waqti aad ayaga magansataan si aad u noolaataan. Sidiinna oo kale cid xaaladaha degdegga ah ay noloshoodu ku salaysan tahay ma jirto.

Qorshe ayay waraabayaashu samaystaan. Haddii uu qorshe B u shaqeyn waayo, waxay hawlgaliyaan T ama J. Mid walba waxaa loogu talagalay konton sano ama ka badan, wadiiqooyin yaryar oo xaaladaha degdegga ah lagu maamulana waa uu leeyahay. Miyaad weligaa ku riyootay waxa socda?! Marna ma islahayd askari ajnabi ama xammaali shisheeye oo aan qarsoodi ahayn ayaa xil kuu soo doonanaya ama kuuba talinaya? Waan hubaa in aadan ku riyoon marna, balse aad maanta labo mid uun tahay: mid ku faraxsan oo maciin ka raba ama mid naxsan, balse gar xaq ah u arka! Wax lagu tus waxna kuu laaban, duulkii isdiidana, duub looma waayo.

15

CASHUUR IYO ISBAARO

وَلَا تَقْعُدُوا بِكُلِّ صِرَاطٍ تُوعِدُونَ

"Ha dhigannina jidgooyo idinka oo cagajuglaynaya..."
SUURAT AL-ACRAAF, 86

Asalka milkiyadda maalku waa keli ee ma ahan wadar bulsho, ruux kastana wixii uu tabac, dhaxal ama siismo ku helo asaga ayaa gaar u leh, cid awood iyo xaq u leh in ay ka qaaddana ma jirto. Qof walba xilka saaran ee ay tahay in uu guto waa ilaalinta iyo kordhinta wixii uu gaar u leeyahay iyo ammaangalinta wixii uusan lahayn. Sida aan hore u soo sheegnay, damaacinta hantida dadka kale waa dulloobid iyo aafo aadanaha ku mataanowday, dhibaatooyin badanna dhaxalsiisay. Faqriga iyo hodantinnimada oo ay dadku ku kala hoodo iyo nasiib bateen, ayaa asna mar walba ah kan sii huriya damaca loo taag waayay, una baahan ayada oo aan qofna xaqiisa la duudsiin in la maareeyo. Si dhibaatooyinkaa looga nabadgalo ayay dadku u samaysteen dawlad kala ilaalisa, danta guud ee bulshadana maaraysa, halka ay diimaha samaawiguna aadanaha siiyeen murti ay nafahooda ku hagaajiyaan, xeerar ay dawladdooda ku dhaqaan iyo hagid ay tubta qumman ka eegtaan. Jiilba jiil ayuu dhaxlay, una soo gudbiyay khibrad iyo waaya-aragnimo wixii ay waayuhu saacideen in la kaydiyo ama ay diimaha samaawigu—kuwooda aanay aadanuhu iskood u doorinnin—inooga warrameen.

Dawladnimadu waxa ay ku dhisanto, ku hanaqaaddo, kuna waarto waa caddaaladda oo ah in qof walba uu helo xaqiisii, kan qayrkiina uu nabadgaliyo. Kol haddii loo samaystay in lagu kala nabadgalo, waxa dadka u dhex ah ay ka shaqayso, adeeg bulsho ay fuliso, jidka horumarka ay jeexdo oo ay weligeedba u taagnaato, waxaa ayana daruuri noqonaya in la helo wixii lagu qaban lahaa hawsha, dadka masuuliyaddaa culus la saarayna ay ku cayshi lahaayeen. Garashada iyo caqliguba waxay inoo sheegayaan in qof keligii uusan xoolihiisa ku dabooli karin baahiyaha bulshada, ayna tahay hawl u baahan in si wadajir ah la isaga kaashado. Sidaa darteed, nidaamka dawladnimadu kama maarmo dakhli uga soo xarooda dadweynaha, si danahooda loogu fuliyo. Baahiyaha danta guud iyo isudheellitirka dabaqadaha bulshaduba waa xil saaran dhammaan bulshada, dawladda ayaana qabashada hawshaa ka xigta oo wakiil uga ah. Marka laga soo tago nidaamka sakada waajibka ah, ee uu Alle uga gol leeyahay iskaalmayn iyo yaraynta faqriga, halkaanna aynaan kaga warramayn, waxaa dadka uu xil ka saaran yahay daboolidda baahida dawladda. Caddaaladdu waxay ina faraysaa in ay dadku bixiyaan wax u dhigma waxa ay ka naawilayaan dawladda, ayada oo lagu salaynayo tabarta dadka iyo baahiyaha la daraaseeyay ee wax laga qabanayo qorshe dhow, dhexe, iyo fogna loo sameeyay.

Haddaba, adeegga bulshada ee intaa la baafinayo, dawladdii timaaddana aanay waxba ka qabanayn, ma aha deeq laga sugayo, mudanna in laga baryo. Haa, adeeggaasi bilaash kuma imaan karo, cir ka soo dhacna laga dhowri maayo e, dhididka iyo dheecaanka ciddii shaqeysa ayaa qiime u ah. Hantidii ay tabcadeen in ka mid ah ayaa laga qaadaa, beddelkeedana adeeg in ay ku helaan ayay ka naawilaan.

Waa iib.

Cashuur ku magacaw ama wax kale.

Haddii aad la baxday hawlkii iyo wixii wax laguugu qaban lahaa, waxa keli ah ee aad sugtid waa in shaqadii la fuliyo, xisaabteedii oo waafi ahna laguu soo bandhigo. Lagu doodi maayo in wax mushaharka dhurwaayada xitaa ku filan aad bixin waydeen e, waxaa warku uu joogaa in wixii lagaa qaaday si xun loo maareeyay, kharash aan loo meel dayin, waajibna aan ahayn, iyo musuq aan xuduud lahaynna lagu masruuftay. Waxa lagaa qaado ee aad sida fudud ku bixisid, markii mid hor leh yimaaddaba, wax buu ku kordhiyaa, dhurashadeedana in uu kuwii hore baro dheeraysto ma ahan e, kama yaraysto. Uma diidi kartid, dabarkii aad isku xirtayna iskama furi kartid. Calooshii-u-shaqayste aad adigu dhashay, tuutana aad u galisay, qori ammaankiisu lumayna aad u dhiibtay, ayaa kugu hor go'an. Asagu wax kuma haysto, wax kastana daraaddii ayuu u fulin karaa. Darxumada ina wada haysa si kasta oo ay idiin diiriso, daalimku waa uu idin ka dedan yahay. Waxa aad isu tihiin in aad fahamtaan ayaad ku dawoobi lahaydeen, balse idiin ma suuroobayso—dammanaantiinna aawadeed.

Ruuxa ka shaqeeya ee juwanka (risiidka) kuu qoraya waa adeege khidmad bille ah ku leh. Askariga biilkiisa adiga ayaa lagaa qaadaa, in uu kaa difaaco waraabaha kuu taliyana waa ku waajib. Dhurwaaga weyn in xaqiisa looga dhiciyo adiga iyo asaga ayaa ay masuuliyadi idin ka saaran tahay. Adiga, qaadaha, askariga, iyo dhurwaaguba waxaad u dhaqantaan si doqonnimo ah, masuuliyadna ka maran.

"Isku furo maalkaaga" ayaa ah xeerka cashuur-ku-sheegga imminka la qaado, isbaaraduna sidaa ayay awalba ahayd. Mar haddii askari jaahil ah qori laguugu soo dhiibay, waxyeellada uu gaystaana ay jifidiisa u taallo, waxa keli ah ee kuu eg waa in aad xoolahaaga dhiibtid adiga oo qasabka ku qanacsan, waxqabadna aan rejo ka qabin. Haddii meheraddaada xoog lagu soo xirayo, qori baadkii lagula dhacayo, ama ganjeelka gurigaaga qasab lagula soo baxayo, soo in aad hogatid, xoolahaagana aad dhiibtid kuuma ay eka?

Mar haddii halbeegga dawladnimadu uu yahay bixinta cashuur aan wax lagu qabanayn, waxa keli ah ee kuu furan waa in aad adkaysatid, dullowdid, ama aad salkacdid oo aad dhul reerood maalkaaga iyo cashuurtiisaba la aaddid. Dhurwaaga kuu soo shaqo tagay adiga iyo koofiyadlihii aan ka soo sheekaynay ayaa meesha keenay, in uu wax halleeyana raalli uga noqday. Mar haddii aanay kaa hor caddayn in aad la xisaabtantid, mustaqbalkaagana aad ka wada xaajootaan bulshadiinna arradan ee rafaadsan, soo gar ma aha in ay isle'egtu noqoto: "tanaadidda dhurwaagu waa tabarwaayidda bulshada arradan".

Haddii aynu eegno miisaaniyadaha ay sannad walba maamullada Soomaaliya ka jiraa soo bandhigaan, iyo sida ay u isticmaaleen dakhligii u soo xarooday, yaab iyo aragagax ayaa isugu kaa darman doona, weliba ayada oo aanay xogta la soo bandhigay ahayn mid la oran karo waa sax, lana og yahay in ay jiraan xoolo bulshada laga qaaday, kootooyinka dawladdana aan ku dhicin. Si guud marka aad u eegtidna waxa baxay waa kharash tirobbeel ah, aalaana isku qaab ah. Mushahar, gunno, safar, gaari, qalab xafiis, shidaal, saliid, biyo, koronto, kiro, iyo waxyaabo la mid ah. Intaa oo kharash ah lama soo bandhigo sida ay ku yimaaddeen iyo cidda qaadatay toona. Mushaharka oo ah tan ugu badan cidda keli ah ee aan wax waayin waa madaxweyne, kuxigeen, ra'iisulwasaare, xildhibaanno, iyo wasiirro, laakiin shaqaalaha iyo ciidammadu badi waa ay qatan yihiin, kolkii bilo la joogo ayaana laga yaabaa in wax ka yar wixii ka maqnaa la siiyo.

Dabcan maamulladii ka dambeeyay badi xogtooda waad heli kartaa. Ma kaa suuroowdaa adiga oo haysta Sh.So100,000.00 in aad masruufatid Sh.So95,000.00 adiga oo ka maarmi karay in badan oo ka mid ah, halka aad baaqigana u qorshaysay wixii berri kuu kordhin lahaa dakhliga, kharashkana kaa dhimi lahaa? Way dhacday in ummad aan nabad haysan loogu sheegay in mushaharka ilaalintoodii iyo kharashaadkii la xiriiray lagu bixiyay 94.8% ka mid ah xoogaagii yaraa ee ay lahaayeen?! Ma xuma haddii lagu caymin lahaa, dhibta nabadgalyaduna ay aad hoos ugu soo dhici lahayd, jawi horumar looga shaqeeyana la abuuri lahaa, balse waxa dhacayaa waa wixii hore u socday ka hor inta aan kharashkaa la bixin, rejo iyo ifafaalo lagu seexdo oo hantidaa looga qancana ma muuqato.

Dal burbursan, dadkiisuna abaaro u dhimanayaan, maxaa kallifaya in loo qaato kumannaan shaqaale ah oo aan loo hayn wax ay ku shaqeeyaan? Ninka caafimaadka loo igmaday, ee aan haddana loo qoondayn miisaaniyad uu arrimaha caafimaadka wax uga taro, maxaa loo magacaabayay, mushaharkana loo siinayaa? Halkii soddon agaasime iyo jarjar ka hooseeya la samayn lahaa, maxaa diidaya in labo ama saddex isbitaal lagu hawlgaliyo ama goobo caafimaad looga sameeyo degmooyinka aan adeegba lahayn? Maxaa diidaya in degaannada aanay waxbarashadu gaarin la gaarsiiyo ayada oo la isticmaalayo shaqaalaha tirada badan ee ka shaqaynaya wasaaradda waxbarashada ee ay shaqadooda qaban kareen in yar oo ka mid ah? Maxaa diidaya in xisaabiye goboleedka maaliyadeed ee loo qoondeeyay lacag $15,000.00 - $20,000.00/bille ah oo adeeg ku magacaaban, in lagu bixiyo hagaajinta suuqyada ganacsiga ee ay dawladdu leedahay ama bixinta mushaharaadka kalkaalisooyinka iyo dhakhaatiirta isbitaalka, ama ugu yaraan adeeg daruuri ah loogu sameeyo tuulooyinka dayacan ee gobolkaa ka mid ah? Shaqo koox yari qaban karto, faaxin uma baahna, ummad rafaadsan raaxo uma baahna, dhisme dumayaana dhalaalin uma baahna.

War iskama haysaan, waxna isma waydiisaan, xildhibaannaduna mar haddii ay arkaan gunnada iyo mushaharka loo qoondeeyay in uu anfacayo, su'aalo jilliin ah mooye e, wax kale ma galiyaan.

Waa sidaa.

Waxna iskama beddeli doonaan inta aad huursan tihiin.

Adigu ma awooddid in aad la xisaabtantid ciddii aad xilka u dhiibatay, xoolahaagana sidii mubaddirkii ayaad ugu canqarisaa. Askariga garashadiisu ma gaarsiisna in uu ku daafaco, balse, in uu kaa qaado shilin uusan xaqiisii ka heli doonin ayaa ugu muuqata waajib muqaddas ah, dhiiggaagana kala qiime badan. Waa aafo weyn, daweyn dhab ahna u baahan. Cid aan adiga ahayni kuma dabiibi karto. Shilinku adiga ayuu kaa baxaa, dayaca iyo dacdarradana cidi kulama wadaagto.

Cashuurta aadan ku haysan wixii aad xaqa u lahayd, haddii ay si uun kaaga bixi waydana naftaada halis galinaysa, maxay kaga duwan tahay isbaarada u taalla baadiiste aadan xilkiisa aqoonsanayn? Maxay ku kala duwan yihiin mooryaanka aan tuutaha qabin iyo dilaaga tuutaha xiran? Maxay ku kala duwan yihiin ruuxa aad madaxda ku magacaabaysid ee dhididkaaga ku faytaamaya iyo mooryaanka weyn ee asna dheecaankaaga ku baashaalayaa?

Munaafaqadduba soo ma aha habdhaqankaaga iyo afkaaga oo isburiya?!

Isbaaro = Cashuur.
Cashuur = Isbaaro.

Labadaa loo kala garan waa, waxa lagaa qaadayo ee aad nafta ku furanaysid, adiga laftaadana lagugu wareer. Haddii aad tashan lahaydna, isla ayaga ayaad u kala dhuumataa, tafaaruuqa ayaana kuula ekaaday noloshii aad xaqa u lahayd. Mooryaanka ismagacaabay ee aad awooddiisa maamul aqoonsan la' dahay, in aad ku jihaadidna aad xaq u aragto, waxaa ka halis badan midka aad u dhiibatay xil aan xuduud lahayn, baad aad magac wanaagsan siisayna iska guranaya!

Alla muxuu nin aan nin ahayni maal kaa tabcaday!

Dhurwaagu wuu ku caanamaalaa sidaas e, adiga, adeegaha, iyo askariga maxaa idiin talo ah? Waxa idin ka qaldan sidee loo toosiyaa? Noloshiinnu macne noocee ah ayay leedahay?

Xaqa dhacsigiisa garashaa ka horraysa!

⠀⠀⠀⠀⠀⠀⠀⠀⠀⠀⠀⠀⠀⠀⠀᷀

Shalay kolkii aan tabar yaraa ayaga ayaa awoodda i siiyay, dhammaan daaquudyada dunida ii jooga, ayaga ayaa sameeyay oo koriyay. Tusaale ahaan, mandiqaddaan aynu imminka uga sheekaynayno nolosheenna, haddii ay soddon sano ka hor damiirkooda dartii u dhiman lahaayeen, maanta nolol wacan ayay haysan lahaayeen. Iska daa oo shalay soo noqon mayso e, eeg maanta ayay kari la' yihiin in ay shahiidaan si ay nolol waarta u helaan. Damiirka iyo sharafku waa wax loo dhinto oo dartood loo dagaallamo sida ay qabaan aadanuhu—waa intooda aan waraaboobin e.

Maanta waxay bixiyaan baad magacyo kala duwan leh, laakiin isku mid ah: cashuur, isbaaroqaad, sakawaad, madaxfurasho, iwm. Dhammaan shilimaadkaas ay dhididkooda ku tabceen, akoonnadaydii aan kaaga soo sheekeeyay ayaan ku ogaadaa, kuwaa askar-ku-sheegga ah ee baaddaa darteed dadkooda u laayana, shilin kama siiyo. Eeg, kii walaalkii u dilay shilinkaa dartii ayaa ka qatan, kii bixiyayna wuxuu ii yaqaannaa halyeey guulo badan u soo hooyay. Soo ma aragtid, waa kuwii damiirkooda dartii ay ahayd in ay u noolaadaan, kuwaa xaqdarrada dhexdooda

ka jirta u sacabbinaya. Bal fiiri, maalin kasta dad baa ku
soo toosa ayaga oo ka baqaya in ay ku dhintaan miino baas
oo waraabayaashu dhigeen, haddana kii damqan lahaa waa
kaas dartay ugu dikrinaya hadaltiro. Adiguba waydii, maxay
noloshu u taraysaa haddii afar qoryo sidata ay xoolahooda
iska qaadanayaan, xorriyaddoodana ay ka qaadayaan
amminkii ay doonaan, naftooduna ay gawracsuge tahay?!
    Waxba!
    Haddana yaysan iga wada dhiman, si aan u noolaado.
Ma kula tahay in aan daysan lahaa waraabayashaan haddii
beddel kale oo dalkaan aan ku beero aan helayo?!
    Addoomadayda isbaarada taagan haddii mid walba
uu u diido bixinta xoolihiisa, immisa qof ayaa ay ka dili
karaan? Ilaa xaddigee ayaan gawrici karaa kolkay igu amar
diidaan? Inaan cabiidiyo uun baan rabaaye, inaan tirtiro ma
rabo, balse ayaga ayaan sugi karin inta aan dullayntooda ka
daalayo oo aan ayaga u hoggaansami lahaa. Haa, xaqa in loo
dhinto cidda rabta ayaa iska yar, balse way badan yihiin inta
u dhimanaysa hirgalinta xaqdarrada la huwiyay magacyadii
xaqa: dawladnimo, jihaad, iyo difaaca dalka.
    Ma og tahay in kalaqoqobka galay marka laga soo tago,
ay idiin horseedaan colaado ka dhasha bar kontorool ay
isku haystaan, dakhli ka soo gali lahaana ay ku kala qanci
la' yihiin, ama ay soohdimo u samaysanayaan sidii ay ugu
kala badsan lahaayeen intiinna uu mid walba cashuur
ka qaadi doono? Dan idiin ma hayaan, idinkuna dayow
kama baxdaan, daroogada miirowga iyo hareerigu kuwa
ay suuxiyeenna degta ayay ugu qaadaan rasaas. Ma kula
tahay in degaannada ay idin ku rogayaan ee ay dhiigiinna
ku daadinayaan ay wax horumarin ah u soo jiidi doonaan?

Waa may. Waxa keli ah ee ay doonayaan waa in ay ku faanaan nafihiinnii halkaa ku go'ay, muruq weynayaal in ay yihiinna ay isla idinka idiin sheegaan. Jid, ceel, dugsi, iyo isbitaal midna ma keeni doonaan e, jaadka iyo daroogada ayaa barbaartiinnii bargo'sanayd ay ku kala qaybsanayaan. Xoolihii shalay la idin ka dhacay ayaa ay isku haystaan, idinkana xuduud iyo jihaad ayay idin la tahay.

Waa tabtaa sida aan dunidaan ugu noolahay, cimrigayguna uu u dheeraaday. Maxaa ku jaban in aad dartay u dhimatid, shalayba baad iyo biyo idin wada deeqa oo aad isu quuri waydeen baad u dhimanayseen e?!

Kooxo aan sameystay oo sharkayga labadiisa weji kan daran aan muujintiisa u wakiishay, ayaa dhiiggooda—oo ah tamarta noloshayda—daadiya, xididdadayda dhulka oo dhan ku aasanna ku waraabiya. Waayo hore waxay ku dagaallami jireen oo ay birta isaga asli jireen, sidii taajka matalaadda loogu xiri lahaa kan tirada ugu badan unuunka ka jara. Boqortooyo ayaa la oran jiray. Qarni ka hor waxay isku haysteen sidii dunida oo dhan uu midkood ugu amar-ku-taaglayn lahaa, dhiig aad u badanna waa ay ku daadiyeen. Wax kasta oo dili karay waraabayaashaan aboorka isku noqday ee hal mar ka xasuuqi kara tiro aad u badanna waa ay samaysteen. Kuma ay guulaysan in midkood laga dambeeyo, laakiin mid baa ku dhowaaday. Wax aan yarayn ayaa hawshaa qabyada ah darteed u naf waayay, welina u le'anaya.

La garay kuwaas oo cad weyn sidii uu midkood u qaadan lahaa ayay isu baabbi'iyeen e, bal ka warran kuwaan isbaarooyinka isku haysta ee nagta iska dhigay. Bal eeg, kuwaan gafuurka xirtay ee isu qaba in ay Alle matalayaan!

Bal eeg, kuwaan xarriiqaha yaryar ku go'doonsan ee isu qaba
in ay dunida kala hayaan oo ay yihiin waxgarad dunidan
holcaysa biyo ku shubaya!

Kolkii aan ku lahaa waxaani waa waraabayaal, soo ilama
aadan yaabbanayn?! Hadda ma garwaaqsatay in aan ahay
Dhurwaa dunida oo dhan ay koobiyadiisu joogaan?! Haddii
aanan anigu joogeen, ma kula tahay in ay sii jiri lahaayeen?!
Sidaad doontid mood—xaqiiqadu waa middaa.

16

QORISMARIS

إِنَّ اللَّهَ يَأْمُرُكُمْ أَن تُؤَدُّوا الْأَمَانَاتِ إِلَى أَهْلِهَا وَإِذَا حَكَمْتُم بَيْنَ النَّاسِ أَن تَحْكُمُوا بِالْعَدْلِ

*"Alle wuxuu idin farayaa in aad ammaanada
u gacangalisaan ciddii lahayd, marka aad dadka
xukumaysaanna in aad caddaalad ku dhaqdaan..."*

SUURAT AN-NISAA', 58

Labadii wax wadaagtaba in uu qof taliye noqdo ayaa ay talada qummani ku jirtaa. Unug ciidan, jees, beel, iyo bulsho middoodna kama maarmi karto cid u istaagta agaasinka hawshooda, maaraynta waxa la wadaago, ilaalinta waxa la kala leeyahay, iyo hagidda habka noloshooda. Hoggaamintu waa wax loo wada hamuuman yahay, ahmiyaddeeda cid dafiri kartaana aanay jirin, la'aanteedna aanay dunidu soo gaarteen heerka ay maanta joogto. Baahida noocaas ah ee hoggaanka loo qabo ma aha mid laablakac ku dhisan e, waa mid aan marna la huri karin, qaska iyo fawdada noloshana looga hortago, xasilloonidana lagu dabrado. Tan iyo waagii la uumayna aadanuhu waa ay dareensanaayeen in ay hamuuntaas qabaan, koboca xaddaaraddooda iyo cilmigoodana waxaa la korayay aqoonta hoggaamineed,

ayada oo waaya-aragnimada la uruurinayay ay mar walba
ku hagaysay in ay dooriyaan habkii maamulka ama ay
sii horumariyaan. Si kasta oo uu waayihii hore qaabka
maamulku uu ahaan jiray iyo sida uu haatan yahay, marnaba
la isagama qiyaasan karo, qurux iyo qaabdarrana laguma
kala sooci karo. Waxa keli ah ee halbeeg u ah, weligeedna
lagu cabbiri doono samaanta iyo xumaanta maamulku, waa
caddaaladda bulshada iyo sida ay u maareeyaan waajibaadka
loo igmaday[1].

Aadanuhu waxa ay hoggaanka u samaystaan waa in uu
noloshooda kala hago, nabad, xasillooni, iyo horumarna
ay ka helaan nidaamka maamul ee ay samaysteen. Waxa
ay adeecitaankooda u siiyeen siyaasiga xilka hayaa, waa
in ay hoos harsadaan jawi kaladambayn iyo caddaalad
ku dhisan, qof walbana uu ka helo xaqiisa, gardarrana uu
kaga badbaado. Caddaaladda bulshada, amniga iyo difaaca,
horumarinta arrimaha bulshada, iyo daryeelka duruufaha
nololeed ee bulshada ayaa ah xilka ugu weyn ee loo
igmado hoggaanka, ayada oo aynu maanka ku haynayno
in shaqooyinkaa ballaarani ay waaxyo kala duwan u kala
qaybsamayaan, mid kastana loo igmanayo cid si gaar ah ugu
fooganaata. Halkaan kuma sharraxayno hoggaaminta iyo
maamulka e, waxaynu si guud u tilmaamaynaa hawsha ugu
muhiimsan ee uu hoggaanku u qoolan yahay, bulshaduna
ay tahay in ay ku saleeyaan halbeegga ay ku xulanayaan

---

1 Boqortooyo, keligiitalis iyo dimuqraadiba waa qaabab soojireen ah oo
ah noocyo ka mid ah qaababka xukunka, degaannada dunidana siyaalo kala
duwan uga jiray. Si kasta oo ay saddexdaasi u kala wanaagsan yihiin, haddana
waxaan shaki ku jirin in keligiitalis caddaalad sameeya, nolosha bulshadana si
wanaagsan u maareeya, uu ka fiican yahay dimuqraadi mufsid ah, musuq miiran
ah, oo nolosha dadka gammaariya.

cidda ay taladooda ku aaminayaan. Baahida calooshaada iyo tan beeshaada waxaa deeqa wax ay u siman yihiin inta kula wadaagta dhulka—shakhsi iyo beelaba. Cad aad si gaar ah u leedahay cirkana kaaga soo dhacayaa ma jiro, qolo in la duudsiiyo xaqeeda raalli ka noqonaysaana ma jirto. Haddaba, adiga iyo beeshaadaba waxaa dan u ah duul dhexdhexaad u ah idinka iyo beelaha kale, waxna idiin qaybiya. Waxa la idiin qaybinayo ma aha kuraasta e, waa caddaaladda idin ka maqan ee aad ugu qamaamaysaan kursiyo aydaan dhammaantiin wada gaari karin.

Halka ay isdiiddadu idin kaga jirto waa in aad dhammaantiin aamminsan tihiin in mudashada kursiga iyo caddaaladduba ay yihiin iska dhex arkidda xilalka dalka, halkii ay ahayd in aqoonta, kartida, iyo ammaanadu ay noqdaan asaaska lagu mutaysanayo xilka, qofkana lagu soo xulanayo. Kursigu waxa uu u samaysan yahay waa in lagu fuliyo adeeg ee uma jiro in laga muraadsado, lagana tanaado. Haddii aad guri dhisanaysid, dhakhtarku kuuma dhisi karo e, waa in aad injineer u raadisid. Waxa taa kugu hagaya, kuguna qasbayaa waa in aad doonaysid in shaqadaadii sidii aad u rabtay ay kuugu hirgasho, luggooyana aad kaga caymatid. Dantaada guud ee dhisme guri iyo ka badanba ay daraaddeed kuugu suuragali lahayd ayaa mudan in aad xilkeeda siisid ciddii ku habboon, xisaabna aad ula soo fariisatid. Haddii uu garaadku dhaafi waayo in aan qaybsiga beelaha laga gudbi karin, lafteeda ku salee in aad beeshaada ka soo xushid qofkii mutaystay in xil loo dhiibo.

Xilkasnimada gaarsiisan in ay xilalka ku qaybiso mudnaanta, waxay garan og tahay in aysan mudnaantu ahayn mid iska furan oo mar-la-ammaanee ah, ee ay tahay mid ay dabo taallo isla xisaabtan ay ciqaabta iyo maamuusiddu la socdaan. In bulshadu ay arrintaas si uun ugu baaraarugsan tahay waa ay jirtaa, balse weli waxaysan gaarsiisnayn heerkii ay ahayd in ay guuxa qabyaaladda ka xoog badato, dhexdeedana ay ka xisaabtanto. Haddii ay taasi hirgasho, waxaa samaysmaya nidaam lagu dabbaqo caddaaladda bulshada, adeegguna uu wada gaaro bulshada, ayada oo ay mudnaantu yeelan doonto cabbir ka duwan tan qabiilka ee ina ragaadisay.

ﻩ

Ha moodin in ay dhurwaayadu moog yihiin in dareen iyo guux uu idin ku soo jiro, rejo yar oo meel ka iftiimaysana ay ka soo muuqato niyadjabkii aad ficillada waraabayaasha isbedbeddalaya ka qaaddeen. Way og yihiin, wayna idin kula daaranayaan. Eeg, kolka uu kursiga u hamuun qabo, orodka iyo gafgaftuna ay ka dhammaadaan, waxaad moodaysaa aadane qumman. Wax ka hadal macaan, kana run badan ma jiraan. Haddii aad dhegta u dhigtid, waa ehlu janno ayaad isdhahaysaa. Haddii aad eegtid sida uu ula falgalayo bulshada arradan ee cirridda u tubanna, waxaad moodaysaa in uu yahay kii ka dareerin lahaa bankaas ay istubeen qiyaamaha ka hor. Waa kolka aad adiga laftaadu maran tahay, muuqaalka sare mooye e, waxa ka shisheeyana aadan u daymo lahayn. Ma xusuusataa waagii aad yarayd qof qof la yiraahdo: habeenkii ayaa inta uu qori cir-ka-soo-dhac ah isku dharbaaxo, uu noqdaa dhurwaa

dadka dhiigga ka nuuga? Dhurwaa aan hilib doonayn,
dhiiggaaga oo uu dhuuntaada ka nuugana ay deeqdo soo
irkig iyo afkalaqaad ma aha? Soo islama yaabtid kolka aad
markaaba xusuusatid sidii aad uga biqi jirtay dhurwaagaas
ahaa caynadda gaarka ah? Dadqalka laftiisu soo kaama
yaabsado kolka aad imminka xusuusatid in uusan cidna
qalan jirin e, uu dhuunta daloolin jiray ama uu halbawlaha
sari jiray, adiguna aad sidaa u daawan doontid tan iyo inta
aad ka dhimanaysid?! Imminkaba eeg: soo siyaasigu ma aha
dadqal iyo qorismaris aan dhimanayn, mar walbana caynad
gaar ah iska soo dhigaya?!

Dareenkaa bulshada ka dhex guuxaya, laakiin
majarahabawsan, waa kan ku riixay in ay tijaabiyaan
aqoonyahanka qurbaha ku soo noolaaday, ayaga oo bidaya
in uu soo kasbaday aqoon iyo khibrad uu uga faa'iidayn
karo bulshadiisa dunida ka gaabisay. Waxay ka filanayeen
in uu u hor kaco horumarkii iyo noloshii xaddaaraddu ay
bishay ee uu waayo ku soo dhex noolaaday, laakiin waa ay
ku hungoobeen, waxaana ay ku noqotay "halkii cood laga
filaayeey, ceeryaamo ka timid". Waa duul gubanaya oo
aan meelna qabanayn e, waxay durba naceen wixii halkaa
kaga yimaadda, god naareed ayayna ula mid noqdeen.
Dab aan lagu guban dambaskiisa lagama leexdee, waxay
dib isugu soo qaadeen qaranjoogtii awal laga qishdhacay.
Haddii ay baadigoobi lahaayeen halbeeg ay ku cayntaan,
dhuuniyadiinnan ma aanay kala doorteen, kumana aysan
habsaameen. Waayo? Labadiinna qolaba nafci idiin gaar ah
ayaad doonaysaan, dan guudna uma adeegaysaan. Midka
aan dalka ka bixin, qorraxjooggana la baxay, wuxuu doonayo
waa labo mid uun: in uu lacag tabcado ama in shir loo diro,

sidaana uu qurbaha ku galo[2].Qofka hankiisu sidaa yahay, dhibtii iyo ibtiladii dushiisa ku noolayd welina ku nool wax ka qabashadeedu aanay u muuqan, muxuu u nacladayaa dhurwaayada dalka haysta?! Booska in uu ka bannaysto jawaab aan ahayn ma leh, waxa keli ah ee xilalka ay isugu haystaan waa uun intaa. Wax dooro ayaad ku dawakhsan tahay, ayaguna waxay ku dakaynayaan guulaha ay ka gaareen hagaasinta noloshaada iyo gumaynta maankaaga.

Waxay aalaaba kuu sawirayaan nolol qurux badan oo ay dadku isku duuban yihiin, isuna tanaasulayaan, balse ayagu marna ma awoodaan in ay shilin isu quuran. Wax isu oggolaanshuhu haba joogo e, waxay diyaar u yihiin in ay dhiiggiinna ku ciil baxaan oo ay ku kala qaadaan kuraasta. Waa munaafaqad ka mid ah munaafaqadaha dadka ku nool dhulkaan. Midkoodna kan kale uma uu quuro nolol, waxa uu dunidan u joogana waa uun tiisa. Sunnada kawnka in ay khilaafaan ayay malaha guddoonsadeen tan iyo waagii ay birta iska asleen. Makhluuq keligii taagnaan kara oo dunida inteeda kale oo dhan ka maarmaa ma jiro, qof wixii uu u baahnaa oo dhammeystiran ka helana ma jiro. Mar haddii ay sidaa tahay, dadyahow bahaloobay hal mar joogsada oo insaaniyaddiinnii dib u soo ceshada. Hal mar isu quura in aad noolaataan kulligiin halkii uu midkiin jaqi lahaa dhiigga intiinna kale.

Qorrax iyo qurbe kii aad joogtidba hal wax ayaa kula gudboon. In aad madaxaaga ka saarto baahida lacageed ee kugu qafilantay ayada oo aan ku hayn, kursigana kuugu sheegta wadiiqada ugu fudud ee aad kaga dhergi kartid

<hr>

2   Laga yaabee in daacadnimada ama magacdoonnimadu ay qofqof ku riixdo doonashada xilkaa.

xoolo aan xisaab lahayn. Haddii aad dhurato oo aad dhigato, maxaad dheeftay? Kollay iyo kollay, haddii lagugu masruufo ma wada dhammeyn kartid e, bal kuwa iska leh ee haddana ka qatan u soo celi. Haddii la wada cuno way badan oo wax soo kordha mooye e, wax isdhimi maayaan. Hal mar oo keli ah u nooloow sidii uu qayrkaa u noolaan lahaa, dabadeetana dunida kugu hareeraysan waxa ay kugu abaalmariso eeg. Aadane noqo si aad dhinacaaga ugu aragto aadane kale.

Dabcan, xoolo jacaylku waa aafo aanay dawadeedu sahlanayn. Kol haddii uu qofku ku hamminayo xoolo hel oo qur ah, wax uu xeeriyo ma jirayaan. Soo duulkii iyaga ahaa ma ahayn kuwii lahaa: haddii yoolku wacan yahay, wadiiqo kasta oo loo maro ayadaa xalaalaynaysa. Haa, waa ayaga— waa waraabayaal. Midkii isa soo sharraxaba tubtaa ayuu hayaa. Maxay ku falayaan xammaali aanay ka tabcanayn shilimmaad yar wax ka badan, ayaga oo heli kara in ay horkacaan bulsho "hoo" mooyaan e aan aqoonin "aaway?!" Jidka xatooyada xoolo ayaad ku helaysaa, meel wax laga xadana ummaddaas maahsan ayaa ugu sahlan—ayaa u ah qaacido, yoolku asagaa tubta xallila ayayna diin ka dhigteen. Aan kuu soo dhoweeyo e, doorashooyinka ay qabsadaan ayaa waano iyo waxsheeg kuugu filan. Dhammaan, waxay idiin sheegayaan in aysan idiin soo shaqo tagin e, ay isu soo sharraxeen in ay wax idiin qabtaan, dawlad wanaagsanna

ay idiin sameeyaan. Ayaga oo aan wax qaban, wax sii
xumaaday mooyaan e, wax hagaagayna aanay jirin, ayaa ay
muddadu ka dhammaataa, doorasho kalana ay bilaabataa.
Doorkii dambe kuwii la loollamayayna, war ka duwan lama
aanay soo shir tagin. Yeelkadeed oo aafo aad aragtay waxaa
ka sahlan in aad isku biimayso mid aadan garan karin in ay
aafo noqon doonto iyo in kale. Hubinta wax aadan hubsan
karin in aad tijaabiso mooye e, waa ay mudan tahay in
naftii la huri jiray, mar kale loo huro. *Beddela* cidina iskuma
diiddana balse soo ma aha in lagu daro: *sidee!*

Eeg, shalay wixii uu lahaa kama uusan run sheegin,
bulsho doonaysa oo kula xisaabtantana ma uusan helin.
Maanta haddii aad eegtidna, way kuu muuqataa in bulsho
cunno doonaysa mooyaan e, aanay tu kale jirin. Ummad
cunto-doon ah, mid dhuuni ah wax aan ahayni kama soo bixi
doono. Ha ku daalin oo dhurwaayadu dhurwaayo uun bay
dhali karaan. Beddela balse isku daya in aad dad noqotaan.
Sidee? Kolkii aad dalkiinna jeclaataan, damaciinnuna uu
noqdo: dalkaygu waa in uu dunida ugu horreeyaa—ayaad
dhali kartaan insaan dalkaan dal u ekaysiiya. Ha ka fakarin
jid iyo dekad la sameeyo, adiga oo aan dhisin dadkii jidkaa
iyo dekaddaa dheefsan lahaa. Lacagta illoow oo dalkaaga
caashaq. Kala dooro muchaashiqiintaada, nolosha oo
dhammiba waa kala doorasho e.

Waxaad iskula sheekaystaa, cod dheerna aad isku
gaarsiisaa, adiga oo dhurwaaga xayawaanka ah ka
cudurdaaranaya, weertaan: inkasta oo uu iga cawday,
sheegtayna in uu ka ragannimo iyo sharaf wacan yahay
siyaasiyiinta, haddana ma aanan deyn adeegsiga magiciisa.
Sida ceesaantii aan xoolaba ka lahaa uu xerada ugala

baxay, raqdeedii oo qur ahna uu iiga tagay, ayay kuwaanina xoolahaygii u qaateen, raq iyo hambana iima aysan reebin. Markii meerto dhammaatabaa mid hor leh in ay ii boqraan ayay isu diyaarinayaan. In aan ammaano ama aan ugu yaraan soo dhoweeyo ayay iga sugayaan, balse kama yeelayo. Dhurwaa kale ayaan u aqoonsanayaa tan iyo inta aan ka arkayo aadannimadiisa. Waqti yar ayaa lagu kala garan karaa. Tubta uu qaado ayaa ku tusi karta waxa uu yahay iyo waxa uu doonayo. Waan ku sugi!

Si aad oraahdaas u qabatintana waxaad u baahan tahay in aad fahantid oo ay kaa dhaadhacdo, in isbeddelka doorashooyinku ay yihiin shax aan anigu dhigtay.

Haddii aad iga beensanaysid, bal eeg hareerahaaga, dalka aad joogtidna si wacan u fiiri xaalkiisa. Waa meel dhimashadu badatay, dilaaguna uu yahay: "Kuwii", summad kalana aan loo aqoon. Har iyo habeen toonna ma socon kartid, werwer intiisa le'egna waad qabtaa. Ma hadli kartid, waxna ma diidi kartid. Badbaadadaadu waa aamuskaaga, xorriyaddaaduna waa ilaalinta xuduuddii uu dhiigga qubtay kuu xarriiqay. Waa caynaddaas kolka aad kala garan waydo in aad ku dhex nooshahay kayn ay waraabayaal ka taliyaan ama tuulo uu qorismarisku ku badan yahay. Haddii waagii aad yarayd aad ka baqi jirtay in uu qorismaris ku cuno, hadda oo aad weynaatayna waxaad ka baqaysaa dadqal dhiiggaaga u daadinaya cirfiidyo ciidda ku hoos nool. Adiga oo aafadaa dhex yuurura ayaa ay ayagunu tartamayaan. Yeelkadeed oo wayba dhiirradeen e, waxa ay ku dhiirradeen in aysan waxba xaalkiisa ka ogayn darteed may isugu xishoodaan.

Eeg mid walba wuxuu meel la taagan yahay: ballanqaadyo waaweyn oo uusan ka bixi karin, dhammaantoodna taabanaya wax la xiriira arrimaha bulshada, sida jidadka, ayraboorrada, waxbarasho lacag la'aan ah, iwm.—in uu dayaxgacmeed baan dirayaa dhahana waa suuragal. Dabcan, intaasiba waa xuquuqdaada asaasiga ah, haseyeeshee, nabad ayaad uga baahi badan tahay, wax sheegaya ama qorshe xasilin hayana ha sheegin.

Waa ugaar yaabkeeda leh, Eebbe ayaa u maqan oo sidan baaba caymo u ah. Waxay ugaarsatadu hareeraha iska dhigeen wax ay geerida kula diriraan—waa haddii ay la dagaali karaan e, ugaartiina waa ay kala qaybsadeen. Kolka ay halkaa la wareegayaan: na doorta waannu idin horumarinaynaaye, waraabayaal kale ayaa mid mid qabriga ugu sii wada. Danqan maayaan oo wuxuba waa habardugaag oo labo aag ku kala jirta.

Idinka oo sidaa u ibtilaysan ayay ayagoo kooxo ah dushiinna ku raxlaynayaan, dhoollatus aanay waxba reebanna ay idin la hor imaanayaan. Idinku awalba waad u falnaydeen e, waa idinkaa u mashxaradaya, si kal iyo laab lehna ugu sacabbinaya. U kaadsha, u kaadsha. Horta sacabka iyo orta daaya, oo nimanka waydiiya: in ay ka mid yihiin kuwa idin dilaya iyo sababta aanay haddaba ugu heshiin karin in amnigiinna ay si wadajir ah uga shaqeeyaan. Lacagta ay gubayaan iyo laaluushka baxaya may haddeer sanduuq horumarineed idiin ku sameeyaan? Ogoow oo horumarkiinnu naftiinna dhowriddeeda buu ka bilaabmaa. Ma quuraan! Nin aan jeebkiisa kuu quurin, kaagana kuuma quuri doono e, hangool isaga qabta.

Intooda kalkii kastaba idin hor imaanaysa, waa isku caynad, wax la sheego oo lagu kala xushana ma laha, halbeeg idiin kala hufayana ma lihidin. Hal nin oo wax uu soo qabtay sheegan kara kuma jiro. Nin tiisa dib dhigtay oo tan guud ka shaqeeyayna laga heli maayo. In ay qaarkood sheegtaan waxqabad aan la isku raacsanayn muddo ay xil hore hayeenna kama dhigna in ay iskood ugu istaageen e, wixii loo igmaday inta ay dayaceen ayaa ka badan intaa yar ee uu muranku ku jiro. Nin *joornaatadiisii* in uu ka badan qaatay mooye e aan shilin ka maqnayn, shaqadii uu ku bariisayayna aan wada qaban, in uu kuugu faano waxqabad waa gefka aan lagaala xishoon marnaba. Garan maayo sababta aad mar kale u aaminaysid mid kale oo aad ka dhigtay madaxweyne, balse mooryaan aan ka dhaqan duwanayn! Lax walba shilalkay isdhigtaa lagu gawracaaye, masraxa aan idin ku maxbuusay ku faraxsanaada!

Markii la doorto qooqaaga[3] weyn, waxa u yaalla ee koowaad waa daahfurnaan iyo isxisaabin uu ka bilaabo miisaaniyadda ugu horraysa ee uu adeegsanayo, iyo in uusan ka leexan miisaaniyaddii hore, wixii xadgudub ah oo ku jirana uu iska hufo, dalkana uu u caymiyo. Taasi ma dhacdo, meeshana looma imaan. Haddii ay dhurwaayadu wax hagaajin doonayaan, naftooda ayaa ay ka bilaabi lahaayeen. Maxaad ka sugi haddii uusan weli isxisaabin, haddii uu sameeyayna uusan xayntii yarayd la wadaagin, ama uusan bulshadaba wax uga sheegin xoolihii soo xarooday intay dhammaayeen, halkii ay ku baxeen, iyo wixii ka dhaqan.

---

3 Sida igu maqaal ah Xirsi Magan ayaa ereygaa u isticmaali jiray siyaasi hore oo uu mucaarid ku ahaa, balse mansabka madaxweynaha ee waayadaan dambe dawladnimadaba manjaha ku sita ayaan halkaan ugu adeegsaday.

Daahfurnaantu kuma xirna in aad weli xilal magacaabayso, meeshana aad ku cusub tahay.

Hoggaanka ummadda mar walba xil ayaa ka saaran hirgalinta himilooyinka dadkiisa, damqasho in uu yeeshana waxay ku xiran tahay dadnimadiisa. Haddii aad kursiga doonaysay, si uunna aad ku heshay, isku day in aad ka duwanaatid kursiga ka hor sidii aad ahayd. Haddii aad wax-dhintay ahayd, in yar isnoolee, haddii aad wax-nool ahaydna, in yar oo nolol dheeri ah iska baarbaar. Maalinta aad figta sare tagtid hadal kuuma eka e, waxqabad ayaa lagaaga fadhiyaa. Meel hoo u baahanna hadal wax kama taro, faanna warkiiba daa. Haddii aad hadlaysid, yuusan kaa noqon qayladhaan iyo cafis aanay waxba wehelin, cabasho iyo caraatanna warkooda daa. Waxqabadka muuqda ayaa wax sheeg ugu filan bulshada, xisaabcelinta waafiga ahina qaneeco ugu dhan.

Weli wax cusub lama hayo, malaha cid ku maqanina ma jirto. *In tub jeexan la sii hayo ayaa ka qumman tu cusub*, ayaa ah xeerka guunka ah ee ay dhurwaayadu ku diimaan. Maxaa loogu luggo'ayaa mar haddii aanay cidina doonayn xeer kaa ka duwan, bulshaduna ay sidaa uur iyo addinba ka doonayso?! Adiga oo awalba daallanaa, daldalashana ay dantaada ugu weyni ahayd, maxaad madaxaaga yar u daalinaysaa oo aad uga fakaraysaa dad aan ayaguba dan iska lahayn, waxa u wanaagsan iyo waxa u daranna aan kala aqoon?!

Intii wax haysata wixii ay kaa soo doontaan waa wax kororsi aan loo meel dayin, intii aan wax haysan in xilka lagu xooleeyana waa xeeladda ugu wanaagsan ee ay nolosha bulshadu isku soo gaari karto. Ma cid baa u haysa quud aan ka ahayn wixii ay jagada ku baduugaan, jifida buuqeedana ay kaaga asturaan? Waa sidaas qorshaha ugu mudan ee ay hawlahooda ku saleeyaan, wixii aan qodobkaas soo hoos galayn in aad raadisana waxay tilmaamaysaa sida aad nolosha uga dhacsan tahay, siyaasaddana aad uga tahay dhoohane waa hore hurdooday.

Markii ay kuwaasi idiin dooraan mid ka mida kuwa idiin soo shaqo tagay, waxaa uu durba bilaabaa xulashada ciddii wax la xaalufin lahayd, asagana daacad u ahaan lahayd. Shuruuduhu ma cusla marka laga tago in jaantuska beelaha aan iskushaandhayn mooye e, wax kale laga beddeli karin. Qofkii taa meel ka soo gala, waxa ugu muhiimsan ee laga doonayo waa in uu noqdo arke aan ogayn, maqle aan fahmayn, jooge aan la dareemin, maqane aan la tebin, hayin hayin dhalay ah. Xilka lagu tiriyo waxba loogama baahna in uu ku qabto, waxa keli ah ee laga doonayo waa in uu xaadiro shirka toddobaadka, dhismaha uusan wax ka dhex hayn aan barqadii laga waayin, fiidkiina aan hudheel ama qasriga gefin.

$$وَإِذَا أَرَدْنَا أَن نُّهْلِكَ قَرْيَةً أَمَرْنَا مُتْرَفِيهَا فَفَسَقُوا فِيهَا فَحَقَّ عَلَيْهَا الْقَوْلُ فَدَمَّرْنَاهَا تَدْمِيرًا ۝$$

"Kolka aan ummad halaag mudatay afgambinayno, waxaan madaxweyntooda ka dhignaa kuwo kharriban oo fisqi badan sameeya; kolka ay heerkaa gaaraan waxaa nagu waajiba in aan amarka rogiddooda bixinno, sidaa ayaanna ku burburinnaa oo aannu dukumdaakum uga dhignaa."

SUURAT AL-ISRAA', 16

ᨑ

Mar haddii aydaan u jeedin wixii aad abbaar u lahaydeen, ha ku noogina wax aan waxba idiin kordhin doonin. Iska suga, faataadhakhdaydana xiise ha u yeelina ee dantiinna raacda. Goorta aan dhurto inta yar ee ceelka ku hartay oo aad dhibicna waydaan ayaad garan doontaan qofka aan ahay. Kolka aad garashadaa yeelataan, waxaad ku khafiifi doontaan shallaytada iyo oraahda: haddii aan waagii...

Waa dardaaran waqtiga ku aaddan. Waxaan ugu soo celcelinayaana waa in aan weli noolahay, hawshayduna sidii iigu socoto. Hore soo idiin ma oran dhiman maayo e, hadba moodo cusub ayaan idiin ku iman doonaa. Daawada filinka sidii aad awalba u daawan jirteen.

Tabtaa iyo caynkaa duul aan u tababaray inta aad u sacabbinaysaan, geeri suuro nololeed leh iyo baqdin muuq nabadeed leh, ayaad ammaanteeda ku wardinaysaan.

Wardigiinna iyo waayahaygu isu wacanaa.

17

FOOD-DHEERE

وَلَا تُصَعِّرْ خَدَّكَ لِلنَّاسِ وَلَا تَمْشِ فِي الْأَرْضِ مَرَحًا إِنَّ اللَّهَ لَا يُحِبُّ كُلَّ مُخْتَالٍ فَخُورٍ ۝ وَاقْصِدْ فِي مَشْيِكَ وَاغْضُضْ مِن صَوْتِكَ إِنَّ أَنكَرَ الْأَصْوَاتِ لَصَوْتُ الْحَمِيرِ ۝

"Dhabankaaga dadka ha u dadbin adigoo isla weyn, socodkaagana xarrago kibir ah ka dhowr; Alle ma jecla ruux walba oo isqaadqaad badan, aadna u faanid badan. Tartiib u soco, codkana hoos u dhig—wax ciya dameeraha ayaa ugu cod xun e."

Suurat Luqmaan, 18-19

Dhanbaalkiisa noloshu ma cadda, tan iyo inta noloshu ay u run sheegayso oo ay toosinayso, ama ay gebi ka tuuri doontana ma baraarugi doono. Dhalanteedka raaxada dhow ayaa u dhifsada ku dhex milanka dhaqanno aan loo bogin. Cid jihaysa in uu ka koray ayay la tahay, xorriyadda in uu tijaabiyo ayaana wax walba kala weyn. Waa hubaal in uu qof weyn noqday, xaqna uu u leeyahay in tiisa la mudo, haseyeeshee, qof weli bariis kuugu soo xaadiraya, taladaaduna ay dac kala kharaar tahay, maxaad ka fili?! Qofnimadiisu wayba dhismi lahayd haddii uu ogaan lahaa in qofna uusan ka weynaan in lala taliyo iyo in uu naftiisa iyo dadka la tashado.

Ka soo biloow fadhiisiga baararka ee aan waqti kooban ku xaddidnayn, daawashada ciyaaraha ee aan koox gaar ah iyo cayaar gaar ah ku xirnayn, daawashada filimmada iyo musalsalaadka ee aan ujeedka lahayn, tirabbeelkana ah, waqti badanna lagu bixiyo, ... ku soo dhammee shukaansiga shuqulka laga dhigtay ee aan guur looga dan lahayn. Dhammaan intani waa wadiiqooyinka fududeeya jahawareerka barbaarta soo koraysa ku dhacay, lagana yaabo in ay u noqoto caado ay qabatimaan tan iyo inta bariiska waayiddiisu ay ka baydadiso, naftuna rubadda u timaaddo. Garashadu in ay ku kaalmayso inta aadan sagxadda soo taaban wacanaa, nolosha ayaase cashar dhigaal qabatintay, cid ay u diirnaxdana la waa.

Ruux gurigiisa ka soo kallahaya, xoogaagii jeebgaliska ahaa uu waalid ama saaxiib ka soo helayna lix ama toddobo saacadood biibito shaah ku gubaya, nolol wanaagsan ayuu ku jiraa. Kollay wuu dhaamaa kan aynigii ah ee dilaaga cagaarani uu dooriyay, dadkana uu ka dhex saaray, duunyana uu gaarsiin waayay. *Way isdhaamaantu* mar baysan ammaan ahayn! Haddii uu ruuxaasi yahay jaahil aan wax dhigan xitaa cudurdaar ma leh. Qofka ogaalkiisa aqooneed halkuu doono ha joogo e, ogaalkiisa nololeed ayaa xil ugu filan, baahidiisuna baraarujin ugu dhan. Waqtiga wax gooya oo lagu qiimeeyo laga heli maayo aduunyada, qofka sidaa wax aan la goyn karin bilaashka ugu bixinaya wax aan ku tilmaamo garan maayo, waase gar in doqonnimadaas darteed uu ku fakaro wax aysan ahayn in uu ku fakaro, ficilkuna waa meeshiisa.

Maxaad ku diidaysaa in aan ka dhasho dayaca uu ruuxaasi isbaday, aadanannimadiisana aan ka qaado oo uu noqdo mid ka mid ah tafiirtayda?

⌇

Marxaladda kuraynimada iyo dabaysha dunida qaangaarku ay babbinayso, waxay dhallintu aad ugu baahan yahiin in si intii hore ka dedaal badan loo jiheeyo—kartidii, aqoontii, iyo murtidii u noqon lahayd hubkii ay ku wajihi lahaayeen nolosha kakan ee ka hor imaanaysana lagu beero. Shaqada waalidka iyo barayaashu mar walba waa kaalin muhiim ah oo aan fulinta hawshaas looga maarmin, xilligaan oo kalana xil dheer ah ayaa fuula. Ayada oo lagu dhibbanaa gudashada xilkaa, barbaar badanina ay waayeen waxyaabihii ay u baahnaayeen ee lahaa xarun aqooneedyo garaadkooda iyo xirfadahooda kor loogu qaado, garoommo ay ku cayaaraan, fagaarayaal hibadooda lagu tijaabiyo, iyo maktabado, ayaa faraha laga qaaday, fawdo iyo mooryaannimana ay u dhaqaaqeen.

Kobcinta garaadka ilmuhu waa waajibka ugu muhiimsan ee waalidka saaran, la'aanteedna kuma guuleysan karaan mustaqbalka uu la jecel yahay. Haddii aad ubadkaagii korisay, quud iyo marashana aad ka haqabtirtay, balse aadan waxba maankiisa ku kordhin, marka laga reebo dugsi iyo iskuul ay aadiddoodu kuugu muuqato in ay tubtii saxnayd hayaan, waxaa kugu soo fool leh ayaandarro ifafaalaheeda aad ka garan kartid sida aanay dunidaba dan uga lahayn, quruxda iyo qiimuhuna ay ugu muuqdaan dhoordhoorka madaxa, dhuudhuubka surwaalka, filimka iyo faleembada taleefoonka. Qofkii aad dartiis isugu feerajabisay tabaca maalka, har iyo habeenna aad u kadeedantay, haddii uu noloshaba u qabo in ay tahay daawasho filin, cayaar, iyo fiidwareeg, soo khasaare kuuguma filna?

Saddexdaani waaba sahalo, ayadoon laga jarin ayaa la maarayn kari lahaaye, bal ka warran haddii uu filinku yahay dhaqanxumo aabbaheed, cayaartuna tahay booddo iyo la jaasjaasid hablo aynigood ah oo ay wada hallaabeen, fiidwareegguna tuugannimo iyo qurgooyo miskiin yahay? Ayaandarro caynkaas ah ayaa maanta badatay, kuraydii noqon lahayd jiilka berrina ka dhigtay kuwo dhaqan bi'in mooye e aan wax kale laga sugayn. Rejo xumadu kuwaa oo qur ah kuma eka, balse kuwii yaryaraa ee aan gacanta waalidka ka bixi jirin, keligood in ay socdaanna aan lagu dhiirran jirin, ayaa fawdo noqday, waalidiintooduna ay faraha kala baxeen. Haddii shalay ay jireen dugsiyo Qur'aan oo ilmaha lagu ababiyo, tarbiyadna ay ka soo qaadan jireen, haatan waxaa la amaamuday xarumo waxbarasho oo xitaa xannaano iyo garoommo ciyaareed leh—haba yaraadaan e. Haseyeeshee, tabtii hore ayaa ka natiijo fiican wixii dib laga helay.

Ilmaha toorrayda wata ama baskoolad iyo qori soo iibsaday ama soo kiraystay, nafta aadanuhuna ay kala raqiisan tahay moobiil ama sicirkeeduba yahay kooxda uu ku biiray in ay tiisa tahay iyo in kale, maxaa naxariis tiray dilkana u fududeeyay? Maxaa xuduud la'aanta ka dhigay, in lala xisaabtamayana xiskiisa ka saaray? Maxaa lumay, ilmahana ka dhigay aafo laga cawdubillaysto? Maxaa ka siibay garashada masuuliyaddii saarraan jirtay aynigood?

Ma waxbarasho ayay waayeen?

Maya.

Ma gaajoodeen?

Maya.

Ma baahi baa haysa?

Maya.

Garaadkooda ayaan wax lagu darsan, caadifaddooda baan waxba la dhadhansiin. Aayahooda baanay war ka hayn, noloshuna madal lagu kibro ayay ula muuqataa. Xorriyad aan la siin, lagana xabbisin ayay heleen. Xilli uu gacanta waalidka ka baxayo, nolol u gaar ahna uu gali doono ma jirto, inta ay labada waalid nool yihiinna ma waayayo hoy, hu' iyo raashin. Tabar iyo xeer dawladeed oo uu ka baqayana ma leh. Waa xor, aan lahayn garasho uu ku xakameeyo qooqii naftiisa, qayrkiina aan ka baqayn. Qiimaynta waalidku waa xaadiridda dugsiga, baasidda imtixaanka, iyo sidashada buug iyo qalin uu dahaar ka dhigtay.

Haddii aad waalid tahay, waxaa waajib kugu ah in aad ilmaha ku tarbiyadaysay dhaqanka suubban, asaaska Islaamka iyo akhlaaqdana aad bartid, kuna barbaarisid. Si ay taa u dhaqangaliyaanna waxaa lagama-maarmaan ah in, adiga oo ah aabbaha ama hooyadii uu ku dayan lahaa aad dhaqankiinna wanaajisaan, waxa aad u sheegaysaanna uu ficil ahaan idiin ka arko—qof ahaan iyo wadar ahaanba. In aad is-ilaalisaan, ayagana aad waardiyaysaan.

Sida aad uga fakarayso waxa uu ilmahaagu ku samaynayo guriga bannaankiisa, ayaa ay tahay in aad uga werwertid waxa aad adiga laftaadu ka qabanaysid. Haddii aad ka baqaysid in uu sameeyo wax liddi ku ah dhaqanka wanaagsan, adiguna iska dhowr in uu bannaanka ka soo maqlo xumaantaada. Hadalka waxaa ka saamayn badan ficilka, in aad garashadiisa dhowrtidna waa lagama-maarmaan. Sidaa oo kale, waxaa waajib kugu ah in aad ilmahaaga ka warqabtid meelaha uu tago iyo waxa uu samaynayo, saaxiib kugu xiranna aad ka dhigatid. Haddii aad taa ku guuleysatid waxaa hubaal ah in uusan ilmahaagu dareemi doonin cabbur keena in uu ciishoodo, xumaato-gudeedna ay cub ka noqoto. Isfahanka ilmaha iyo waalidka, la qaadashada waqti ay kala hadlaan waxa ka guuxaya, talada waalidkana ay ku maqlaan, waxay inta badan horseeddaa in nolosha ilmuhu ay ku qaabaysanto geesinnimo iyo ixtiraam uu noloshiisa ku doorto, kuna naalloodo.

Waajibaadkii sidaa ahaa ee waalidiinta saarraa kolkii ay in badani gabeen, dayac iyo darxumo nafsadeedna ay ilmihii soo foodsaareen, ayaa ay noqdeen food-dheerayaal uusan jirin qaanuun hagaya iyo xeer dabraya toonna. Cabburkii ay qaadeen, marxalad nololeed adag ee ay shahwada iyo kibirku u taliyaanna ay soo foodsaartay, cid jihaysana ay waayeen, ayaa ay macallin ka dhigteen naf arradan iyo ibliis ibtilo ah. Waxay soo minguuriyeen wax kasta oo xun ayaga oo ay la noqotay in ay tahay raaxada nolosha iyo marxalad la wada marayo. Dhammaan ficillada xunxun ee ay faraha la galeen ee leh: dilka, kufsiga, dhaca, iyo gaaloobidduba waxa ay la noqdeen: "geel laba jir soo wada mar", waalidkiina waxay talo uga ekoonaatay: "loofarnimada la soo wada mar".

Dhibaatooyinka iyo hoogga ay faraha la galeen maalinba heer bay joogaan, wax hor leh ayaa maalin walbana laga fishaa. Haddii ay waayo hore jirtay gabar qaangaar ah in uu nin kufsado, mar dhexana ay kooxi kufsato, haatan waxaa la marayaa in ilmihii yaryaraana ay cayman waayaan—jirdil, dil, iyo kufsi wadareedna loo geysto. Haddii aad shalay arki jirtay tuug hebel loo yaqaan oo reero u soo dhaca, mar dhexana ay jireen labo ama saddex jidadka dadka ku baarta, haatan waxaa jira urur ciidan ah oo dhallaankii soo koroyay ah, oo uu moobilku kala qaalisan yahay naftaada, qurgooyo mooye e aan wax kale aqoon. Haddii aad shalay taqaannay ilmo xaafadaha habeenkii dhagax ku tuura, deetana kala carara si aan loo cayrsan, haatan waxaa jooga guuto ciidan ah oo toddobo jir ilaa iyo 11 jir ah, kal cabsatana aan lahayn. In aad u soo baxdid, kama baqayaan e, intiinna guriga joogta oo dhan ayaa ay tahay in aad cabsataan, si aanay dhibtu idiin kaga badan tuuryada. Kolkii uu habeenku dumo, oday, habar, wiil iyo gabar, garmadoobe iyo cirroolaba, waa in ay naftooda u baqaan, si ay u lugeeyaanna waa in ay helaan hub ama wax kale oo ay isku halleeyaan.

෴

Aafadu intaa kuma eka, dhan walba oo aan isku dayo in aan kaaga suureeyana, wax kaa yaabiya ayaan ku arkaa. Waxa qarsoon ka badan inta kuu muuqata ee aad xanuunkeeda u jeeddid. Wax badan oo hallowsan, haadaanna bulshada ku sii ridaya ayaa hareerahaaga ku gadaaman. Sideeda bannaan, dhurwaayada iga farcamay waa ay badan yihiin oo kuma koobna siyaasiyiinta. Ganacsatada, culimada, barafaysarrada, dhallinyarada, iyo garmadawda, dhammaantoodba dhaqammo gurracan oo badan ayaan baray oo sidaa ayay uga mid noqdeen dhashayda. Inta san ee wanaagga jidkiisa ku mintidday, waxaa ka batay kuwa habowsan ee haddana u qaba in ay hanuunsan yihiin. Dhulkaan aynu ku nool nahay ee aad imminka joogtid iyo deriskeeda—oo ay saddexdaba ku bateen qaybaha aan soo sheegnay—dalkoodii ay ka hayaameenna u beddelay, waxaa ka jira dhaqammo aad u xun oo haddii aan kaaga warramo aad la ilmeyn lahayd. Waa hallaynta hablo doonayay in ay ayaga nolol la wadaagsadaan, wadaaddo ay masalo ku qalloocatayna ay u sahleen.

Haddii dhurwaagu inantuu xodxotay uu ka waayo in ay waxeeda u dhiibto, wax xil leh in ay samaysana ay nafteeda ka caymiso—waydiin ka dib ha diiddo ama dhaqankeeda dartiiba ha ku dhiirran waydo e—wuxuu u dhigaa shamaag kale oo aan ka shar yarayn shirqoolkii caashaqa ee ay ka samatabaxday, filin guur iyo mustaqbal ah ayuuna u dhisaa. Dhaqaale xumada haysa, baqdin in waalidkeed u diido ah ama sabab kalaba ha sheego e, wax uun ayuu u allifaa, qaarkoodna ay sidaa ku oggolaysiiyaan. Nin aad jeceshahay minhaaj qiil loogama waayo e, waxay dooriyeen masaafaysigii dani-keentayda ahayd ee waayo hore lagu soo caanamaalay, Soomaali badanna ay isku guursadeen[1]. Haddii shalay diidmo iyo yarad laga baqdin qabay, maanta ma jiraan, sida badanna la iskuma xiro xoolo. In waa hore la qabatimay darteedna arrintaasi ilaa iyo hadda uma sii jirto,

---

[1] Fikir ahaantayda, masaafadu waxay ahayd nikaax xalaal ah haddii qofka laga xaakim dhiganayo uu yahay ruux buuxin kara shuruuddii qaaddiga laga rabay, balse imminka waxaan u arkaa in ay xaaraan tahay kolka la eego dhibaatada iyo eelka ay waayadaan la timid iyo sida ay kuwo jaahiliin ahi uga dhigteen shaqo ay ku xammaashaan!

balse imminka ayaa ay ka tiro badan tahay middii hore. Waxaa laga dhigtay sidii mutcadii, kumeelgaar iyo danaysi shahwo ayaana loo beddelay[2]. Waxaa la arkay nin weyn oo gabar qaabkaas loogu xiray dhismaheeda la waydiiyay ugaga warceliyay in uu furay, sababna ka dhigay: "doobnimo ayaan ku waynaadayoo, rasaasta baan ku tijaabsanayay"!

Xaggee buu kaa galay damiirku kolka aad inan ku rabta u guursanaysid in aad xoogaa karka iskaga dejisid oo qur ah, ama dhaqaale ay u baahan tahay darteed aad jirkeeda meher-ku-sheeg ugu iibsanaysid? Sinada iyo mutcadu waa isku mid, masaafada maanta joogtaana waa la mid!

Habeengaad wadaad kaaliyeey godob u taallaaye
Gaagaabsigiisii hablaha wada garoobeeye
Masaafada geddeedii luntaa laysu soo galaye
Gogoldhaaf sidiisaa hablaha lagu gammaarshaaye
Masalada ka guuroo beddela belo gargaarkeeda.

Dhacdooyinka hawshaa la xiriiraa taa kuma eka, balse waxay hablo badan oo daacadnimo lagu ugaarsaday seejiyeen gabarnimadoodii, ama qaarkoodba waxaa lagala mid dhigay sidii dhillo garac qadday oo kale, ka dib markii lagu inkiray uur ka dhashay guur beenaadkaas. Adigaan aan qoralka kuu yeerinayo, way u badan tahay in aad la kulantay mid ku le'eg oo soo furay lix gabdhood oo uusan waalidkood war ka haynin. Ma kula tahay in wadaadka u xalaalaynaya maangaabyadaas uu ku dhaqmayo diintii qummanayd ee

---

2   Ninka gabar u guursanaya in uu furo markuu dhawr jeer la raaxaysto amaba ay ayagu ku soo heshiiyaan waa iska mutcadii. Xitaa haddii ay qariyaan, waxay ku dhaceen isla xaaraantii, dambigu wuxuu ka harayaa qofkii laga qariyay ee isu guuriyay, markiisii horana sifo sharciga waafaqsan ku mutaystay.

Islaamka? Ma kula tahay in ay shareecadu oggoshahay in maangaab weligii kharribnaa uu wax guursan karo, ayada oo aanay la socon ciddii masuulka ka ahayd?

Inta aanan barbaarta laga qaadan shilin, gabarna aan lagu xirin, miyaanay sheekhyadu iswaydiin karin sifaha ay ku meherinayaan ee ay xilkaa ku mutaysteen, iyo qofka masuuliyadda qaadi rabaa waxa uu yahay? Miyaanay hubsiimadu shardi u ahayn qofka xilka qaadaya in la ogaado in uu xilkaas qaadi karo iyo in kale?

෪

Marka laga soo tago dhibaatooyinkaas ay hablaha iyo bulshada u geystaan, waxaa haysa darxumo ka dhalatay marnaanta garaadkooda oo ku riixday in ay dhibbanayaal u noqdaan qaad iyo qabiil, askar u daacad ah oo ruuxda u quurtana ay noqdaan. Qorismarisku waxay u horseedaan colaado ay ku dhammaadaan, dhiiggoodana ay si bilaa arxan ah ugu daadiyaan. Waxaa middaas u dheer aanada oo ay dhac iyo dilba darteed u geystaan. Waxay naf dhan u goynayaan in nin reer hebel ah uu waayo dhexe dilay mid reerkooda ah, welina aan loo aargudin. Waxay xoolo miskiin u soo dhacayaan in waa hore mid ku qabiil ah uu reerahooda ka dhacay hanti ay lahaayeen, welina aan looga soo dhicin. Sidaa ayay ku diimayeen tan iyo waagii noloshu miyiga u badnayd, haatan oo ay magaalooyinku bateenna ka sii dar mooye e ka soo rayn lama arag.

Oday laga dhigtay sanam ayaa looga aargudayaa ku ay koox kale ka dhigteen daaquud. Odaygu sabab ayuu u ahaa in aad dunida timaaddid, haseyeeshee, marnaba kuuma uusan dirsan in aad dartii wax u dhibaatayso. Adiga iyo bulshadaan ayaa isla qaatay addeecidda sanamka aad samaysateen. Waxba ha gilgilan e, waxaani waa wax ka weyn cudur. Ruux bugta oo dabiib u baahan khudbad sheekh, mid hoggaamiye, iyo dhigaal aqoonyahan waa ay ka weyn tahay.

Tarbiyad u baahan *tarbiyeeye* ayaa lagu daweyn karaa.

Dhibta heerkaa gaarsiisan, waxaa sal u ah dayaca waalidka iyo gurranaanta goobaha tarbiyadda iyo tacliinta. Ilmo aanay cidi jihaynin, jidka toosan ayuu ka lumaa, haddaan Alle dhowrin. Waalidnimada in la isbaro ayaa lagama-maarmaan ah, aqoonyahanka diineed iyo maaddi ayayna hawshaasi u taallaa. Si looga baxo dhibaatooyinka haatan taagan, mustaqbalka jiilka soo socdana mugdi looga saaro, waxaa muhiim ah in kaalintii tarbiyaynta la soo celiyo. *Maqasle* ayaynu kaga warrami doonnaa ciddii ay ahayd in ay hawsha la qaybsato waalidiinta iyo macallimiinta.

18

MAQASLE

وَاسْتَعْمَرَكُمْ فِيهَا

"In aad arlada cammirtaanna wuu idiin diray..."

Suurat Huud, 61

Hoggaan la'aantu waxay ummadda ka dhigtaa kuwo habqan ah, tamartooda iyo tigaashooduna ay isyeelan waayaan. Cidda ay tahay in ay isku tosho, waxa la haystana ay isku qooshto, deetana ay ka soo saarto wax bisil oo nuxur leh— haba yaraadaan e—waa madaxda bulshada. Dhinacyada ugu wanaagsan ee ay tahay in wacyiga bulshada laga dhiso, lana fahamsiiyo, waxaa ka mid ah xaqa lagu leeyahay cidda hoggaanka haysa iyo waxa ay ayagu ku leeyihiin ummadda. Haddii kor loo qaado fahanka ay ka haystaan dawladnimada, waxaa suuragali karta in doorashadiisa ay ka fiirsadaan, qof u qalmana ay raadsadaan. Waxay sabab u noqonaysaa in ay dhexdooda xisaabtamaan, madaxdoodana la xisaabtamaan. Heerka maanta la joogaa uma dhowa halkaas, wax kasta oo la haystana waxay ka habawsan yihiin tubtoodii haloosiga ahayd.

Masuuliyadda shakhsiga, qoyska, iyo tan bulshadaba waxaa lagu hagaajin karaa in la helo hoggaan qumman, qorshayaal fayowna ku waajaha qaabaynta nolosha. Haddii sida uu haatan xaalku yahay ay wax ku sii socdaan, waxaad mar walba mashquul ku ahaan doontaan xallinta xaaladaha degdegga ah ee aad ku qaabbishaan dhacdooyinka idin la soo gudboonaada. Dhibtu waa wax soo noqnoqda, heerkeedana la xaddidi karo haddii loo sameeyo ka hortag, ka dabatag, iyo daweyn. Si aad u yarayso dhibaato cayiman waxaa lagama-maarmaan ah in aad baaritaan ku samaysid sababaha ay waxaasi u dhacayaan iyo sida lagu tirtiro karo, sida ugu macquulsan ee lagu xallin karo. Tusaale ahaan: Food-dheerayaashu waxay la yimaaddeen dhibaatooyin aanay timahoodu geysan, haddii laga xiiro iyo haddii loo daayana aanay dawo ka imaanayn. Dhammaan falalka gurracan ee aynu ka soo sheekaynay, waxay ka dhasheen tarbiyad xumo ay ka dhaxleen qoyska, iskuulka, dugsiga, iyo magaalada. Waxay waayeen: waalid ka adkaada, una noqda hage; macallin wax bara, tusaalana u noqda; bulsho fayow indhana u noqota, iyo goobo ay waqtigooda firaaqada ah uga faa'iidaystaan.

In badan oo waalidiinta ka mid ahi waa ay maran yihiin, waajibaadkooda tarbiyadeedna ma garanayaan. Kolkii uu guursanayay cid hubisay ma jirto, garaadkiisa iyo aqoontiisana cidi isma aanay waydiin. In uu nin yahay, wixii uu nin ku ahaana laga helo ayaa ah shardiga ugu muhiimsan ee guurkiisa ku xiran. Wax ma aqristo, in uusan xaraf qoran kicin karinna waa suuragal. In harkiisa uu reerku harsado mooye e, wax kale iskuma hawlo. Haddii ay waxbarasho gaaraan, hooyada uun baa goob waxbrasho geysa, asna wax kuma darsado. Haddii uu dedaalo, waa markii uu bisha ka bixiyo. Baal qoran oo ay ilmuhu dhigteen, ma dhugto, mana daneeyo. Kolkii uu yimaaddo, haddii uusan hooyada iyo ubadka ku qaylin, waa in uu ku dangiigsado barkin barxadda loo dhigay iyo dirin u gaar ah, halkaana uu sidii aar xanaaqsan shaaribbada ku miiqmiiqo. In uu aabbe noqdo, waa in laga baqo, lagana haybaysto. Markii ay ilmuhu soo weynaadaan, wax maqan iyo wax jooga waa in uusan tirin. Haddii hooyadu u sheegto in qayb ilmaha ka mid ah ay saaqideen, kana tanbadiyeen, waa in uu ayada canaanto, ilmahana uu ganaca gooyo. Haddii uu ka caalwaayo, waa in uu hooyada u sheego in ay u fasaxan tahay in ay xabsiga geyso, asaguna uu kharashka ka bixin doono. Haddii ay weli ka rejo qabto, waa hooyo e way u kaadisaa. Haddii uu garan waayo, kal cabsatana ay u muuqan weydo, waa in ay booliska beegsato, ayada oo hoos ka baaroranaysana ay oggolaato in lagu qaado shabaqle aan bud iyo qori baadkii mooye e wax kale la barin.

Mid askarinnimadaba ka fahamsan dilkii iyo caydii ay kala soo carartay, oo balwadna lagu sii daray, ayaa ay u gacangalisaa, ayada oo quuddarraynaysa in nolosha foosha xun ee ay u dirtay, ay noqoto mid uu ku waansamo, dariiqa saxda ahna ku soo celisa. Kuwa loo geeyay quruxda keli ah ee ay ku biirin karayaan waa in ay dhoordhoorka ugu beddelaan tin siman oo sidii loo uumay u eg. Waa miskiin aan war u hayn in kuwa ay ilmaheeda u geysay ay yihiin dadqalato, shaqadoodiiba ku koobay in ay eegtaan wiil timihiisu kala sarreeyaan, surwaal dhejis ah oo jeexjeexanna isla dhuruqdhaarruqinaya. Ma ay oga in kuwaani ay yihiin duul gabay hawshii laga sugayay ee ay ka mid ahayd: in ay hooyada iyo aabbaha dhisaan, macallinka tayo u yeelaan, waxbarashada hagaajiyaan, ayna sameeyaan maktabado, dugsiyo farsamo, garoonno, iyo xarummo halabuurka dhallinyarada lagu soo bandhigo.

Qof aan qoyskooda iyo bulshadaba ka helin tarbiyaddii uu qof ku noqon lahaa, ciddii jawigaa abuuri lahaydna ay hawshooda ka hurdaan, dhibta uu la yimaaddo, ummaddana uu la soo dhexgalo laguma daweyn karo in la qabto, xabsina la jiifiyo maalmo kooban. Haddii ay dhacdo in sannado badan la xiro, shartiisana bulshada laga qariyo, waxaa shaki la'aan ah in ay mar walba soo baxayaan kuwo kaa hore la mid ah ama ka sii xun. Bakteeriyo haysata goob ammaan ah oo ay ku dhalato, kuma dabargo'ayso in la daweeyo cudur ay keentay. Mar walba oo ay halkeeda ammaan ku tahay, in cudurkii ama kuwo ka xun ay dhalinayso waa shaki la'aan. Haddaba, si loo yareeyo faldambiyeedyada, waxaa lagama-maarmaan ah in la helo nidaam tarbiyadeed oo isku xiran. In la diyaariyo manhaj tarbiyadeed oo dhisa aqoonta, garaadka, iyo shakhsiyadda qof walba oo bulshada ka mid ah waa lagama-maarmaan. Halka xoogga la saaray in ay ilmuhu buugaag qaataan, fasallo casharrada darteed loogu kala jarjarayna ay ku tartamaan, waxaa ka muhiimsan in tamar badan la galiyo sidii ay ku noqon lahaayeen dad iswadi kara oo ayagu fasalladdooda u dedaala, noloshana qiime u yeela.

Si taa loo helo, waa in waalidka laftiisa la dhiso, waxna la baro. Inta uusan guursan ka hor in la tababbaro, ninnimada iyo waalidnimadana la baro, lana kala fahamsiiyo. Waa in loo sharraxo xuquuqda lagu leeyahay ee uu ka og yahay biilka oo qur ah. Si loo helo qoys masuuliyad leh, waa in ay jirtaa hay'ad qoyska qaabbilsan oo aan ku dhisnayn ajande shisheeye oo bilaa nuxur ah iyo siminnaaro la soo minguuriyay oo aan ina khusayn. Sababta ugu weyn ee ay qoysasku la rafaadsan yihiin, xilgudashadooduna ay gaabis u tahay, waa in aanay jirin cid isku hawsha waxbariddooda iyo wax ka beddelka qaab nololeedkooda. In wax la dhalo waa ay sahlan tahay, balse in la guto xilka waalidnimo ma aha wax fudud, aqoon la'aanna laguma guulaysan karo.

Hooyadu waa ay dedaashaa karaankeed: wax siin, wax barid, iyo waaninba kalama masuugto ubadkeeda. Si kasta oo ay waxbarashadoodu u hoosayso, loona hagraday, marnaba ma aanay ka gaabin gudashada waajibkeeda, taagteeda ka badan ayayna qabataa. Gudashada xilka aabbannimo ayaa ah kan ugu daran, uguna rejo xun dalkaan. Sida uu warmoog u yahay ayaa ay wax walbana u dayacan yihiin. Inkasta oo ay qariib kula noqonayso, haddana waxaan dhihi karnaa: marka laga soo tago waayidda naxariista waalid, iyo in uusan ilmaha ay u nool yihiin dareemayn cidloonsho iyo wax ka maqan, haddana wax farqi ah oo weyn uma dhexeeyaan in aad agoon noqotid iyo in aadan noqon— marka la eego sida aanay aabbayaashu u gudan xilkooda tarbiyadeed ama xitaa maaliyadeed. Aafo ka weyni ma jirto aabbahaa oo nool agoon noqo!

Hay'ado khayri ah, kuwo maaliyadeed, iyo qaaraan qoys mooye e, maamullada waayadaan ka jira dalku xil iskama saaraan agoonta iyo darbijiifyada nolosha ka sagsaagay. Waa dhibbanayaal xilkoodu uu saaran yahay bulshada, cidda keli ah ee wax u qaban karta, wax u agaasimi karta, goobo mid ahna isugu keeni kartaa waa dawladda. Bulshadu sidii laga rabay, xilkeeda uma aanay gudan, turriimadii iyo taakulayntii ay uga baahnaayeenna ma aanay siin. Imtixaanka dhaxanta, dulmiga, iyo dacdarrada ayaa ay ku eegteen. Dawladaha kala irdhaysan, dadkana kala xirmaystay, ayaguna uma aanay dhaqaaqin, malaha in ay jiraanna umaba qabaan. Kuwii aabbayaashood ay dartood u dhinteen, ayaan waxba ka ogayn, in ay maqlaanna aan diyaar u ahayn. Ilmaha noocaas ah ee ay noloshu ciishay, kama baxsan karo in uu noqdo xaabada lagu shido fitnada geyigaan ka aloosan. Muxuu kaga bedbaadayaa mar haddii uusan bulshada ka helayn wixii uu xaq ugu lahaa, qaamuuska dawladdiisana uusan ku jirin?!

In macallinka la jiheeyo, lana dabo galo ayaa ah kaalinta labaad ee ay barbaarinta ilmuhu ka toosto—aqoontiisa, dhaqankiisa, dabeecaddiisa, garaadkiisa, iyo wax dhigistiisaba in la eego, mar walbana la sii tayeeyo, ayaa lamahuraan u ah barbaarinta ilmaha. Ilmo laga toosiyay gurigiisa, malcaamadda Qur'aanka iyo iskuulkuba waa ay ka gurin karaan wixii lagu soo hubeeyay. Haddii uu dhex galo goob aanay macallimiintu hagaagsanayn, masuuliyadina aanay ka muuqan, waa hubaal in ay ilmahana saamayn kaga tagayso, wixii uu guriga ka soo arkayna ay la noqonayaan wax aan noloshiisa la xiriirin. Sidaa oo kale, goobaha aqoonta ee aanay dadka gacanta ku haya maamulka iyo wax dhigistuba ahayn dad hagaagsan aqoon ahaan, xirfad ahaan, iyo dhaqan ahaanba, waxaa ku bata qaska iyo labta. Carruuraha la geeyo waxa ugu weyn ee ay ka kasbadaan waa in ay noloshoodu noqoto mid aan kala dambayn lahayn, fawdaduna ay u tahay qurux. Duul nasakhan ayaa dad habowsan soo saara e, macallimiinta ha loo toog hayo.

In aan cayaaraha wanaagsan laga hor istaagin, loona dhiso goobo ay ku dheelaan, ayaa ayaduna waxay qayb ka noqon kartaa in ay ilmuhu waqtigooda kala xadaystaan, halkii ay cayaar loo diiday ku lumin lahaayeen saacado badanna, ay ku bixiyaan wax uga muhiimsan. Farsamada gacantu waxay kor u qaaddaa xirfadda, garaadka, halabuurka, iyo kartida ilmaha. In la baraana waxay noloshiisa u samaysaa dhadhan uusan la'aanteed heleen. Markii uu arko in uu wax qabsan karo, xoolana uu tabcan karo, waxaa ku soo biirta yididdiilo uu mustaqbalka ka yeesho, masuuliyadna waa uu dareemaa. Dhammaan intaani waa tusaalayaal guud, balse xilka laga sugayo maamulka ilmaha timahooda maqaska la dabo taagan waa uu ka culus yahay intan.

19

DULMAN

وَلَا تَعْضُلُوهُنَّ لِتَذْهَبُوا بِبَعْضِ مَا آتَيْتُمُوهُنَّ

*"Ha u dhibaataynina si aad qasab uga qaaddaan qayb ka
mid ah xuquuqdii ay idin ku lahaayeen..."*

SUURAT AN-NISAA', 19

Habluhu waa halbawlaha bulshada, waana xubinta ugu xil
culus ee ay noloshu ku taagan tahay. Waa hooyo korinta
iyo barbaarinta sida ay ugu hawshoon tahay, aanay maanta
jirin rag sidaa u badan oo kula mid ah. In badan oo ka mid
ah waxay noloshu badday in ay Aabbe iyo Hooyo labadaba
noqdaan, duni kulayl badanna ay kula jaxartamaan ilmo
aabbahood nool yahay, agoonna ka nasiib xun. Dumarku
waa walaal, hiil iyo hoo inala garab taagan, haddana
aynaan wax abaal ah uga haynin. Waa xaas kalgacaylka
iyo turriimada ay inagu habaan aynaan qiime u dhigma u
haynin, jacayl u qalmana aynaan ugu abaalgudin. Qof wax
garanaya ayaa qiimahooda u qira, maamuuska ay mudan
yihiinna mariya.

Habluhu waa lafdhabarta bulshada, haddana waa
xubinta ugu nugul ee bulshada, kalgacaylka iyo himilada
farxadeed ee ay ku taamayaanna kala kulma dibindaabyo

badan. Wax badan oo ay samaan u haystaan, ayaa lagu dhagraa, dhibaatooyin iyo eelna uga taga. Wax badan oo ay tahay in ay dhowrtaan, ayaa ereyo dheeh qurxoon lagu dhaafiyaa, waxayna sidaa ku waayeen fariidnimadii ay ahayd in ay ku tilmaansanaadaan, taa oo ah in uusan qofku hilmaamin qiyamka iyo akhlaaqda suubban, waxna uu isku falo. Ka gudbidda seeraha dhaqan ee wanaagsan cid fayow oo dhiirrigalinaysaa dunida guudkeeda ma saarra—waa haddii aanay ujeeddo kale ka lahayn. In aad xorowdid garaad ahaan iyo in aad xishood la'aan noqotid waa kala labo. Wax kastaba ismood, laakiin hareerahaaga in aad dhugatid adiga ayay ku anfacaysaa. Kolka ay Ina Rag joogto iyo kolka ay hablaha tahay waa ay kala duwan tahay, curfiga iyo caadooyinka bulshada ayaana qaabeeya. Dunida oo dhan Ina Rag waxa uu u heellan yahay hirgalinta fasaadka la xiriira dumarka, wuxuuna iska dhigaa qareen u dooda. Waxaad ku garan kartaa sida uu u hareermarsan yahay u dhicinta xuquuqdoodii asaasiga ahaa ee aynigiis ay ka hortaagnaayeen, wuxuuna u halgamaa qaawinta gabdho asturan, xishoodkooda ayaana ah sun iyo waabay uu la buko.

Sida caadiga ah, ragga iyo habluhu waa ay isu baahan yihiin, Eebbe ayaana isu uumay, haseyeeshee, aalaaba jinsiga dabo yaaca kan kale, baadigoobna ugu jiraa waa laboodka. Waa dhif iyo naadir, haddiiba ay jirto, in ay gabari nin raadiso, guur iyo jacaylna u aaddo. Isla ragga ayaaban ka helin gabar u soo bandhigata ama dartood safar u soo gasha. Taa ayaa ka mid ah waxyaabaha keena in ay ku kala duwanaadaan saamaynta fasaadku uu ku reebo. Bal cid kale ha joogto e, kan ugu hallaysan, ee food-dheeraha isnacay ah, ayaan doonayn in uu nolol la wadaagsado gabar uu xumaato u horseeday. Weligoodba siriq ayay dhigtaan gabadhii ugu dhacdana wax turriimo iyo aadantinnimo ah uma muujiyaan. Waa gafanayaal u oomman dhiiggooda, kolkay jaqaanna dhereg la dhaca, tu hor lehna u kabo gashta.

Bulshooyinka Muslimka ah, ama dhaqanka qoysku uusan noqon tusbax waa hore go'ay, waxaa hablaha fasaada la soo gudboonaada dacdarro ay kow ka tahay in laga dhigto wax ay dadka badidii ku sheekaystaan, ayna noqdaan kuwo ku sheeggan xumi, qof nolol in uu la wadaagsado ugu yimaaddaana ma jiro. Cidi uma diirnaxdo, mana daryeesho. Haddii ay toobad keenaan xitaa uma dabcaan, dadkana kuma dhex daraan. Waa xanuun intiisa le'eg, inta uusan dhicinna in laga hortago ay waajib tahay, si la mid ah sida ay waajibka u tahay in qof qaldamay aan si arxandarro ah loo takoorin, ummaddana looga dhex saarin.

Ka sokow sharciga Eebbe ee ina faraya in aad looga taxaddaro dariiq walba oo xumida jinsiga inoo horkacaya, waa gar in gabdhaha laga ilaaliyo dhurwaayada ku dhaqan dunidaan damiirka beeshay, ruux walbana uu tiisa ku jeeniqaaran yahay. Doodda oranaysa: 'maxaa hablaha gaar ka dhigay?' waa indhaxirasho iyo dafiridda wax aan la dafiri karin. In aalaaba la isku baraarujiyo summadaha dhurwaayada, kaartooyinkoodana hablaha loo sharraxo, waxa keenayaa waa u dhicinta xaqooda nololeed ee looga boobo ereyada qurxoon. Ina Rag soo ma ahan kii yiri: *dumar been baa lagu soo xero gashaa, runna waa lagu dhaqaa*?! Bal ka warran haddii uusan xero galinayn e, uu xayndaabka ka gudbin rabo, dhaqashana uusan doonayn? Maxaa lagu hubin karaa dhoorrayaasha u eg dhammayska, guurka iyo jacaylkana ku jillaabanaya?! Soo ma aha in had iyo jeer lagu waaniyo: ka dhowrsanoow, cidla' ha ugu tagin, dhadhamana yuusan afkaa kaa saarin? Intaa wax aan ahayni gubi maayaan ugaarsatada, dagaalka ay kaga horjeedaanna waxba uma reeban doonaan. Xorriyadda ayaa hub u ah, waana siriqdooda.

Wax aan la inkiri karin weeyaan in qayladhaanta ragga ee dumarka lagu qaawinayo, ay tahay tu ku salaysan ka faa'iidaysiga wax aysan ka maarmi karin, ayaga oo aanay xuquuq iyo waajibaadi raacin. Waa dhab in qaar badani ay yihiin *dameeri dhaan raacday* aan dhugmo u lahayn sharciga Eebbe, warna aan ka hayn waxa dhaliyay qayladhaanta reer Galbeedka, sidaana ay isaga wardiyaan waxyaabo badan oo aan jirin. Waa gar in laga dhiidhiyo dulmiga aan yarayn ee lagula kaco gabdhaha, wadaad iyo waranlana ay ka qayb qaateen hirgalintiisa iyo kobcintiisa. Haseyeeshee, lama qaadan karo in lagu laro dano kale oo dhaqan bi'is iyo diin-la-dirir ah. Kolka aan sidan leennahay, dooni mayno in aan Alle ku been abuuranno, wax uusan jidayn aan jidayno, wax uu sharciyeeyayna aan dafirno. Halkaan qaab fiqi kaga hadli mayno qaddiyadda madaxnimada, waxbarashada, iyo shaqada—balse waxaynu si guud u tilmaamaynaa in kuwa u ololeeya xuquuqda dumarka iyo xorayntooda, aanay hablaha si waaqici ah ugu doodin e, ay u adeegayaan kuwa xoraysashada hablaha ku hawlan.

Haweenay xijaaban, amarka Eebbana ku qanacsan, qofka u heellan in uu qaawiyo, aayadaha Qur'aankana sida uu markaa danaynayo ugu fasiraya, ama asagu waa horaba isaga tagay diinta iyo wixii la xiriira, haddana iska dhigaya sidii uu u doodayo xuquuqdooda, waxaa hubaal ah in uusan lahayn ujeeddo aan ka ahayn: in aanay bulshada dhexdeeda

ku harin dabarrada diineed iyo dhaqameed ee ku gudban
in uu helo dumar uu jirkooda ku naalloodo, wax xuquuq
ahna aanay dushiisa noqon. In hablaha oo dhammi ay fayga
qaawiyaan, luqunta iyo kalxamahana ay banneeyaan, wax
badanina aanay u daahnaan—ayaa uu u ekaysiiyaa xorriyad
iyo horumar dunidu ay gaartay, mudanna in aynu tiigsanno.
Intaani waa wax yar waase bilow, sabab ay dhardhigasho
buuxda ugu soo dheereeyaanna ma jirto. In lagugu soo
celceliyo, dumarka qaarkoodna ay ku dhaqmaan, ayaa ah
dariiqa ugu fudud ee ay doorbidayaan. Wixii kugu soo
noqnoqda, waxay isu beddelaan dhaqan ay bulshadu hadba
si u aragto, lagana yaabo in marka u dambaysa ay noqoto
wax iska caadi ah oo la qabatimo.

Duulkaa qaawinta hablaha ku hawlan, arrintoodu intaa
kuma eka e, waxay meelahaas kaga hadaaqaan in haweenka
la siiyo qoondo ay ka helaan siyaasadda, ayada oo aan og
nahay in aan laga doonin halkii ay ahayd in la abbaaro.
Bulsho habluhu ay ku dhex dhibaataysan yihiin, noloshii
asaasiga ahaydna ay la hardamayaan, Ina Ragna uu ku dul
dayacay, ayaa ay ka filayaan in siminaar la qabto lagu siiyo
kuraas ay raggii haystayba ku heshiin la' yihiin. Meeye
dumarka ay u doodayaan ee ay doonayaan in ay laboodka
wax la qaybsadaan, dalka masiirkiisana ay qayb libaax ka
qaataan? Ma joogaan marka laga reebo koox yar oo ku
shaqaysata. Niman baa tan iyo yaraantii soo qabbirayay,
kolkay hubqaadeenna god naareed ku xaraystay. Waa
run oo rag badan ayaa haweenkii ay guursadeen u quuri
waayay in ay biilaan, waajibkii qoyskana ka doorbiday in
ay caleen ka raadsadaan, ama ugu yaraan fadhi-ku-dirir.
Gabadhii saaka suuqa u kallahday ayaa ilmaha qadada u

soo dhicinaysa, adeeggana u soo iibinaysa, asaguna in uu raashin loo diyaariyay cuno, fiidkiina uu casho iyo hoyad u soo aado ayaa u ah ragannimada keli ah ee uu u quuro.

Haddii ay maalintaas wax soo waydo, waa ay soo amaahataa si asaga iyo awlaaddii uu aabbaha u ahaaba aanay u qadin. Kama warqabo, mana waydiiyo nolosheeda, duruufteeda iyo danaheeda, dibindaabyada iyo dayaca suuqa ku haysata. In ay gudanayso waajibkiisii oo laga cafiyay, ayadana lagu wareejiyay ayaaba ay la tahay. Haddii aad sebenkaan aragtid nin doonaya haweenay *daacad* ah, sida badan waxa uu ereygaasi uga dhigan yahay ma aha jacayl iyo nolol deggan haweenay uu ka helo e, waa mid uu ka filanayo in ay u noqoto addoon hayin ah, biilkiisa bixisa, sariirtana ugu roonaata. Haddii uu casho ka waayo kolka uu habeenbarkii soo dhaco, habaar iyo hantaaturro haddii uusan isugu darin, canaan iyo haaraamid ayuu ku habaa, mahadnaqna uu u siiyaa. Waa suurad-xume, garasha-laaway ah, wixii uu gabay aanay gubayn, wixii ay gaariwaydana ku guulguula.

Raggii hore in ay haweenku hanti yeeshaan uma aanay diidi jirin, haddana ceeb iyo dhimasho ayay la ahayd in ay inani biisho, xoolaheedana uu iligga saaro. Si kasta dhaqankaasi ha noqdo e, waxay ka ahayd masuuliyad iyo in ay haweenka u arki jireen maato ay tahay in ay daafacaan. Diin ahaan, xaaraan ma aha in xaaskaagu ay xoolo ku siiso, balse waxa gunnimada ah, diinta iyo dhaqankeennana ku ah wax gurracan oo foolxun, waa in nin laxaadkiisa qabaa uu haweenayda ugu marti noqdo waajibkii asaga saarnaa, ragannimana uu u arko.

Yeelkadii, haddii uu middaas qaatay e, haweenaydii uu tabaceeda nafacsanayay muu ka caawiyo shaqada ay hayso oo uu ku qaybo tii xaafadda?! Yeeli maayo, cid uu ka baqayo oo masuuliyaddiisa kala xisaabtamaysana looma hayo, cid ka hadlaysa oo sheekh, aqoonyahan, urur xuquuqul insaan, iyo afmiishaar lehna ma jiraan. Waa looma-ooyaan la sii rafaadinayo, iilkana loo sii waldaaminayo.

Midka dhaqankiisu sidaa yahay, gafanahana ku noqday, waa midkii ay hoyga waalidkeed ka soo raacday, nolol qurux badanna ay ka filaysay. Kolkii ay guriga aabbaheed joogtay werwer kuma uusan yarayn, cadad iyo xisaabna ma leh inta jeer ee ay ku sigatay in laga iibiyo duq maal haysta oo aan wax ugu oollanayn, in ay isfahmaanna aan rejo badan laga qabin. Waa caado soojireen ah in oday ay waa hore ka dhammaatay, uu miskiin ay adduunyadu u cusub tahay sahay aakhiro ka sii dhigto. Kolka uu aabbaheed filanayo in xerada uu geel badani ugu soo xaroonayo ama doollar badan koontada loogu shubayo, xiskiisa kuma harayso in uu ka fakaro in gabadhiisa oo hesha nolol gacaltooyo miiran ah ay wax walba ka qaalisan tahay. Middaas ma xusuusan doono, layaabna ma leh. Farxad iyo raynrayn ayuuba ka sii qaadayaa. Sideeda ahaanba, aadanuhu waa u debecsan yahay maalka, wax uusan yeeleen ayuuna oggolaysiiyaa. In uu bixiyo asaga oo qanacsan, raalli ah, inantiisana aan dhugan karini waa gar. Qoftii nolosheedaba lagu summaday "inani guri ha kaaga jirto ama god" oo lagaa iibsanayo, miyaa la isku sii dhejiyaa?! Ma ceeb aad ka cabsanaysay, sharaf iyo maalna kuu noqotay ayaa la beec xiraa?

Waa may.

Qof xoolo yaqaan ahi, iskuma sii dhejiyo hanti 'rakhiis' ah oo qiime sare loogu gaaray.

Jabka nolosha habluhu waa kaas, balse waxaa ka sii xun kolka ay noqoto mid lagu xaalmariyo nin xanaaqay ama godob tirsanaya. In maslaxad lagu dhex dhigo qabiilooyin isdilay way ahayd dhaqan gurracan oo laga filanayo natiijo wanaagsan, balse waxay aafada ugu darini ku sii darmatay kolkii gabadha la bixinayo loo jajuubo nin ay jifida kale soo xulatay. Sababtuna waa wacyiga dadka oo hooseeyay, cid u qareentana aanay jirin, aawadeedna hablaha la qabatinsiiyay—ilaa imminkana lama joojin. Dad dhiig dhex yaallo, in ay isqisaastaanna ka gabbaday, ayaa gabar dhan waayaheeda loo gubayaa, oo sidii ay neef la bixinayo tahay inta la qabto, nin qabiil matalaya lagu wareejinayaa.

Waa jab in aad ilmahaagii u aragtid maal diyo kaa gudi kara ama xoolo kuu goyn kara. Yaa sharci kuu siiyay in aad xoolo ku qaadatid ama aad xoolo isaga bixisid?! In aad ayagana hanti ku tabcatid, wiilashana aad ku bixisid tii aad adigu lahayd, dulmiga ka weyn ee aad galaysid muxuu yahay? Soo xag Alle lagaama farin in aad ilmahaaga waxsiinta ku sintid, caddaaladdana aad ugu dedaashid?! Iska daa caddaalad ay u sameeyaan e, dhaxalkooda ayaa dhaqan guun ahi uu ka qadiyaa ama odayga dardaarankiisa darteed ayaa cad quureed loo tuuraa!

Mar kale waa xigsiisan lagu kaalmeeyo nin walaasheed qabay, oo ay geeridu hore uga sii qaadatay, lagana yaabo in loo jujuubo. Ama waa dumaal uu ninkeeda walaalkii ku habsado, rag kalana laga hor istaago. Marlayba waa xoolo lagu cayminayo kuwo kale, ama waa hanti laga ilaashanayo cid kale. Waxaa loo maamushaa sidii maalkii, dad nool oo dunida qayb ku lehna loolama dhaqmo. Gabari waa in ay yeesho sidii loogu taliyo, agaasinka gurigana hawsheedu ma dhaafi karto, mustaqbalkeeda iyo waayaheeduna waa in uu ku tiirsanaado Ina Rag. Waa tabtaa iyo caynaddaa, xitaa kuwii magaalada soo galay ayaa sidaa loola dhaqmaa.

Haddii waxbarashadii la wada geeyay, hawshii gurigu weli waa sidii. Raashinka in ay u kariyaan, u keenaan, weelka xalaan, dharka u dhaqaan, guryaha u nadiifiyaan, una soo goglaan ayaa weli sidii waajib ugu ah. Haddii ay waajib ahayd in waxsiinta lagu simo, in waajibkii gurigana loo kala qaybiyo soo ma aha? In wixii la wada leeyahay, loo kaltamo, qof walba wixii u gaar ahna uu duudka u rito soo caddaaladdu ma aha? Ciddii iscaawinaysaa waa dadnimo dheeri ah. Maxaa keenaya in ay dad wax bartay, magaaloobayna, ay weli sii hayaan tubtii cabiidinta hablaha iyo rukhsad siinta ragga? Ma gar baa in wiilku saacado badan oo fasax ah muraajacana uu ku sameeyo uu haysto, gabadhuna ay la rafanayso shaqadii guriga, buuggeediina ay u kansho la'dahay?

Wacyigu weli waa halkii.

In ay siyaasadda galaan, xilalna ay qabtaan kuma xirna in dhibaatooyinkaan la xalliyo, haatan oo la joogana kama aanay horjoogsan, balse waa lagu hungoobay natiijadii la filayay in ololihii hantida badan iyo waqtigaba lagu bixiyay ay ka soo baxdo, qoondada haweenkana heer ay qolo u cayimatay la soo gaarsiiyo. Cidina kama ay sare mari karto waaqaca nolosha, isbeddelkuna kuma yimaaddo mashruucyo xoogaa lacag ah lagu cuno, iyo siminaarro aan wax qiime ah lahayn oo hadba meel lagu qabto. Waxaan marna la huri karin, in isbeddel walba oo ka dhasha gudaha dadka, ay tahay in ay duruufuhuna si tartiib ah isula beddelaan, ayada oo caqabadaha hortaagan iyo fursadaha bannaanna si qumman loo daraaseeyay.

Bulshadaan hablaheedu waa kuwa ugu badan ee suuqa gacanta ku haya, nolosha inta ugu adagna faraha kula jira, daryeel iyo qiimayn toonnana aan ku haysan. Sida aan kor ku soo xusnay, raggii ayaa dusha ka saaray waajibkoodii, kuna dayacay. Kolka aad eegtid cidda ugu badan ee ka ganacsata maandooriyaha qaadka, qaxarka noloshuna uu u geeyay, waa dumarka. Sidii qabtu u dhacday, qoriguna uu u noqday mihnadda ugu qaalisan ee ay raggu qabtaan, waxay dumarkuna ku qamaameen sidii ay qaadka uga dherjin lahaayeen, nololmaalmeedkoodana ay uga dhacsan lahaayeen. Dumarku ku noolaade, laakiin saamayn aan wacnayn ayuu ku yeeshay, isla kuwii daaqayay ayaana qaarkood rag u noqday.

Intaa kuma eka e, bacadlaha, kabarrada dharka, khudaarta, raashinka dalagga, kawaanka, caanaha, cawska, shaaha, maqaayadaha yaryar, nadaafadda, iyo jallaatada ayaa ay duudka u riteen. Waxa noloshaa adag u geeyay, raaxadana ka qaaday, waa dayaca nolosha ee ka soo wajahay ragga bayhoofay, ama korinta agoon uu qooqa raggu aabbahood dhaafiyay.

Dadka ku jira silicaa nolosha ee ay raggu badeen, suuroobi mayso in ay kansho u helaan in ay kuraas la qaybsadaan. Haddii ay waajib tahay in la xoreeyo, waa in ay hawshu ka bilaabato in xuquuqdoodii asaasiga ahayd loo soo celiyo, noloshana ay ka helaan wixii ay mudnaayeen. Gabadhu waa boqorad uu sharciga Islaamku sharaf u yeelay, xuquuq ballaaranna uu nolosha ka siiyay. Shareecada Islaamku ma diidin in ay haweenku ganacsadaan, faralna ugama aanay dhigin. Waa xaq ay gabadhu leedahay, sidii ay doontana ay u adeegsan karto, kolka ay xaas tahayna, waxaa lamahuraan ah in ay ninkeeda ka tashadaan sidii ay nolosha qoyska iyo teeda gaarka ah isugu maarayn lahaayeen. Haddii ay shaqo hesho ama ay ganacsi abuurato, kuma aysan waajibin in ay biilka kalabar la baxdo, sidaa oo kalana in ay ayagu ragga quudiyaan kuma aanay khasbin shareecadu.

Duulka u taagan xuquuqda haweenka waxaa la gudboon in ay dooddooda ku jiheeyaan dhibaatooyinka rasmiga ah, wax la taaban karana ay qabtaan—waa haddii ujeedkoodu uu sidaa yahay. In diiradda la saaro gudniin fircooni ah[1] iyo qoondo[2] aan meelna haysan, waxba kuma biirinayso nolosha hoogga iyo haantooyga miiran ah ee ay hablaheenna iyo hooyooyinkeennu ku jiraan. In ay dhurwaayadu meelahaas ka qayliyaan, xijaabka hablahana ay ku duulaan, xorriyad u dhicinna ay ka dhigaan, wax qurux ah oo ay noloshaas kharriban u samaynaysana ma jirto, burbur akhlaaq iyo dhibaatayn in ay u kordhiso ayayna u badan tahay.

Dulmiga baaxaddaa leh waxa looga bixi karo, waa in la joojiyo dagaalka aan macnaha lahayn ee ay haweenku u noqdeen saaxadda uu ka dhaco, kalatag hor leh iyo jahawareerna uu ka soo kordho. Dhaqanka suubban iyo

---

1 Waa dulmi iyo gaboodfal ay tahay in la ciribtiro, bulshada oo dhanna ay waajib ku tahay in ay ka wada shaqayso. Halqabsiga ila soo galay kama dhigna in aan dhayalsanayo wax uun wax ka taraya la dagaallanka caadadaas xun e, waxa aan u dan leeyahay waa in aan baraarujiyo in aan keligiis lagu dul suuxin, waajibaadka kalana aan la dayicin.

2 Qoondaynta cayiman waxay burinaysaa qodobkii ay ku dhisnayd ee ahaa sinnaanta ragga iyo dumarka. Ama waa in si siman loo tartamo ama waa in ay qolo meesha u harto!

diintu waa muqaddas, koox yar oo fadaq ahna xaq uma laha in ay bulshada jujuubto, waxa ay rabtana ay uga dhigto xorriyad iyo horumar. Taa beddelkeeda, culimada diintu waxay si weyn ugu baahan yihiin in ay dib u saxaan fahanka diinta iyo fatwooyinka dumarka la xiriira, oo ay khaladaad tiro badani ka buuxsameen. Ayada oo aan amarka Alle laga tagin ayaa loo baahan yahay in aan laga nabsan been, wax uusan jidaynna aan sharci laga dhigan. U-ololeeyayaasha xuquuqda dumarku waxay ayana u baahan yihiin in ay wax bartaan, waaqacana darsaan. Dhaqanka iyo diinta iyo mashruuca loo soo dhiibay in ay isu eegaan, damiirkoodana aanay gadan, wixii gar ah in aanay cidna uga gabban, wixii gardarro ahna aanay cidna ka qaadan.

20

QAYLADHAAN & CAFIS

وَلْيَعْفُوا وَلْيَصْفَحُوا أَلَا تُحِبُّونَ أَن يَغْفِرَ اللَّهُ لَكُمْ وَاللَّهُ غَفُورٌ رَّحِيمٌ ۝

*"Cafiya oo dhaafa—miyaydaan jeclayn in uu Alle
idiin dambi dhaafo; Eebbe waa Dhaafid-badane iyo
Naxariis-badane."*

SUURAT AN-NUUR, 22

Saamaxaaddu waa dawada keli ah ee lagu dabar jari karo
cuqdadda iyo cadaawadda ay ummaddu neefsanayso, waana
waxa keli ah ee labo col ahaa ay isku jeclaan karaan, xinkii iyo
xasadkii hurinayayna ay kaga guulaysan karaan. Cafisku waa
in la heshiiyay, wixii dhacayna qofkii loo geystay uusan ka
aargudan, in loo ololeeyo, bulshadana loogu qayladhaamiyo
waxay ka mid tahay waxyaabaha ugu wanaagsan ee uu qofi
qaban karo. Waa tubta lagu helo jacaylka Eebbe iyo kan
ummaddiisa, waana habka ugu fudud ee aynu nabad iyo
naallo kaga heli karno colaadda ina ragaadisay.

Ummadda badideedu karti uma laha in ay xuquuqdooda
ka tanaasulaan, tabashadoodana ay faraha ka qaadaan. Si
la mid ah sida aynu u sugayno in ay dadku isa saamaxaan,
ayay tahay in aan helno caddaalad lagu xisaabtamo. Cafisku
waa harka caddaaladda, waxa keli ah ee uu ku muuqan
karo, bulshada dhexdeedana uu uga hirgali karo, waa soo

ifbixidda kaaheeda. Sidii aynu hore u soo xusnay, seeska xukunku waa caddaaladda, bulshadana ayada ayaa deeqda. Qof walba xaqa uu leeyahay in uu helo, wax uusan lahaynna laga horeeyo, waxa ay ku hirgali karto waa in caddaaladda ruuxda la ag dhigo, dulmiga iyo xadgudubkana laga hor tago. Tabashada dadka waxaa lagu yarayn karaa in ay sinnaan helaan. Haddii ay timaaddana waxaa daweyn ugu filan garsoor caadil ah oo la mariyo. Sidaa darteed, waxqabadka koowaad ee ay tahay in ay dawladdu abbaartaa waa xoojinta laamaha ammaanka iyo tayaynta garsoorka. Ficil dhab ah oo qorshe leh, waqti iyo dedaal ku filanna lagu bixiyo, ayaana ay tahay in ay ku wajahaan. Cidda shaqadaas laga sugayo waa ayaga, qolo kale oo ka xambaaraysa ayna ku canaananayaan ma ay jirto. "Xogwarran xil kaama faydee," si kasta oo aad uga eed sheeganaysid ciidan la'aanta iyo tayo xumada garsoorka, adiga uun bay hawshu kuu taallaa. Dadka aad warka u sheegaysid waa ay kaaga mahadinayaan in aad u sheegtid goldaloolka jira, laakiin wax cudurdaar ah kuuma samaynayaan, maadaama ay shaqadaasi tahay taadii, qofka ka gaabiyayna uu adiga yahay. Haddii aad cusub tahay, waxba ku eedayn maayaan e, waxay sugayaan bal waxaad ka qabatid, xantooduna kaama hari doonto— waa haddiiba ay ku gubayso e.

Ummaddaan islaysay, ilaa iyo haddana aan isdaynin, wixii ay kala dhaceen aan isu soo celin, wax hor lehna sii kala qaadaysa, heshiiskoodu kuma iman karo in meelahaas laga yiraahdo: "Iscafiya". Hawl karti iyo geesinnimo u baahan ayaa ka horraysa. In ruuxii wax laga haysto uu karti isu yeelo, wixii uu ka samri karana uu cafis ku beddesho. Kii sabri waaya in uu cadaaladda u soo cararo, xaqiisana uu sifo sharci ah ku raadsado. Kii wax haystaa in uu isgarto, xalaalna uu ka doonto. Waa saddex kala daran, qof xaldoon ahna u fudud. Inta wax la kala haysto, la kala fayoobaan maayo. Kan wax ka samra, ajar iyo abaal baa u kaydsan; kan isgartana, sharaf iyo abaal ba u yaalla.

᥊

Gobolaysiga iyo qabiilaysigu waa aafo aad u weyn, shakhsiyaadkana ka hor taagan in ay caddaalad helaan. Magaalo la kala sheegto, la kala dhaco, iyo kibir qolaba ay qolada kale ugu itaal sheegato ayaa ay Soomaalidu ka degi la' yihiin. Wax iskuma diidaan, waxna iskama yeelaan. Wax bay wadaagaan, mana qaybsan yaqaannaan. Wax bay wada leeyihiin, kumana heshiiyaan. Isma qadiyaan, waxna isuma quuraan. Waa ummad dhan oo aanay midi doonayn in ay maalin gaajooto, si ay inta kale afka wax u gashaan mar uun. Faan iskama daayaan, waxna ma fuliyaan. In ay himilo sare leeyihiin ayay sheegtaan, tubteedana ma qaadaan. Midow bay ku baaqaan, goofkoodana ma dhaafaan. Ogoow, haddii uu hankaagu ahaa in aad midnimo horseeddo, in aad carooto waa kaa mamnuuc. Maxaa loo qaadan karaa haddii adiga oo aad laguugu han weynaa, lagu afgaran la' yahay, oo caro mooye e, wax kalaba aan lagaa arag?!

Qof walba oo u taagan in ay Soomaali ka samatabaxdo aafada ay dhex jiifto, doonayana in dhaqan dawladeed oo cusub oo qurxooni uu hirgalo, waxaa la gudboon in uu tanaasulo, wax badan oo uu gar u lahaana uu uga samro in nidaam wanaagsani uu abuurmo, caddaalad xuquuqda ka maqan u dhicisana ay dhalato. Maamullada dhulka Soomaalida ka jira iyo qabiilooyinka ayaa ay u taallaa in ay bartaan in ay wax isu daayaan, qolo wax ay ku dhegtayna looga fuqo. Qarannimadu waa wax quur iyo kala doorashada danta guud iyo midda beesha ama gobolka—kolka ay isku liqdaarmaan.

Yeelkadeed, labo midkood in aad noqotid dooro: dhurwaa munaafiq ah oo uurkiisa iyo afkiisu aanay islahayn, ama insaan doonaya in damiirku awood yeesho, taa beddelkeedana maal iyo mansab badan ka samra. Asalka bannaanba, haddii ummadi dib u heshiinayso waa in la helaa cid ka harta oo ka tanaasusha raacdaysiga wax ay si uun u aammintay in ay ayadu xaq u leedahay—waxa la isku haystaba soo ma aha wax la wada leeyahay oo qolo walba ay rabto in ay isxejiso?!

Haddii adiga oo og in aadan waxba qaban aad ku faantid in aad wax wanaajisay, kuma rumaysan doonaan, rejo kuguma sii qabayaan, kursigana kaama rujin doonaan. Waxa keli ah ee ay awoodaan waa in ay ku xantaan, ku habaaraan, qaarkoodna ay kuu sacabbiyaan. Waxaa taa ka sii halis badan in aad isku daydid, in gefkaaga aad ku dabooshid qayladhaan cafis oo aad ka jeedisid madal ay dad jibbaysani isugu soo baxeen. Dambigii aad gashay iyo shaqadii aad dayacday dalbashadaadu dawo uma noqonayso.

༄

CAFIS. CAFIS. CAFIS.

Sida uu ereygaasi carrabka uga soo baxo, uma sahlana.

Haddii aad dareensan tahay macnaha ereygaan, xilka aad haysidna uu xanuun iyo isla xisaabtan kugu hayo, sidaa fudud uma aadan dalbateen. Kula yaabi maayo, saa tan iyo waagii aan garaadsadayba cafiska Soomaalidu hadal uun buu ahaa. Ma xuma in aad dalbatid, haseyeeshee, kulligayo ma awoodno. Sidaani samatabax kuuma aha. Maalintii xilka laguu dhiibay laga soo bilaabo, qof kasta oo dani ka baaqatay, dhintay, dhaawacmay ama dhibaato kale ay soo gaartay, sababtuna ay ahayd gabidda waajibkaaga, waa laguu haystaa. Orod aakhiro tag, cafisna waydiiso. Kan koomada ku jira ee dayaca waajibkaaga sababsaday, welina daryeel la'aanta haysa ay tahay masuuliyaddarradaada u tag, cafisna waydiiso. Waa sababta uusan cafisku u fududayn. Haddii ay ku cafiyaan, annaguna ku saamaxnay.

Xilku ma aha xarrago iyo xoolo, balse waa xaq xisaabi dabo taal. Qaab nololeedka dadka in aad habaysid ayaa laguu igmaday, qawaaniinta in aad ku hagtid ayaana laguu dirsaday. Qof kasta oo gaajoonaya ama jirranaya xil ayaa kaa saaran. Gaajo iyo jirro ha joogto e, nabadi meeday?! Waa shayga ugu horreeya ee lagaa sugayay. Ma haysid. Haddii aad kari wayday qiro in aad gabtay, qof ku habboonna kursiga u bannee, ka dibna cafis dalbo. Adiga oo halkaagii yuurura, jihadaad u socotayna weli u sii jeeda, gar ma aha in aad saamaxaad ku riyooto. Kumannaan aan ku dhegaysanayn ayaa ay noloshoodu ku xiran tahay

habdhaqankaaga siyaasadeed, nabadina kuma iman doonto
HA NOOLAATO iyo JIR OO JOOG.

MUCAARAD, MUCAARAD, MUCAARAD—ayaa
noqday cajal kugu duuban, haseyeeshee ma jiro muxaafid
dalkaan ku dhaqan. Guulwaduhu ma aha muxaafid.
Haddii ay mucaaradkaagu shisheeye u adeegayaan,
muxaafidkaaguna shisheeyaha kaa dambeeya uma jeedo
e, HA NOOLAATO ayuu dunidaan marmaran ka
miistay. Saddexdaa kooxood—ee midi maqan yahay ama
uu ismoogaysiinayo noloshiisa, adiga ayaa u hoggaamiye
ah, xaqsoorna ay kaa sugayaan. In ay barwaaqo iyo baraare
helaan waa ay u siman yihiin, cafiskana waad uga wada
baahan tahay. Ma sheegin, haddii aad cafiska ka sugaysid
guulwadaha oo qur ah. Imminka ereygu kaa tagyay,
dadkuna uma aysan wada bogin, balse ficil ku dar oo *Dume*
ama *Dumiye* mid uun noqo.

౿

Xaasidnimo meel ma gaarto, xalna ma keento. Waa mid ka
mid ah dhaqannada gurracan ee dhurwaayada i matalaa ay
caan ku yihiin. Haddii aan la wada cunayn cadka ku soo
dhaca kaynta la wada leeyahay, ha laga ciideeyo waardiyaha
intaa nasiibka u helay. Eeg, hunguri xumada heerka ay
ka gaareen—dhiiggiinna iyo dhididkiinna ayagaa gaar u
qaatay, xoogaagii lagu soo qaatay hallaynta sharaftiinnana
wax bay ka rabaan.

Kolka ruux hore siyaasadda ugu jiray, meelana soo
maamulay uu isa soo sharraxayo, waxaa qumman in lagu
qiimeeyo wixii uu hore u soo qabtay iyo habdhaqankiisii
hore. Qof meel uu joogay amni ka dhigi waayay, waxna ka
qaban waayay xaalad bulsho oo daran oo halkaa ka jirtay,
ma maamul kii hore ka weyn ayuu wax ka qaban karaa?
Ruux cashuurtii yarayd ee uu qaadi jiray, waxba ku tari
waayay, miyaa mid ka badan wax ku qaban doona? Jilitaanka
dhurwaayadu ma waayi doono daawadayaal inta aad sidaa
tihiin.

Kolka madaxda Soomaalida ee ay qabyaaladdu keentay
ay shirar isugu yimaaddaan, waxay u badan tahay in ay
sii kala fogaadaan, dhibtii taallayna ay sii kordhiyaan.
Taa beddelkeeda waxay bulshadaan masaakiinta ahi ka
sugaan in ay nasri iyo naruuro ka helaan kulammadooda.
Sideedaba, isu imaatinku waa khayr, waxaanna rejaynayaa
in dhurwaayadu ay wax uun garasho ah la yimaaddaan.
Dalkaan iyo dadkiisuba dhiigjoojin ayay u baahan yihiin.
Warmo isu dhiibka la caadaystay in daacadnimo isu dhiib
ay beddesho ayaan quudarraynaynaa. Si kasta oo aan u
aragno dhuuninnimada dhurwaayada iyo dhaqanxumada
dhiilqaadayaashooda, haddana quusan mayno. Bal wax uun
garta, kol aad dubka sare ka midowdaanna.

Dad wax haysta ayaa wax isku qabsigoodu weji yeelan
karaa. Gelgelin dadqalatooyinku ku qaalmorogteen ayaan
dhex yuururnaa, rejada keli ah ee aan sugaynaana waa
dhurwaayadiinna kuraasta dul qotoma. Halkii aad noqon
lahaydeen kuwo tabcada beerta xayawaanka, ukumaha
digaaggana badsada, ayaad iska daawanaysaan belo kale oo
ayana dhinaceeda ka jaqda. Dhurwaaguba ma yeeleen in

kayntiisa bahallo yaryari ka ugaarsadaan. Hal mar wax isku
fala oo bal noqda kuwa keli ah ee geyiga ka dhurwaayeeya.
Haddii aydaan noqon karinna, duulka ka bayra waxarahooda
ha qalqashaan e!

Wixii aad hagaajisaan ayaa kursiga idin ku sii hayn kara.
Ha suginnina in aad soo laabataan idinka oo aan wax dheef
leh sii dhigan. Imminka waxaad isugu jirtaan mid bilow ah,
kuwo ay u kalabaran tahay, iyo mid ay ka sii dhammaanayso.
Hal waddo ha wada qaadina e, wax isku fala oo sidan isu
dhaama. Taariikhdu waa maal. Qofkii wanaag sameeya
waa ay tanaadisaa inta uu nool yahay, geeridiisa ka dibna
waa ay waarisaa. Haddii aad boobto shilimaad yar oo laguu
dhiibtay, ka dhergi maysid, kuumana dhitoobayso abid.
La arag oo kuwii hore u liqay ayaa maanta ka arradan.
Lacnadda ay taariikhdu kugu dhigaysana waa faqri iyo
habaar ku dabo socda abid.

Isbeddel ayay goor walba sugayaan, laakiin ruux beddelay
ruux waa guri rinji laga beddelay. Sidii uu midkii hore u
duugoobay, u soo fuqfuqay, ugu dambayna loo beddelay,
ayaa kan ku xigana uu noqonayaa. Ha noqon rinji cusub e,
dhis cusub noqo, dadka ku doortayna wax ku biiri.

21

HALGAN

وَالَّذِينَ جَاهَدُوا فِينَا لَنَهْدِيَنَّهُمْ سُبُلَنَا وَإِنَّ اللَّهَ لَمَعَ الْمُحْسِنِينَ ۝

*"Ciddii dedaal ku bixisa kasbashada raalli noqoshadayada,
waxaan ku toosinaynaa tubtayada; Alle wuxuu la jiraa kuwa
samaanta fala."*

SUURAT AL-CANKABUUT, 69

Lamahuraanka noloshu waa halgan. Wax kasta oo ku
khuseeya in aad ka jibbakeentid ayaa ah muuqaalkiisa
ugu badan ee kugu soo noqnoqda. Haseyeeshee, waa
muskilad haddii aad bilowgaba ku guuldarraysatid jihaynta
dedaalkaaga, tamartaaduna ay ku dhammaato wax aan sii
buurnayn. Bariiskaaga sida aad u dhacsanaysid haddii aadan
u samayn xeer iyo xayndaab ku xaddidaya, waa hubaal in
aad dhib, rafaad, iyo dulum kala kulmi doontid. Waxa ugu
yar, uguna mudan waa in uusan qofku gacmaha u hoorsan
aynigii, halganka iyo xorriyad-u-dirirkuna halkaa ayay ka
unkamaan, kuna tanaadaan.

Qofku ma aha qalfoof iska soconaysa, mana aha duunyo
daaqa iyo biyuhu ay nolosheeda ugu door roon yihiin,
balse waa axad lagu uumay: ruux, naf, iyo garaad jihooyin
kala duwan u kala jeeda, xilkiisuna uu ka bilowdo isu

dheellitirka isdiiddooyinka gudihiisa ka imaanaya, iyo in uu weligii ku jiro caabbinta xumida iyo baritaarka samaanta. Gudihiisa ayaa uu halganku ka socdaa, dibaddana waxaa u soo bixiya oraahdiisa, dhigaalkiisa, iyo ficilkiisa. Haddii uu bariiskiisa dhacsado, maskaxdiisa uu maalo, hawadana uu iska caabbiyo, waa hubaal in uu halgankiisa soo shaacsaari karo, qayrkiina uu uga faa'iidayn karo.

Wax walba sees ay ka dhismaan ayay leeyihiin, haddii ay waayaanna ma sii taagnaan karaan. Halganku haddii uu waayo fakar qumman iyo ruux fayaw, waa uu guuldarraystaa. In fikrad toosan la helo waxay u baahan tahay in garaad fayaw la helo, iyo bulsho suubban oo si saani ah fakarrada u eegta ulana falgasha. In qofyoow aadane ah la helo ayaa shardi u ah in la unko bulsho hannaan wacan. Waa halkaas bar bilowga halganka xorriyadda iyo barwaaqada horseedaa. Qofku wuxuu ku dhismaa in ogaalkiisa kor loo qaado, Weynihii uumayna la baro, qalbigiisana lagu beero in uu si joogto ah isu xisaabiyo, Eebbana uu uga baqo. Damiirka qofka oo la nooleeyo, qiyam iyo akhlaaqna lagu unko, ayaa ayaduna lamahuraan ah, seete iyo dabarna u noqota.

Ruuxna ma awoodo in uu ku siiyo wax uusan haynin, in aad ka filatidna waa doqonnimo. Hoggaanka aad ka sugaysid in uu hagaago, waxna uu kuu qabto, waa uu ka arradan yahay damiirkii, akhlaaqdii, iyo Alle-ka-cabsigii uu kaaga xishoon lahaa, xaqaagana uu isaga dhowri lahaa. Bulshada aad ka mid tahay ee intaa ooyaysana, waa ayaga sacabka, orta, iyo mashxaradda ku mashquulsan markii la dooranayo dhurwaayada. Cilladdu waa ay ka weyn tahay inta la moodayo, tarbiyad bilowga ka soo qaldantay ayaana dhalisay. Marka laga soo tago hoosaynta wacyiga bulshada oo ah halka aynu ka jirran nahay—xinka, xasadka, xoolo jacaylka, caannimo jacaylka, iyo islaqummanaanta ayaa ah cudurrada ugu halista badan ee ay ahayd in dadka laga soo tallaalo inta ay yar yihiin. Qof yaraanta lagu ababiyay in uu wax u barto si uu caan u noqdo, lacagna u yeesho, halbeegga noloshana sidaa looga dhigay, waxa keli ah ee laga fishaa waa in uu xeeriyo shilinka oo qur ah. Samaan iyo xumaanba qofku waa uu ku heli karaa dhaqaale iyo magac, balse waxay inta badan u soo dheerayn og tahay xumida. Qof helaya dariiq dhow oo u sahlaya in uu caan noqdo, kama gabbado xumida jidkaas haddii uusan lahayn wax ku dhex uuman oo uu ilaashanayo iyo ujeeddo qumman oo uu nolosha ka leeyahay.

Qof ku hubaysan qiyam iyo akhlaaq ayaa hanan kara naftiisa hawada badan, sida xad-dhaafka ahna u jecel maal iyo magac ay degdeg ku hesho. Xinku waa quuriwaa, islaqummanaantu ay garabsiiso. In qofku isla cajabo, dadkana uu iskala sarreeyo, waxay ku riixdaa in uu wax walba isa siiyo, aaminana in uu ka mudan yahay intooda kale. Haddii ay tahay talo, in tiisa la qaato ayaa wax walba kala horraysa, haddii ay wax qaybsi tahayna, waxa uu isku dayaa in uu xoogsado cadka ugu badan ama ugu yaraan midka ugu fiican. Asaga ayaa dhala xinka oo ah midka dhaliya isnacaybka sababa colaadaha uu dhiiggu ku daato. Isla cudurradaan ayaa ahaa kuwii sababay dhiiggii ugu horreeyay ee uu aadanuhu iska daadiyo. Isla ayaga ayaa weli shidaalinaya colaadaha taagan, qabyaaladduna waa isla dhacdadii hore oo ka gudubtay in ay ahayd cudur shakhsi, una tallawday in ay noqoto cudur bulshada oo dhan ku dhacay. Waxa kaa dahsoon waa in Qaabiil uusan maanta hal qof ahayn, Haabiilna hal ruux, balse, ay ku dhex nool yihiin xubno ka mid ah reerka, ficillada wadartooduna ay yihiin isla halkii qurgooyo oo marka ay isu tagaan noqonaya qabiillo isdilay.

Sidaa darteed, waxay ila tahay in hawsha kuu taalla aanay ahayn qabyaalad la dirir, adiga oo weli quudinaya wixii ay ku qaraaban lahayd. In aad yaqiinsato inay jiraan wax guud oo idin ka dhexeeya, ilaalinteeduna ay u baahan tahay cid u istaagta, ayaa ay shaqadu ka bilaabataa. DAN GUUD ayaa la yiraahdaa, cid daryeeshana lama heli karo inta ay aadanuhu yihiin anaaniyiin tooda uun u jeeda. Tarbiyadda habbooni waa tan qofka dareensiisa in ay jiraan wax ay waajib ku tahay in uu qabto asaga oo aan ka helaynin dheef adduun oo la taaban karo. In aad dhididdid adiga oo aan wax abaal ah filaynin, hawl bulshada dan u wada ahna aad waqti badan galiso, ma aha wax sahlan. In dareenkaas dadka lagu abuuro, inta uu ku uuman yahayna ay ka bataan kuwa laga tallaalay, ayaa ah shaqo mudan in muhiimadda koowaad la saaro. Qof tolkiis la ah danwadaag, qabiilkiisa mooye e aan weligiina arag khayr uga yimaadda qaran, aqoon kalana aan lahayn, kama dhaadhacsiin kartid in uu qoyska ka haro oo uu dalkiisa u hiiliyo. Waxaad u baahan tahay kobcinta wacyiga bulshada, adiga oo u kala qaybsanaya lix waaxood oo ah kuwa ugu muhiimsan qaybaheeda: dhallaanka iyo dhallinyarada, hooyooyinka, aabbayaasha, ganacsatada, culimada, iyo duqeytida dhaqanka.

Dhallaanku waxay kaa rabaan manhaj barbaarineed oo jiheeya noloshooda, una yeela garaadkii iyo kartidii ay isku wadi lahaayeen, culeysyada ka hor imaanaya ka gudbiddoodana ku caawiya. Adiga oo tacliin iyo tarbiyaynba isugu daray ayaa lagaa doonayaa in aad siisid casharro garaadkooda dhisa, in ay fakaraanna ku kallifa. Hanka lagu abuuro inta uu da' yar yahay, weynaanta kagama habaabo, caqliga iyo maskaxda uu la korana waxay noqdaan kuwo waxtar u leh naftiisa iyo bulshadiisa. Waxbarid aan ku koobnayn xafid iyo ka soo bixid, balse curin iyo carbin leh, waxay dammaanad qaadi kartaa in la helo duul waxsoosaar iyo fakar leh. Sida ay ila tahayna waxa ugu mudan ee ay tahay in uu ilmuhu waxbarashada ka dhaxlo, waa in uu noqdo qof isku aaddan, waqtigu u qiimaysan yahay, marnana aan baagamuuddayn.

Haddii ilmaha lala saaxiibo, marmarna curis loo diro ama in uu soo diyaariyo casharrada qaar, waxaan filayaa in uu isxilqaamayo, wax akhriska iyo fakarkuna ay halkaa uga bilaabmi doonaan. Sidaa oo kale, daabuurku waa tababbar kaladambaynta lagu barto, waqtiga ilaalintiisana lagula qabsado, nidaamintiisa iyo joogtaynta duruusta laga dhaxlaana waa muhiim. Geeddisocodka noocaas ah ee isku dheellitiran wuxuu u baahan yahay in la sii qurxiyo, wax kala dhantaalana laga ilaaliyo. Xilliyada ugu daran ee ay ilmuhu baagamuuddeeyaan waa xilliyada fasaxa oo aanay jirin barnaamijyo lagu maareeyo waqtiga ilmaha, taasina ay u sahasho la qabsiga nolosha aanay waajibaadku la soconnin. In ay ilmuhu nastaan, maskaxdana dejiyaan waa lamahuraan, balse in dalxiis, tababbar iyo casharro nolosha la xiriira la siiyo, loona sameeyo barnaamijyo ay hibadooda ku soo bandhigaan, ayaa ayaduna daruuri u ah badbaadinta garaadkooda iyo wixii ay soo barteen.

Kolka ay soo weynaadaan, aqoontooduna ay gaarto heer ay shaqatag noqdaan, waxay u baahan yihiin in fursado loo abuuro, loona sameeyo goobo ay naftooda ku sii dhisaan. Middaas, hore ayaan uga hadalnay, haddana ku hambaasi mayno, balse waxaan ku xusuusinayaa in aqoonta lagu saleeyo shahaadooyin xaddidaya heerarkeeda aan loo samaysan wax ka badan aqoonsiga derajada ruuxa iyo in lagu shaaheeyo. Sida dhabta ah waxay masuuliyadda aqoontu sii labajibbaarantaa mar walba oo uu xaraf kuu kordho, taa ayaana khasbaysa in dhallinta jihayn loo sameeyo, lagana ilaaliyo baagamuuddayn hoos u ridda hankooda. Khasab ma aha in fursad shaqo oo aan la heli karin, cirka looga soo dejiyo e, waxaa muhiim ah in uu jiro barnaamij shaqo-abuur oo dhiirrigalin u noqda, iyo in ay helaan maktabado ay wax ka akhristaan, garoonno ay ku cayaaraan, iyo fagaarayaal ay aqoontooda iyo hibadooda ku soo bandhigaan.

Waalidiinta, ganacsatada, iyo duqeyda dhaqanka ayaa ayaguna u baahan in wax la baro, tarbiyayntii dhallaannimada ay kaga hareen ama ka habaabeenna dib loogu celiyo. Marka aan tarbiyad leeyahay, kama wado edboonaanta oo ah waxa keli ah ee aynu ka naqaanno. Waxaan ka hadlayaa waa kobcinta wacyigooda iyo tixgalinta ay u hayaan qiyamka. In ay kaalintooda ku baraarugsanaadaan, cudurrada qalbiga ku dhacana ay iska dabiibaan, ayaa keeni karta in ay kula fahmaan waxa aad doonaysid iyo hadafka aad u rooraysid. Si aad u heshid nidaam cusub, dunida casriga ahna la jaanqaada, waxay kaaga baahan tahay in dhammaan xubnaha bulshada—oo kala cimri iyo marxalad ah—ay kula fahmaan nidaamka dunida maanta ka shaqeeya, ayna noqdaan dad aad adigu saami weyn ku leedahay aragtida ay noloshooda ku qaabaynayaan.

Waalid aan hagaagsanayn, waxna fahamsanayn, ma soo saari karo carruur hanata xilka laga sugayo, waxdhigashada ilmaha oo keli ah ayaana ula ekaata furaha rasmiga ah ee uu ilmihiisu ku noqon karo halyey la xuso. Haddii uu dhaqaale haysto, ilmihiisuna uu jecel yahay in uu barto maaddo aan dalka laga aqoon, inta badan kuma taageero e, wuu ka taakeeyaa. Waxa ugu wacan ma aha xaasidnimo, balse wacyigiisa ayaa jooga in maaddiga loo barto si loogu shaqaysto, wax aan dalka oollinna aan wax lagu calfan doonin. Taasi waxay ka mid tahay waxyaabaha keena in ay ardaydu isku buurtaan hal ama labo maaddo oo ay giddigood ku ururaan, cayrsashada shilinkana ay wax walba u huraan. Sababtaas iyo kuwo kale darteed ayaa ay aqoonta ardaydu u noqotaa mid fadhiid ah oo aan waxsooosaar fakar lahayn. Manhajka iyo waxdhigista oo la hagaajiyo, iyo waalidka oo heerkooda kor loo soo qaado ayaana wax ka beddeli karta.

Ganacsatada hore ayaan u xusnay in waxbariddoodu ay wax ka beddeli karto koboca dhaqaale ee dalka iyo shaqo-abuurka ay jiilka soo kacayaa u oomman yihiin. Sidaa oo kale, tarbiyayntoodu waxay wax ka beddelaysaa dhaqanka iyo akhlaaqda ganacsi ee waayadaan dambe noqday mid ku dhisan in si bilaa xeer iyo naxariis la'aan ah loo raacdaysto hunguriga, dhibaatooyinkii aynu soo xusnay ee nolosheenna halista ku ahaana waa lagaga cayman karaa. In wacyigooda kor loo qaado waxaa kale oo ay keeni kartaa, in saamaynta ay ku leeyihiin siyaasiyiintana ay noqoto mid ay ummadda uga faa'iideeyaan, dantooda gaarka ahna ay ka hormariyaan midda guud.

Nidaamka maamul ee dalkeennu wuxuu ku dhisan yahay qabiilooyin ay kaabbayaal u yihiin Duqeytida Dhaqanku.

Ayaga ayaa ah dabarka isu haya, taladuna ay ka go'do. Xumi iyo samaan middii ay ka taliyaan ayay badi beeshu u hoggaansantaa, wax su'aal ahna ma galiyaan. Intii muddo ahayd ayaga ayaa siyaasadda sal u ahaa, dadka talada qabanayaana ay ku tiirsanaayeen. Badi maamullada dalka ka jira waxaa doorta xildhibaanno ay ayagu soo xuleen, xeer qabiiladu ay ka leedahayna uusan jirin. Sida ay u gartaan iyo sida ay ka yeelaan bay ku go'aamiyaan, cid ku haysata iyo cid ku qabsan kartaana ma jirto. In ay dhuuni ku doontaan, dhaqaalana ka tabcadaan waa lagu arkay waayadaan dambe.

Mar haddii aysan beeshu isku dan ahayn, tusbax go'ayna ay sii noqonayso, waa in ay doortaan mid ay wax ka lufluftaan, halkii ay beri hore dooran jireen mid wax soo luflufan kara, beeshana magaha qaar ka bixiya. Shalay waxay u danayn jireen mid naftiisa u noolaada, beeshuna aysan ku qadin, balse waayadaan waxay u dedaalaan mid saxiixooda wax ku siiya, mar dambana aan ayaga iyo beesha toonna dib u soo dhugan. Danta qabiilka iyo tan shakhsiga ayaa isweydaartay, halkii ay ahayd in danta qabiilka looga sii gudbo tan qaranka ayaa hoos loo sii noqday. Inta ay wuxu joogaan dan bulsho cayiman ka dhexaysa, fursad wanaagsan oo lagu sii ballaarin karo ayaa jirta. Laakiin haddii ay wuxu noqdaan wax la wada lahaa oo uu shakhsi iskaga naalloodo, waa ay adag tahay in dib loogu soo celiyo dadkii ay ka dhexaysay iyo in la daweeyo eelkii ay dhigtay.

Sidaa darteed, waxaa waajib kugu ah in aadan xalka u arag in aad adiguna laaluush bixisid si aad booska u tagtid, waxna aad u beddeshid. Adigu keli baad tahay, haddii ay ugu badatana dhawr qof ayaa sidaada oo kale niyadsami ku imaanaya, waxna ma beddeli kartaan. Cilladda u weyni waxay tahay in inta aadan kursigaba ku fariisan aad isa soo beddeshay, musuqiina aad sii xoojisay. "Hal booli ahi nirig xalaal ah ma dhasho" e, adiguna sidaa aad safarkii hore ula soo jaanqaadday ayaad geeddiga dambana ula lug heli doontaa.

Waa iska dhaqan aadanuhu leeyahay in xal dhow oo fudud ay ka doorbidaan mid fog oo dhib badan, sabir iyo dulqaadna uma laha—weliba haddii ay yihiin kuwo daallan, diiftuna ay quusasho ku dhowaysay. Cudurkaan laguma daweyn karo kursi la iska xaadiriyo, ayada oo aan wax laga beddelin wacyiga dadka wax soo xulaya iyo kan bulshada oo dhan. Duq aan dunida ka war hayn, aqoon lahayn, aanay cidina biil siin, waqtigiisa laga qaaday, dan qabiil u taagan, dacallada ay dhashiisu ku dheggan yihiin, ha ka sugin in uu kugu soo xulo daacadnimo iyo aqoonta aad ku faanaysid toonna. Mushkiladdu waa intaas, biilka iyo dakhligana adigu ma maarayn kartid, balse aqoon qaabfakarkiisa iyo qiyamkiisa wax ka beddesha ayaad ku hubayn kartaa, mustaqbalka fogna aad miraheeda guran doontid. Xilkaagu waa middaas, dhaqaalaha aad ku burburinaysid doorasho aanay waxba kaaga hagaagaynna, halkaa u weeci, kashana ha gashan in aad madax noqotid. Waan hubaa in aad sabir u yeelanaysid haddii uu hankaagu isbeddel yahay, magacna aad ka dooran doontid wax ka qiime badan oo naftaada qanac ugu filnaada.

Culimada diinta saddex shaqo ayaa u taalla: in ay ku dhaqmaan cilmiga ay barteen dadkana gaarsiiyaan, nolosha dadka iyo waxsheeggana ay islahaysiiyaan, debecsanaan iyo turriimana ay muujiyaan, iyo in ay ayaguna wax ka ogaadaan dunida maanta la joogo iyo sida ay u shaqayso. Kun sano ka hor sidii loo noolaa iyo maanta sida loo nool yahay waa kala labo, baahiyaha aadanuhuna isma laha. Waa hubaal, shakina iigama jiro in ay shareecadu mar walba la jaanqaadi karto nolosha. Laakiin si xukunka Alle loogu dabbaqo nololmaalmeedka dadka, waxaa khasab ah in la fahmo habka ay dunidu maanta u shaqayso. Tilmaameeyaha xukunku[1] waa fahamka shayga ayada oo laga dhegaysanayo qof aqoon iyo khibrad u leh, warkiisana lagu kalsoonaan karo. Masalo walba oo la xukumayo waxaa waajib ah in si saxan loo fahmo. Qofna wax uusan aqoon si qumman uma sheegi karo. Haddii saddexdaa qodob ay hirgaliyaan waxaan hubaa in ay xallismi lahaayeen mushkiladaha ka dhex aloosan ama ugu yaraan ay xasaraddoodu qaboobi lahayd. Sidaa oo kale, waxay si wanaagsan uga qaybqaadan lahaayeen, kaalin mugweynnaa ay ka geysan lahaayeen, isbeddelka shacab iyo hoggaan ee la doonayo. Dabcan, khudbadaha Jimcada iyo wacdiyada maalmaha kalaba dadku waa ay u nugul yihiin, madal ka mudan oo ay xilkaa ku gutaanna garan maayo.

Hawshu intaa kuma eka, wacyigalin guud in la sameeyo ayaana lamahuraan ah. Sida dhabta ah, shaqadaan ayaa ka horraysa tan aynu ka soo hadalnay. Waayo? Si ay dadku goobaha waxbarashada u tagaan waa in ay ku baraarugsanaadaan in aqoontu ay tahay fure lamahuraan u ah barwaaqada ay naawilayaan, waxbaridda dhallaanka oo keliyana aanay wax badan doorinayn. In loo sharraxo tabaha lagu sameeyo xaddaarad, ahmiyadda waxbarashada, qiyamka iyo akhlaaqda suubban, horumarka dunida ka jira, taariikhda ummadaha fashilmay iyo kuwa guulaystay, isla

---

1 Manaad al-Takliif مناط التكليف

markaana loo unko sawir ay ku hirtaan, iwm., ayaa looga faa'iidaysan karaa minbarrada bulshada lagala hadli karo, ee ay ka mid yihiin masaajidda, idaacadaha, tiifiiyada, bogagga internetka, Faysbuugga, Yuutuubka, hoolalka xafladaha iyo shirarka, iyo haddii la helo fagaarayaal bulsheed oo ujeed wacan loo yagleelay.

Waa fursado fiican, laakiin aan sidii ku habboonayd looga faa'iidaysanayn. Weligeedba Soomaalidu waxay ahaayeen duul warrama, afkana ka nool, warbaahintii ay heleenna isla tii ayay u adeegsadeen. Maxay ka dhaxleen idaacadaha, muuqbaahiyayaalka, iyo bogagga internetka ee warka iyo wilisaqada uun laga baahiyo? Inta aan hubo kalatag iyo akhlaaq xumo waa ay ka dhaxleen, warar aan badidood la isku hubinna waa ay ka dhegaystaan. Xarumahaas furan ayaa jihayn u baahan, si ay ayaguna dadka ugu hanuuniyaan tubta qumman. Wacyigalinta ay dhurwaayadu danahooda uga faa'iidaystaan, kulammada guud iyo xafladaha maamuusyada ayagana ha la ogaado, dadkana ha lagu duwo sidii ay nolosha uga faa'iidaysan lahaayeen. Shaqadaas ayaa kuu taal inta aadan waxbarashada hirgalin, inta aad dhaqaajinteeda waddid, iyo ka dib marka ay bulshadu heer ay wax fahmi karto soo gaartaba.

Dedaal aan miro dhalin ma jiro haddii aan laga wahsan, marinkiisana lagu beego. Inta aad hawshaa ku jirtid waajibkaaga koowaad waa in aadan ka lumin tubta, waxa aad dadka uga digaysidna aadan u dabo marin. Isbeddelka keli ah ee aad naftaada ku samaynaysid waa in uu noqdo in aad iska hagaajisid dhaqan xun, mid sanna aad ku beddalatid, iyo in aad aragti qaldan tu saxan ku doorsatid. Haddii aad middaas ku guulaysatid, waxa aad sheegaysid dhadhan ayay u yeelanayaan bulshada, cid kugu dayata, rafiiqna kugula noqota jidkaas bahgooyada ahna ma waayi doontid. Tartiibsi iyo tukubid waa lamahuraan e, sabir iyo dulqaad in la dugaasho ayay hawshu u baahan tahay. Maalinba inteeda haddii la siiyo, hinqasho ayaa jiraysa, kolka muddo sidaa lagu wadana heer nidaamka dalka la doorin karo ayaa la gaari doonaa. Amminka uu ogaalka bulshadu isu soo dhowaado, fahamka laga haysto mabaadii'da xukunkuna uu heerkii loo baahnaa soo gaaro, ayaa ay siyaasaddu kuu baahan tahay. Inta aadan xil u tartamin, aqoonso sababta aad u doonaysid, fursadaha aad himiladaada ku hirgalin kartid, iyo caqabadaha kugu iman kara, una diyaarso barnaamijkii aad ku hawlgali lahayd. Intaa ka dib, hawshaada ku bilow wacyigalin iyo in aad heshid dad barnaamijkaaga aragti ahaan u xambaara, una ololeeya. Qasab ma aha in ay dadkaasi xisbi kula sameeyaan ama ay shaqaale kuu noqdaan. Ayaga oo aadan dirsan in ay aragtidaada u dirsamaan ayaa muhiim ah, guulna ugu filan aragtidaada.

In oday ku soo xulo iyo in codayn dadweyne aad ku soo baxdid waa habab doorasho oo kala qurux badan, balse tii ku haysataba talo ayay kaaga baahan tahay. Bulsho maanka ka arradan, saanqaaf guud oo ay isku si u dhowranaysana aan lahayn, habka doorashadu wax uma kordhiyo, in aad xil u doonatidna waxba kuma hagaagayaan. Barbilowgu waa in bulshadii aad wacyigeeda soo qaadday aad hankooda ka qaaddid halka uu joogo, himilo guud oo u dhex ahna aad daawadsiisid. Duqeytida dhaqanka beeshaa xulata, lana xisaabtami karta. Haddii aad ku guuleysatid in aad garaadkooda hurdada ka kicisid, himilo aan ku jirinna aad ku uuntid, waan hubaa in ay odayga hagi karaan, talada qummanna ay ku toosin karaan. Haddii odayada iyo beesha aad wada beddeshidna kaba sii fiican.

Haddii cidda wax dooranaysaa ay tahay bulshada, codayn shakhsi ahna ay dhacayso—xisbiyadu waa qabiil e—ku guuleyso in halbeeggoodu uu ka sare maro reer, oo xisbiyo aragti ay isu keentay, barnaamijyo loo riyaaqo lehna samee. Mucaarid iyo muxaafid, mid aad noqotidba marna hoos ha u soo dhicin, axad maran oo kursidoon ahna ha noqon. Qaabnololeedka bulshada laguma beddeli karo maalin iyo habeen, geeddigaas dheer ee aynu soo sharraxnayna waa tubta igula qumman ee lagu hirgalin karo isbeddel waara iyo dawladnimo aan reernimo ku soo laaban.

❧

Markii aad heerkaas soo gaartaan, ujeeddooyin guudna aad ku midowdaan, dad aragti leh oo wax la garanayo doonayana aad noqotaan, waxaad u baahan tihiin in aad dhiirrataan, heeryadana iska tuurtaan. Jugta hore, waa in aydan dib dambe u rumaysan waxa ay idiin sheegayaan, guulwadannimaduna ay idin ku yaraato. Kolka ay safar ka soo laabtaan waa in saaxadda laga waayo dad badan oo u sacab tuma, una mashxarada. Waa in ay waayaan cid abaalmarin ku siisa waajibkii ay gabeen, kuna sharfa carruur iyo haween dhalcada loo tubo. Waa in aad gaartaan xilli ciddii isu soo baxaysa ay ka dhiidhinayso wax aan qaban ama ay dalbanayaan wax ay xaq u leeyihiin.

Amniga iyo xorriyaddu waa xuquuq asaasi ah, dhurwaayadana aan laga baryayn, haseyeeshee, middoodna gacan kuma haysid. Way og yihiin in waxa ugu horreeya ee aad ku taamaysid, kuuguna muhiimsan ay tahay in aad ammaan heshid. Kama shaqeeyaan, waxna kuma darsadaan. Haddii meelaha qaar ay beeluhu heshiiyaan, ammaanna ay kala helaan, waa ay kula daartaan, maamulkii ka samaysma taladiisana waa ay marooqsadaan, waxna kuma biiriyaan. Haddii la eedeeyo, dhibtoodana la soo hadalqaado waa ay gilgishaan, waxayna isku ammaanaan nabaddii jirtay markii ay yimaaddeen, oo laga yaabo in ay caddaalad-darradooda darteed hoos ugu sii dhacday.

Haddaba, haddii ay kugu xuuxsadaan in aad nabad haysatid, ayaduna ay sabab u tahay risiqa, shaqada, iyo waxbarashada yar ee aad haysato, ha ka rumeysan—waa haddii aanay beri hore kugu durin irbadda suuxdimada. Nabadi ma jirto. Dabarka yar ee abtirsiga iyo beelaha iska dhaadhacsiiyay in ay dawlad yihiin, ayaa ku mahad leh degganaanshaha yar ee degaannada qaar lagu haysto. Adiga oo beelahaa ka mid ahna ku mahadsanid, maadaama aad xilkii nabadda kaaga aaddanaa gudatay. Ka warran haddii qof walba oo idin ka mid ahi uu fal dambiyeed samayn lahaa, xasilloonidana uu dhaawici lahaa? Nabadda ay keeniddeeda idiin ku faanayaan, miyay jiri lahayd? Aaway xeer, xukun, iyo xad aad ka baqaysaan oo faldambiyeedyada xakameeyay? Nabadda kala dhantaalan ee aad haysataan idinka ayaa sees u ah, samaystayna. Nabadi ma jirto, geeri kuugu timaadda qurgooyo gardarro ah ayaad sugaysaa. Xor ma tihid, xuduud aadan aqoon cid kuu samaysay ayaadna ku qasban

tahay in aad ilaalisid. Nabad kuma leddid, xabbad kaa dul
dhacaysana uma jeeddid. Ma noolid, mana aadan dhiman,
wax u dheexeeyana laguma dhaqnaado. Dhurwaayada idin
xukuma laftoodu nabad ma haystaan, qorigana ma dhigaan.
Ma ledaan, ma soo jeedaan, wax u dhexeeyana kuma jiraan.
Sidaa oo ay tahay in ay ammaankaaga ka shaqeeyeen ayay
kuugu manna-sheegtaan.

Nabadi ma jirto, jidka ayaan xitaa ammaan ahayn.
Haddii xabbadi ku loogi weydo, shil masuuliyaddarro
darawal ama god laammiga ku yaalla uu sababay ayaa
ku legdi kara, qayrkaana maalin kasta waa ay ku go'aan.
Nabadi ma jirto. Haddii ay nabaddu tahay in naftaada la
badbaadiyo, yaa u xilsaaran badbaadada jidka? Haddii ay
nabaddu tahay in aan lagu dhicin, immisa ayaa qayrkaa
la boobaa? Haddii ay nabaddu tahay in aad ka xorowdid
keligiitaliskii hore, imminka ayaad ku hoos nooshahay oo
waa adigaa liinta cabbaya. Riwaayad qurxoon ayaa shidan.
Nabadi ma jiri karto inta uu xaqaagu ku callaqan yahay
hunguriga Dhurwaaga. Dhiiggaaga ayaa u dheecaan ah,
adigana quudkaagu waa sacabka aad u tumaysid. Ka dhifso
cadkaaga, hungurigu ha go'o e, ama sug inta aad buuq iyo
islahadal u dhimanayso.

Darbiyada dhurwaagu kugu meegaaray nabadda ayaa
ugu weyn e, bal weydii sababta uu baabuurta gaashaaman
iyo madaxkutiyada lebbisan isugu gadaamo, kolka uu god-
dhurwaagiisa xardhan ka soo baxana uu ufada u kiciyo?!
Haddii ay nabadi jirto, muxuu kaaga baqayaa?! Caradaada
ayuu ka cabsanayaa e, indhaha ku gub, iska dhicintiisa wadne
u yeelo, xaqaaga wuu ku siin doonaaye. Si uu Dhurwaagu
u dhinto cabsida tuur, nabadda beenta ah illoow, dhiirro

oo ku dhaqaaq wax gilgila carshigiisa, qorina ha qaadan. Qalinka ogow, codbaahiyahaagana cashar ku dhig.

ﷺ

"Dawladnimo ma aannaan arag, in aan arki doonnana garan mayno, balse, caalamka ayaa noo dawlad ah. Asaga ayaan sheedda ka daawannaa, waxa ka jirana aan wax kala soconnaa. Daruuri ma aha in aan la mid noqonno dunida, balse, xaq baan u leennahay in jaanta yar ee aan dunida kaga noolnahay aan ku helno nolol noo qalanta.

Haddii aad tahay dhurwaa dhiman waayay, annaguna aadane noolaan waayay ayaanu nahay e, xaqayaga sidee kaaga dhacsannaa?

ﷺ

Xaq idin kama haysto, wax aan idin ka dhacayna ma jiraan. Kol haddii aad adigu isnacday, waxaagii oo aad isku aamini waydayna aad shuruud la'aan ii dhiibtay, maxaad igu eedayn? Inta aan anigu cuno mooyaan e, inta kale soo jifi-jifi uma kala qaybstaan?! Xitaa xilalka dhurwaayada yaryar soo idinku ilama qaybisaan?! Soo isweydiin la'aanta wixii tagay iyo ka tashi la'aanta waxa soo aaddan iga lama mid tihidin?! Maxaad ii eedaynaysaa adiga oo ila mid ah? Kursiga in aan ku fadhiyo mooyaan e wax kale kuma kala duwanin!

Haddii aad noqon kartid aadane, waad noqon lahayd. Xal kaaga sokeeyaana ma jiro. Sidaad ku noqon lahayd waa: u nooloow danta guud, taada gaarka ah iyo tan jifidana meel iska dhig. Tan guud haddii la wada hagaajiyo, tan raasaska iyo shakhsiyaadkuna way hagaagaysaa. Ma awooddid, mana awoodi doontid. Ha islurin e, reerkaaga u shahiid ama mujaahid u ahow, taariikhda qormaysa ee tolkiinnana halkaaga ka tarmi!

⁊

Abid waxaynu ku jiraynaa baacsigii xoolaha aadmiga ka hallaaba iyo dhurwaaga ee ismaandhaafku keenay. Waayo? Ima fahmi doontaan, idinka oo iga baxsanaya, ayaad igu soo cararaysaan, aniguna cuniddiinna ma dayn karo. Abwaan Hadraawiba hore idiin ku sheeg, tixihiisii qaayaha lahaana idiin ku tilmaan, balse, dheguhu idiin ma duleelaan:

Maqal waxaan ku haystaa
Muslimkiyo waraabaha
Madmadowga tuhunkiyo
Mashaqada dhex taallaa
Inay tahay ismaandhaaf,

Muudaaga xooluhu
Marka ay la kulantee
Muuqiisa aragtay
Lugaheeda maashaa

Isna wuxuu majiiraha
Uga daba maleegtaa
Celi maganta baadida
Ismaqiiqiddiisiyo
Mintidkiyo dedaalkaa
Hadba muruq u siibmaa,

Dee muxuu sameeyaa
Ilkahaa u midigoo
Micidaa u gacanee,

Aniguna mudducigow
Waxaan meel la joogaa
Muran li'i Dhurwaagaa!

Kuu warramay, waxna kaama qarin. Kuu dedaalay,
waxna kaama hagran. Ku waaniyay, waxsheeggayguna
in aan ku dibindaabyeeyo ma aha. Waxaan kuu yeeriyay
waa qish. Wixii aan qarin jiray ayaan kuu qaawiyay.
Taladaan ku siiyay cidlo kama keenin, diiwaanka aan u
darbaday dibindaabyadaada ayaan ka soo dheegtay. Nin
aan cadowgiisa baran, kama adkaado e, talooyinkaas wixii
banjarin lahaana ii qoran, si joogto ahna waan u fuliyaa.
Qishku waxba i yeeli maayo, saa wax qaadan maysid e.
Werwer kama qabo, saa dhaqaaqi maysid e. Cabsi ima
galin, wax i galiyana kaagama fadhiyo. Waxba yaan isdaalin
e, guuli kuuma dhowa, dhimashadayduna weli kuguma soo
dhicin.

DHIMAN MAAYO

أَفَرَأَيْتَ مَنِ اتَّخَذَ إِلَهَهُ هَوَاهُ وَأَضَلَّهُ اللَّهُ عَلَى عِلْمٍ وَخَتَمَ عَلَى سَمْعِهِ وَقَلْبِهِ وَجَعَلَ عَلَى بَصَرِهِ غِشَاوَةً فَمَن يَهْدِيهِ مِن بَعْدِ اللَّهِ أَفَلَا تَذَكَّرُونَ ۝

"Bal ka warran ruuxa hawadiisa ka dhigtay ilaah,
Rabbina uu baadinnimo u kordhiyay maadaama uu hore u
ogaa in axadkaasi uusan hanuunka dooran doonin, deetana
uu maqalkiisa ka gufeeyay aayadihiisa, xaqa uu ka aabburay
qalbigiisa, araggiisana uu dahaar ka saaray astaamihiisa; Alle
ka dib, yaa hanuunin kara? War miyaydaan wax garanayn?"

SUURAT AL-JAATHIYAH, 23

Waxay ku taamayaan in aan dhinto ayaga oo aan dhalan, dhaqankooduna uusan isdoorin. Habawsanaanta ayaa loo qurxiyay, hanuunna looga dhigay. Waxay mar walba sii dhisayaan, dhidibbadana u taagayaan tiirarka ay dhibtoodu ku dhisan tahay. Hore ayaan kuugu soo sheegay in aan u sameeyay xeerar aan noloshooda ku kharribo, balse kuwaasi wax weyn ma aha. Waa qurxin aanay si sahlan ku heli karin, laallaabyadeedana aysan ku baraarugi karin. Imminka oo aan gabagabo joogno, kaama qarin karo waxa dhabta ah ee arrinkaa ka jira. Xeerarka rasmiga ah ee aan ku shaqaysto, waa kuwa aan qabatinsiiyay, maskaxdooda aan ku daroogeeyay, waaqacooduna uu ku salaysmay.

Dhiman maayo inta ay xeerarkaygu shaqaynayaan, duniduna ay i daawanayso. Inkasta oo aanan halkaan caalamka kale wax kaaga sheegin, wixii kaa khuseeyay wax ka mid ahna aan kuu yeeriyay, talooyin badanna aad iga maqashay, haddana waxba qaadan maysid. Intii aan kuu warramayay wax badan ayaad caajistay, marar badan ayaad sii jeesatay, dhawr jeer oo kalana afka ayaad gacmaha saartay. Marna kuma arag adiga oo khatarta kugu soo fool leh ka gubanaya, illin iyo caro toonnana kuguma aanan arag. Dabcan, Nolosha ayaa weli kuugu dhisan dhalanteed iyo dhadhabid.

Ma awooddid in aad burisid xeerka hanaqaaday ee ah: "Nin garan waayay meel uu qabto, jago ku qabooji", ama kan oranaya: "Nin wax cuni kara, waxna laga daliiqi karo ayaa kursiga ugu mudan", ama kan kale ee leh: "Qof aan xishoon ayaa lagu xaalmariyaa xil uu ceshan karo", ama kan kale ee leh: "Sabuuradda wax ku dhig, lacagtaa dan ahe", ama midka yiraahda: "Wacdigu duruufta nolosha ma khuseeyo, kiis degdega mooyaane, firqooyinka yuusan dhaafin".

Ayaga oo wada dhuuni ah ayay ka eed sheeganayaan talisyada qofafku isbeddelaan ee aanay qiimahoodu isdoorin. Mar haddii ay bulshadu jadiin u nooshahay, xildoon iyo xilbixiyaba xaaraanta ayaa u xaajo ah. Waa sidaa, bilowga musuquna waa beerlaxawsiga ku lammaan xilka iyo xaalmarinta xayntii dhurwaaga meesha jooga u soo xarbisay. Waxa ugu yar waa ballamaha aan loo meel dayin oo noqon kara shaqo lacagi ka ag dhowdahay amaba siinta lacag wax qaban karta oo uu ku noolaado. Meel ballani taallo, u qalmid iyo qiimayni kugu daysay, wixii la kala quuto ayaana qaranka qaabeeya. Ma qof adiga kuu dhididay laakiin aan marnaba doonayn, kuna waydiinayn hankii la rabay in uu kugu jiro ayaa kaaga qancaya, dalka ayaan inoo qurxinayaa?! Si walba, kolka aad eegtid dalaqdalaqda bulshadaan habqanka ah, ayaad ogaanaysaa in waxa sidaa u galay ay tahay ku diimidda xeerkii ahaa: "Xaabsashada wixii la haaban karo, waa inoo dhex; nin iyo taagtii."!

"Duul cabsoonaya, dugsi ma helaane", waajibkoodu ma ahayn in ay xusaan maalmahoodii xumaa ee ay dilaayadu qasheen. Haddii ay daacad ka yihiin danqashada, waxaa dib u dhalan lahaa damiirkoodii. Haddii damiirku dhashana dambiilayaashii eelkaan dhigay ayaa godkooda biyo uga gali lahaayeen. Halka ay maanta ku shuqlan yihiin xuska dhacdo ka mid ah kumannaan aafo, oo baqdinta haysa maalinba karoojo ku kordhinaysay, waxaa ka habboonayd in ay ka dheefaan in si kasta oo ay u cabsoodaan ay dhimashadu sugayso. Marna isma aanay waydiin immisa qof ayaa halkaa ku dhintay, lana wadaagay oo kala sinnaa heeryada gabbashada iyo baqdinta. Haddii ay maanta xusayaan sannad ka hor wixii lagu dhigay, miyay intii ka dambaysay ka nabadgaleen tii oo kale, mise ujeedkooduba waa sawirashada tagtada si looga mashquulo taaganta?!

Yeelkadood, dhurwaagu hawshiisa ayuu wataa oo taniba waa mid ka mid ah masraxiyadda uu u shiday waagii ay ayagu dhaleen. Kuwa haatan jooga ka hor iyo ka dibba, waxaani way jirayaan mar haddii toobiyuhu isla kii uu yahay, dhurwaayaduna ay weli isu qabaan dad. Sabirku waa kalyo adayg iyo karaar qaadasho aad musiibadii ku heshay kaga gudubtid, wixii aad waydayna wuxuu u yeelaa qiime iyo macne aad ku sii noolaatid. Kuwaan dadkoodii intaa dhimanayeen waxay ahayd in ay ugu yaraan u kordhiso geesinnimo ay ku midoobaan, balse maytidoodu ugama duwana sidii raxanta dhurwaayada mid ka baxay in ay yihiin oo kale.

Dhista taallooyinka aad aniga igu dhiirigalinaysaan, riwaayadda aan idiin shidayna daawashadeeda ku dedaala, tan iyo inta aad ka fahmaysaan micnaha ay geeridiinnu xambaarsan tahay.

Adba u fiirso, waxay weligoodba soo xulan doonaan waraabayaal kuwii hore la mid ah ama baro dheer. Kol haddii bulshadu tahay mid u nool jadiinkeeda dartiis, halbeeggeeda doorashaduna wuxuu ahaanayaa: kuma ayaa cadkiisa dhacsan kara?! Dabcan ninkii dhacsan kara ayaa wax laga dhigan karaa!

"Kala firdhi, ha kuu faylaane", waa mid ka mid ah xeerarka ugu guunsan ee ay dhurwaayadu ku dullaystaan raciyadda ay mar walba isaga soo dhigaan xulkii ku jiray ee u hiilin lahaa. Maanta, haddii aad goonyahaaga dhugatid waxa aad ku arkaysid waa ummad sii kala yaacaysa, tusbaxii hore u go'ayna uu ciidda lafteedii ku sii kala dudayo. Laga yaabee in dadka qaarkii kuugu sheegaan in waxa kuu muuqda ay yihiin muuqaallada curasho dawladnimo iyo cararka *Muslin-khilaaf* oo masraxa isku soo gaaray, balse, daliil aan ka ahayn ereyada qurxoon ee dhurwaayada looma hayo in ay arrintu sidaa tahay. Waxa keli ah ee aynu hubno waa in kala qoqobka maalin walba sii kordhayaa uu yahay natiijada ka dhalatay hirgalinta qaanuunkaas caalamiga ah.

Haddii ay kooxi isu bahaysato in ay ka dhiidhiso dacdarrada iyo rafaadka ay badeen dhurwaayadu, waxaad durba arkaysaa ayagii oo kala safan, danta gaarka ahina ay kala horrayso tan guud. Waxa taa u sahlayaa waa marnaanta wacyiga raciyadda iyo cadaadiska waaqica oo iskaalmaystay. Waa gar in ay kala jabaan mar haddii ay xeerkaa hore kaabaan xeer hoosaadyada oranaya: "Nin baahan, busaarad bixin baa lagu biddeystaa", iyo kan leh: "Jaahil waa la dhaansadaa". Imminka wacyiga iyo garashada bulshadu ma dhaafsiisna qabiil iyo quud, wax u hagaagayaana ma jiraan tan iyo inta uu kan hore halbeeg yahay, kan danbana jiheeye. Halgan, noloshana hagrashada kugu jirta ka saar. Heeryada tuur, haaddana iska dhici. Ka toos hurdada, dhurwaayadana *yac* iska dheh.

Waxaa irkig kuugu filan in aanan kaa qarin sirtaydii, welina aan ku sasabanayo. Aniga laftayduna waxaan la amakaagsanahay sida aad ii dhegaysanaysid, haddana aadan dhug u lahayn, dareenkaaguna uusan isu beddelayn. Intiinna uu warkayagu soo gaaro, soo dhabannahays idiin kuguma filna in aad aragtaan labo isu daran oo sidii gacalkii isugu warramaysa, wixii kala gaaray in ay ka heshiiyaanna aan doonayn.

Kaa yaabay, igana yaabisay.

Tagay, imana raaci doontid.

Warkii dhammaa.

Nabad kuguma ogi, adna wanaag iima fili doontid.

Imminka dhegahaagu waa iga fasax, dhiganaha aad iga qortayna waxaa ku dhan in yar oo ka mid ah sirtayda iyo wax uun talooyin ah oo aan uga gol lahaa in aan ku yoolbaaro shaxda aad dhigan doontid. Xilkaygu waa in aan noolaado, dhibtaadana aan ka taliyo, adigana waxaa kuu eg in aad noloshaada u halgantid, dhimashadaydana aad ka shaqaysid. War iyo dhammaantii waxaan ku leeyahay:

Dawladdaan dhistay
Dhici mayso oo
Waa wada Dhurwaa
Dhuug iyo Dhidar

Dhabtu waa mid uun
Waxa dhumiyay waa
Dhuuni raaciddii
Wacyigoo dhimman
Garaad aan dhammayn

Marka ay dhashaan
Baan dhimanayaa
Ooy dheef heli.

ISBARASHO

Dhabannahays waa dhigane ka yimid dareen uu dhiguhu ka dhaxlay dhibta iyo dhaawaca ummaddiisa gaaray. Waa curis maanku godladay, raacasho buug, cilmidhegood, iyo dhugashada waayihiisa koobanna ku dararay. Isma aysan arag Dhurwaa hadlaya, balse falalka gurracan ee aadanaha la dhaqanka noqday ayaa xog buuxda ka siiyay noloshooda dhabta ah iyo sida ay cadow ugu yihiin jiritaanka dadmimada iyo samaanta, garab iyo gaashaanna ay ugu yihiin bahalnimada iyo xumaanta. Intii uu gudbintooda ka gaaray, karaankiisuna uu ku ekaa ayuu baalashaan ku kaydiyay. Sida uusan asagu dhammays u ahayn, gefna aanu uga hufnayn, ayaa uusan buugyarahaanina uga dhowrsanayn khaladaad fikir, higgaad ama curineed. Dedaalka hagrashada ka hufan halka uu ku dhigo waa lagu habsadaa tan iyo inta aad shidaal hor leh ka helaysid e, kobtaan ayaan ku hakaday.

Wixii aan toosiyay waa waafajin Rabbi, wixii aan qaldayna naftayda kharriban iyo qurxin shaydaan ayaa isla qaabeeyay.

Akhriste, mahadsanid.

Haddii aadan maankayga ku dhex jirin, labo sadar isma hoos dhigeen, ereyadaan ma aanan dhoodhoobeen, dhiirranina ma aanan heleen. Waxaan filayaa in sidii aan kuugu hanweynaa ee aad adna iigu hamuun qabtay, uu midkeenba kan kale u hagarbaxo. Anigu taagtaydii waxba ma reeban, talo iyo tusaalana ku siiyay. Adiga ayay kugu hartay, kalkaagana waan ku sugi, dheguhuna waa ay ii duleelaan. Haddii uu garaadkaagu wax ka dhadhamiyay, ammaan ha igu dhurin e, naftaada ku hag, dad aad u diirnaxaysidna u dhiib. Haddii ay waxba kaaga dhex bidhaami waayaan, ka danayso, intii kugu dhowna yaanay ku luggo'in.

Ku mahadsanid waqtiga kaaga baxay, labajeeraalana dhaliisha ha la dhuuman.